空间正义视域下流域绿色
发展理论、机制及路径

陈骏宇◎著

吉林大学出版社

·长春·

图书在版编目（CIP）数据

空间正义视域下流域绿色发展理论、机制及路径／陈骏宇著. -- 长春：吉林大学出版社，2023.7
　　ISBN 978-7-5768-2335-6

Ⅰ.①空… Ⅱ.①陈… Ⅲ.①流域经济—绿色经济—区域经济发展—研究—中国 Ⅳ.①F127

中国国家版本馆 CIP 数据核字 (2023) 第 207910 号

书　　名	空间正义视域下流域绿色发展理论、机制及路径
	KONGJIAN ZHENGYI SHIYU XIA LIUYU LÜSE FAZHAN LILUN、JIZHI JI LUJING
作　　者	陈骏宇　著
策划编辑	殷丽爽
责任编辑	殷丽爽
责任校对	李适存
装帧设计	守正文化
出版发行	吉林大学出版社
社　　址	长春市人民大街 4059 号
邮政编码	130021
发行电话	0431-89580036/58
网　　址	http://www.jlup.com.cn
电子邮箱	jldxcbs@sina.com
印　　刷	天津和萱印刷有限公司
开　　本	787mm×1092mm　1/16
印　　张	14
字　　数	230 千字
版　　次	2024 年 3 月　第 1 版
印　　次	2024 年 3 月　第 1 次
书　　号	ISBN 978-7-5768-2335-6
定　　价	72.00 元

版权所有　翻印必究

前　言

　　流域是人类赖以生存和发展的核心单元，我国流域社会经济持续高速发展。然而，尚显粗放的发展模式埋下了诸多隐患，不平衡、不充分、不和谐的发展本质逐渐显现，生态退化、资源枯竭、空间混乱等问题成为流域绿色发展面临的严峻挑战。当前，流域决策主体多采取技术治理或宏观政策约束的手段解决问题。但是，技术治理存在严重的滞后性，而宏观政策约束受制于责权冗杂、易导致管理低效。新时代我国流域绿色发展亟须寻求新路径。我国已将优化国土空间开发格局上升到推进生态文明建设抓手的战略高度，将形成生产、生活、生态"三生空间"的合理结构作为主要任务，以促进生产空间集约高效、生活空间宜居适度、生态空间山清水秀。党的十八大以来，以习近平同志为核心的党中央站在全局和战略的高度，对生态文明建设提出了一系列新思想、新战略、新要求，以前所未有的力度推进生态文明建设。"建设生态文明是中华民族永续发展的千年大计"深入人心，坚定走生产发展、生活富裕、生态良好的文明发展道路成为共识。通过三生空间调控实现流域绿色发展目标势在必行。党的二十大报告明确指出，作为践行"两山"理念的重要举措，生态产品价值实现亦成为推动流域绿色发展的必然要求。

　　鉴于上述时代背景和现实所需，本书旨在探索空间正义视域下的流域绿色发展理论、机制及路径。现阶段流域发展仍然偏重经济社会效益，而忽视了生态效益对人类及流域可持续发展的重要贡献，空间正义概念为流域绿色发展提供了新思维。流域空间正义呈现"个体要素—集体空间—发展目标"的逻辑结构，"人""水""土"三要素形成了以物质流、能量流和信息流为传导的微观个体要素层，生态、生活、生产三生空间就产生系统耦合效应，进而，在三生空间协同发展下从公平与效率两个层面满足多利益相关者需求流域发展的终极目标，即流域空间正义内涵所在。流域三生空间的冲突的实质是以政府、市场和公众为代表的利益主体与社会、自然之间形成人与人、人与自然、人与地等矛盾关系在流域发展过程中对有限空间资源的竞争体现。因此，流域绿色发展策略的核心在于构建空间正义视域下的流域三生空间调控体系，在"生态优先，绿色发展"导向下优化重构流域空间资源，并通过空间内生态产品价值的实现为流域绿色发展提供生态保障。

全书共分五章，主要研究内容如下。

第1章，剖析我国流域发展现状，考辨新时代我国流域绿色发展的必要性和思路导向，针对国外相关文献与案例展开分析，比较总结国内外流域绿色发展研究的共性特征与个性技巧，汲取有益经验；第2章，从流域空间正义内涵、流域空间调控机理、流域空间调控体系及流域生态产品价值实现机制四方面阐述空间正义视域下流域绿色发展理论；第3章，构建流域空间正义测度模型，并基于多情景模拟构建流域三生空间调控机制；第4章，以太湖流域内杭嘉湖区域为研究对象开展空间正义测度及空间调控案例研究；第五章，以太湖流域内苏州市为研究对象，开展空间正义视域下的生态产品价值实现案例研究。

本书可为探究流域绿色发展评估、流域空间调控机制及流域绿色发展路径，提供较好的理论与实践指导，同时对贯彻新发展理念、践行"两山"理论具有一定的应用价值，为我国生态文明建设、长江经济带高质量发展战略提供科学的决策支撑。也可为从事流域管理、生态环境、自然资源部门的工作人员、科研与教学人员及其他相关人员提供参考。

本书的完成离不开笔者的导师王慧敏教授的深入指导，在此对导师表示衷心感谢。限于作者水平，书中难免会存在疏漏及不完善之处，恳请广大读者批评指正。

作者　于苏州
2023年8月

目 录

第1章 我国流域绿色发展的历史演变与现实思辨 ················· 1
  1.1 我国流域发展概况与突出瓶颈 ························· 1
  1.2 国内外相关研究综述 ······························· 13

第2章 空间正义视域下流域绿色发展的基础理论 ··················· 29
  2.1 流域空间正义及流域绿色发展的内涵阐释 ················ 29
  2.2 空间正义导向下流域空间调控机理分析 ·················· 36
  2.3 空间正义导向下的流域空间调控体系构建 ················ 48
  2.4 生态产品价值实现机制解析 ························· 54

第3章 流域空间正义测度模型及调控机制 ······················ 63
  3.1 流域空间正义测度的递阶层次指标体系构建 ··············· 63
  3.2 流域空间正义指标评估模型 ························· 68
  3.3 流域空间正义指数测度 ···························· 81
  3.4 流域空间调控的情景设定 ·························· 84
  3.5 流域三生空间数量结构优化 ························· 89
  3.6 基于CLUE-S模型的流域三生空间分布格局模拟 ············ 105

第4章 太湖流域——杭嘉湖区域空间正义测度及调控案例研究 ········· 114
  4.1 研究区域概况 ·································· 114
  4.2 杭嘉湖区域空间正义测度 ·························· 123

4.3　杭嘉湖区域空间调控实证分析 ································· 134
　　4.4　杭嘉湖区域绿色发展政策建议 ································· 153

第5章　太湖流域——苏州生态产品价值实现路径案例研究 ············· 156
　　5.1　空间正义视域下的生态产品价值实现 ··························· 156
　　5.2　我国生态产品价值实现现状 ··································· 158
　　5.3　苏州"社会经济-自然生态"现状与生态产品价值实现进程 ········· 173
　　5.4　苏州生态产品价值实现路径 ··································· 190

参考文献 ·· 194

第 1 章 我国流域绿色发展的历史演变与现实思辨

1.1 我国流域发展概况与突出瓶颈

人类历史依水而建、因水而兴,形成了以流域为单元的古老文明。流域文明在人类历史发展中起到了极为关键的作用,它们的产生、发展、交流和衰亡,构成了人类历史发展的重要篇章,为人类社会的进步和发展提供了基础。例如:美索不达米亚文明(古巴比伦)位于两河流域(幼发拉底河和底格里斯河),是世界上最早的文明之一。诞生于此的楔形文字为人类文明的记录和传播提供了工具,而法律体系则为人类社会制度的建立设立了早期标杆。古希腊文明和古罗马文明分别发源于地中海的爱琴海地区和台伯河流域,其在政治制度、法律、艺术、科学、哲学等方面取得的成就,构成了西方文明的基石。黄河和长江流域则是我国文明的发源地,中国古代的农业、文字、哲学和艺术等方面的发展,对全世界的文明发展产生了深远的影响。

人、水、土的和谐永续成为流域高质量发展的基本保障。然而,全球气候变化,加上资源无节制利用、工程大规模建设等剧烈的人类活动带来的负外部性影响,导致流域空间秩序趋于混乱,产业结构合理性减弱,生态系统脆弱性显著增强,人类福祉受到空前威胁。联合国《千年生态系统评估报告》显示,全球范围内的生态系统服务功能退化比例已超过了 60%,且气候变化效应越发显著,在未来将进一步影响经济增长、食品安全、公共健康等,加剧全球水危机、贫困和饥饿等问题。世界各国正处于新一轮的生态竞争之中,生态环境保护已成为国际竞争博弈的焦点。流域空间同时具备整体性和自组织性,使得生态安全问题的暴露尤为明显。将自然生态和资源环境要素纳入流域综合发展分析已然成为热点。合理配置和利用有限的流域空间,促进流域开发与资源环境供给能力的空间均衡,实现流域发展的经济效益与生态安全双赢,成为关系到流域科学管理和高质量发展的关键问题。党的十八大以来，以习近平同志为核心的党中央高度重视长江流域、黄河流域的生态保护和高质量发展，将优化国土空间开发格局上升为推进生态文明建设抓手的战略高度，将形成生产、生活、生态空间的合理结构作为推进新型城镇化的主要任务，促进生产空间集约高效、生活空间宜居适度、生态空间山清水秀。党的十九大上，习近平总书记进一步指出"建设生态文明是中华民族永续发展的千年大计"，"提供更多优质生态产品以满足人民日益增长的优美生态环境需要"，必须坚定走生产发展、生活富裕、生态良好的文明发展道路。党的十九届五中全会确定了"十四五"时期我国生态文明建设的总目标，并提出"坚持绿水青山就是金山银山理念，推动绿色发展，促进人与自然和谐共生"。同时，建立健全绿色低碳循环发展经济体系，促进经济社会发展全面绿色转型，成为解决我国资源环境生态问题的基础之策。党的二十大报告强调，"中国式现代化一定是人与自然和谐共生的现代化"，要"建立生态产品价值实现机制，完善生态保护补偿制度"。生态产品价值实现是我国生态文明建设的重要抓手，是打造人与自然和谐共生新方案的理论基石，是实现共同富裕的绿色引擎，是产业绿色转型升级的关键步骤，同时也是塑造城乡区域协调发展新格局的创新举措。进入新发展阶段，找准、抓牢生态产品价值实现的着力点，对于实现经济社会高质量发展，推动生态环境领域国家治理体系和治理能力现代化具有重要意义。

综上，现阶段的流域管控亟须正视其复杂、不确定的特点，重新审视流域生态系统运行规律的本质及其对流域高质量绿色发展的重要作用，以生态、生活与生产"三生空间"共生融合、和谐共荣的视角统筹优化流域空间格局，探索生态产品价值实现路径，构建流域绿色发展机制，提升流域发展的综合效益，保障人类代内与代际间的切身福祉，为建设人与自然和谐共生的美丽中国、实现中华民族伟大复兴的中国梦贡献绿色力量。

1.1.1 我国流域发展的整体概况

流域作为一个相对完整的生态和地理空间单元，具有独特的自然地理条件、发展模式、文化传统、生态环境和水循环规律。在我国广袤的疆土之上，江、河、湖、库纵横交错，形成了长江流域、黄河流域、珠江流域、海河流域、淮河流域、松花江流域、辽河流域七大流域，及东南诸河片、西南诸河片、内陆河片的流域分布结构。七大流域面积约占全国46.7%的陆地国土面积。我国在悠久历史中始终高度重视流域治理，在七大流域片区设立了黄委、长江委、淮委、海委、珠委、松辽委、太湖局等专业职能部门负责管理，实施了一系列流域综合治理重大举措，流域高质量发展的重要性和贡献度愈发显著。其中，长江、黄河、珠江三大流域横贯中国的东西部地区，整体而言，上游地区丰富的自然禀赋与下游地区扎实的发展基础、先进的技术水平及雄厚的人才储备，形成了优势互补的一体化协作发展关系，这使得流域经济（basin economy）模式长期以来带动流域中心城市高速发展，并逐步向周边腹地辐射。目前，我国各大流域凭借各自的优势条件汇聚成我国社会经济发展的核心空间单位。

表1.1 我国主要流域概况（2020）

指标（单位）	长江流域	黄河流域	珠江流域	海河流域	淮河流域	松花江流域	辽河流域
面积（万平方千米）	178.3	79.5	46.6	32.0	33.0	56.6	22.4
人口（万人）	45 697.2	12 096.2	15 767.9	15 039.8	20 388.1	4685.5	2935.2
水资源总量（亿立方米）	12 863	917	4 669	283	1 304	2 253	565
国内生产总值（亿元）	356 474.8	75 005.4	122 639.4	108 836.9	134 370.0	23 135.6	15 352.2
城镇化率	63.7	63.3	69.2	66.1	58.9	63.1	67.7

如表1.1所示，2020年，长江流域常住人口达45 697.2万人，人口密度为256人/km²，城镇化率为63.7%。当年实现国内生产总值356 474.8亿元，占全国的35.2%，人均GDP为78 008元，在七大流域中最高。黄河流域煤炭、石油、天然气和有色金属资源丰富，其中煤炭储量占全国总量的50%以上，流域内分布着我国重要的能源、化工、原材料和基础工业基地。黄淮海平原、汾渭平原、河套灌区是我国重要的农产品主产区，粮食和肉类产量均占全国的1/3左右，流域实现国内生产总值75 005.4亿元，占全国总产值的7.4%。珠江流域人均GDP为77 777.9元，仅次于长江流域，城镇化率为69.2%，在七大流域中最高，其中深

圳市、佛山市、东莞市、珠海市的城镇化率均超过90%。淮河流域单位面积GDP产出在七大流域中最高，达4 071.7万元/km²。海河流域单位面积GDP产出为3 401万元/km²，在七大流域中居第二位，同时，人口密度为470人/km²，仅次于淮河流域。松花江流域国内生产总值占全国总产值的2.3%，人均GDP、单位面积GDP产出、人口密度均在七大流域中最低，城镇化率为63.1%，低于全国63.9%的平均水平。辽河流域为七大流域中面积最小的流域，经济总量和承载的人口均为七大流域中最少。

党的十八大以来，推动长江经济带、黄河流域生态保护和高质量发展上升为国家战略，《长江经济带发展规划纲要》《黄河流域生态保护和高质量发展规划纲要》及其配套政策相继出台，《长江保护法》《黄河保护法》相继发布实施，流域对促进区域协调发展和推动高质量发展的支撑作用持续提升。

1.1.2 我国流域发展的主要瓶颈

流域是社会、经济与自然生态三大系统耦合最紧密、作用最剧烈的区域尺度。工业革命以来，剧烈的人类活动成为全球生态环境变化的主要驱动力，标志着人们告别了全新世，正式进入人类世。科学技术的迅猛发展，城镇化、工业化及信息化步伐的加快，为公众日益增长的物质文化需要提供了坚实的保障。进入生态文明阶段，人们清醒地意识到资本快速积累、人口规模不断扩大的背后，流域空间利用接近极限，自然生态环境面临严峻形势，流域开发和生态安全保护之间存在着非常尖锐的矛盾，生态环境保护面临着巨大的挑战，已逐渐影响到流域的高质量发展。

1.1.2.1 水安全问题突出

水是生命之源、生产之要、生态之基。包括人类在内的所有生物生存、工农业生产及生境维持等均离不开水要素的贡献。水生态系统既是流域空间的重要组成，也是流域社会经济发展的关键支撑。然而，全球范围内的人水冲突却在愈演愈烈，2002年召开的联合国可持续发展世界首脑会议上，水问题被列为全球可持续发展的五大挑战之首。

我国流域水安全问题十分突出。首先，水资源短缺现象普遍。总量上，我国淡水资源总量约为 2.8×10^4 亿 m^3，占全球水资源的 6%，但人均水资源量仅约 2 173 m^3，被联合国列为全球 13 个人均水资源最贫乏的国家之一。全国三分之二的城市属于"严重缺水"和"缺水"城市。例如，京津冀城市群人均水资源量仅 286 m^3，远低于国际公认的人均 500 m^3 的"极度缺水"标准。空间上，我国水资源时空分布明显不均。南多北少、东多西少、夏秋多、冬春少、山区多、平原少。而在水资源供需方面，我国水资源总量日益减少，相反，水资源需求量却日益增长，供需之间严重不匹配（见图1.1）。

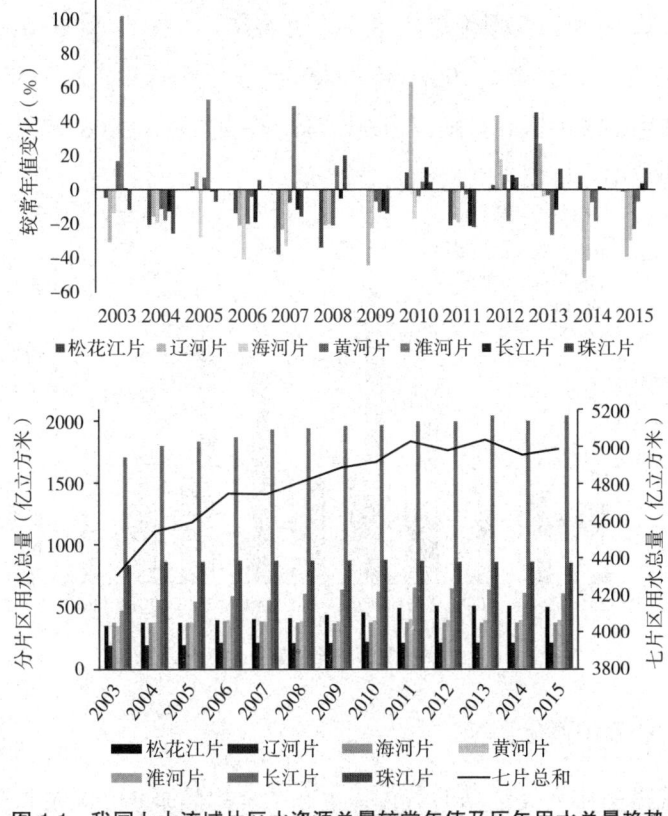

图 1.1　我国七大流域片区水资源总量较常年值及历年用水总量趋势

其次，水污染情势加剧是当前我国各大流域面临的主要共性问题之一。《中国生态环境状况公报（2022）》显示：2022年，全国地表水监测的3629个国控断面中，I~III类水质断面占87.9%，主要污染指标为化学需氧量、高锰酸盐指数和总磷。七大流域中，松花江和海河流域为轻度污染。地下水方面，全国监测的 1890 个国家地下水环境质量考核点位中，I~IV 类水质点位占 77.6%，V 类占 22.4%，主要超标指标为铁、硫酸盐和氯化物。可见，我国水质整体状况依然严峻，水污染治理压力依旧巨大。

最后，随着全球气候变化的愈演愈烈，大量的极端、突发事件接踵而至，洪涝灾害与干旱灾害频繁发生，且具有影响范围广、强度大、灾情重的特征。21 世纪以来的 2003 年、2005 年、2006 年、2007 年、2010 年我国均发生了严重的洪涝灾害。如图 1.2 所示，2006—2015 年间，我国洪涝灾害导致的直接经济损失居高不下，尤其是，2011—2015 年洪涝灾害造成的直接经济损失相较之前有明显提高趋势。与此同时，我国干旱灾害也十分突出，2000 年和 2001 年是特旱年，2002 年、2003 年、2006 年、2007 年、2009 年是严重旱年，2010 年、2011 年西南地区、长江中下游地区和太湖河网地区旱情持续严重，2006—2015 年间干旱灾害造成的年均直接经济损失高达 966.57 亿元。

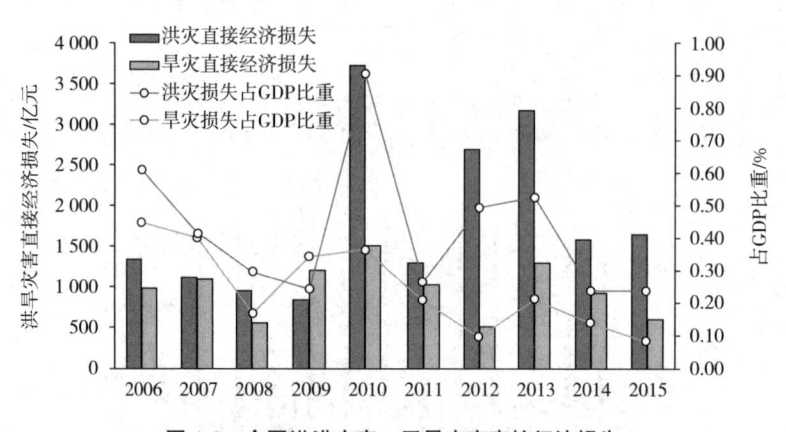

图 1.2 全国洪涝灾害、干旱灾害直接经济损失

1.1.2.2 生态系统退化显著

生态系统是一切人类活动的载体，生态系统的健康永续是流域经济、社会、政治稳定的基础和前提。对生态功能的损害一旦超过系统"临界值"，可能会使整个生态系统陷入不可逆转的危机。长期不合理的开发与利用，终使我国流域发展之中隐藏的生态问题爆发：①江河断流、湖泊萎缩、湿地干涸及海水入侵，导致流域水生态循环严重紊乱，洪旱灾害频发，水源安全性受到威胁；②矿产及地下水等资源开发带来地面沉降、滑坡、地裂缝和溃坝等次生地质灾害；③自然生

态空间被侵占，林草用地结构失调，引发水土流失与土地荒漠化，同时，也导致碳氧代谢功能退化，生物多样性逐渐减退；④废污排放负荷远超环境容量，生态系统自净能力缺失，水质恶化趋势加剧；⑤建设用地规模扩张，建筑工程和硬化路面切割了完整的生态景观结构。值得注意的是，这些生态系统退化问题的发生所引发的后果存在连锁特征。例如，水土流失导致土壤肥力下降、输沙量增加、河水变浑、河床抬高、水库淤积、湖泊消亡、生物多样性减少等，同时水土流失将土壤氮、磷等营养盐物质带入河流，导致河流和湖泊的富营养化、水质恶化。例如，长江流域生态环境恶化趋势尤为显著，表现为自然湿地丧失严重、自然生态系统质量低、水土流失等地质灾害严重、湖泊水环境污染严重等。

1.1.2.3 空间格局秩序混乱

流域空间实质上是人类社会经济活动的基本背景表现，其本身在社会发展过程中不断发生着变化。我国的城镇化是在人口规模巨大、资源相对短缺、生态环境比较脆弱、城乡区域发展不平衡的背景下推进的。因此，当前我国诸多流域发展存在着以牺牲和剥夺某些地区、某些社会成员或是自然生态方面的利益为代价的"嫌疑"。流域空间格局为顺应发展趋势"被迫"频繁地解构与重构，这使得我国流域空间的发展存在严重隐患，主要表现在以下几个方面。

（1）流域生产空间（主要包括居民点及独立工矿用地和交通用地等）粗放扩张，供给结构性矛盾凸显。城镇及相应人口规模的增长，导致对生活居住用地需求的急剧上升，然而我国城市居民人均用地规模为 133 m^3，比国家规定的城市居民人均用地 100 m^3 的规划控制指标高 30% 以上。生活空间已由原先总量供给不足转为供给结构性矛盾。全国范围内工业用地平均综合容积率为 0.88，最低仅为 0.29，表明其建设规模大于实际有效范围，造成大量的空间浪费。

（2）流域空间数量结构与分布格局不合理。不同功能的流域子空间存在协同或权衡关系，而不科学的空间规划导致了布局分散、结构零散、功能混杂等现象，流域空间的最佳效益无法得到体现。我国流域生态空间被生活与生产空间挤压、切割和侵占现象明显，使其呈现碎片化，进而阻断了原本和谐的生态循环过程，这加深了生产生活过程所产生的环境负外部性对流域的影响，流域生态风险逐渐加剧。

（3）流域空间管理机制落后。流域内不同空间发挥着不同的特征功能，而在不同空间的管理上又存在多头治理现象，多利益相关主体的不同诉求导致空间秩序持续混乱。与此同时，有关流域空间发展或是管理绩效评估政策尚且缺乏，对高效合理地利用流域空间缺乏制度约束力。

因而，目前我国流域空间发展趋势显然是不可持续的，无论是代内还是代际间的人类福祉都存在不确定的威胁。且随着资源环境瓶颈制约的日益加剧，现有流域发展模式的不合理性将更加凸显，流域空间管理亟待革新。

1.1.2.4 流域生态绿色发展机制尚未系统形成

"生态文明建设是关系中华民族永续发展的千年大计。"党的二十大报告中提出，必须牢固树立绿水青山就是金山银山的理念，站在人与自然和谐共生的高度谋划发展。我国先后对长江流域和黄河流域提出了绿色高质量发展的顶层设计，成效初显，但是，系统完善的生态绿色发展机制尚未健全。主要体现在以下 5 个方面：①发展与保护脱节。流域是自然—经济—社会组成的有机整体，我国流域生态屏障的现实困境本质上是经济社会发展问题，诸多流域人类社会经济系统的开发利用远超自然系统的承载力水平、供给净化能力，生态环境保护与高质量发展脱节。②行政分割与一体化发展矛盾。流域发展一体化是跨区域、跨流域、跨山地、跨多个行政区共同参与协作的系统工程。但受行政管辖所限制，分割式思维制约了流域经济社会发展全过程，造成流域协同治理碎片化，条块分割，出现"多龙治水"现象。③流域横向补偿机制不完善。流域横向生态补偿机制是以重点解决多元生态价值时空分布不均衡为核心目标的调节手段。但目前我国流域横向生态补偿机制依旧存在补偿主体以政府为主、补偿方式以资金为主、补偿标准以物质存量为主、补偿方向以垂直为主、补偿机制缺乏保障、补偿分配方案简化等"单一性"问题。④生态产品价值实现程度不足。首先，生态产品价值在技术上难以充分、准确地度量。其次，与碳汇、水权、排污权等生态资源权益价值相匹配的交易价格机制尚不健全，流域间的权益交易机制尚未建立。最后，生态产业化、产业生态化发展不足，农牧产品、生态旅游、生态康养等发展业态存在附加值低、产品同质化、品牌效应弱、基础设施配套建设落后等问题。导致现阶段流域生态产品价值实现面临突出困境。(5)生态绿色产业发展体系不健全。生产方式与绿色生产力、生产关系不完全匹配，物质资料生产循环过程存在低碳短板，绿色生产相关制度保障存在缺位现象。

1.1.3 国外流域综合治理与绿色发展的经验借鉴

国际社会长期高度重视流域综合治理，诸多发达国家较早地投入到了发展与保护的博弈和权衡之中，"开发—污染—修复—发展—绿色发展"的历程可为我国新时代流域绿色发展决策提供有益借鉴。

1.1.3.1 澳大利亚墨累-达令河流域治理

流域治理是澳大利亚水资源与水生态系统管理的"名片"，"母亲河"墨累-达令河是其规模最大的水系，涉及维多利亚、南澳大利亚、新南威尔士、昆士兰四个州及首都地区，约占澳大利亚国土面积的1/7。20世纪，墨累-达令河流域开发关注水资源开发利用，以满足农业灌溉和城市化需求，追求区域经济社会发展。然而，这一阶段资源利益冲突、过度开发利用及生态破坏退化带来了严重的经济负外部性影响。进入21世纪，澳大利亚开启了水务改革。2004年，澳大利亚政府理事会制定了新的《国家水务计划》(National Water Initiative，NWI)。2007年，澳大利亚政府理事会联邦政府推出《国家水安全计划》(National Plan for Water Security)，呼吁流域各州向联邦移交权力，使联邦能够强化流域的监督管理。2012年，澳大利亚联邦政府与流域覆盖地区签订《墨累-达令流域计划》，形成了澳大利亚流域治理改革框架。

水权制度方面。为保障水权交易市场的有效运行，需要做到以下几点。①从法律上将水权确立为明确、排他、可交易、可执行的独立权利，又将其进一步拆分为取水权、输送权和使用权；②在高度和过度开发的流域实行可持续取水限制(sustainable diversion limits，SDL)，以防止无序开发导致生态功能退化；③建立水权市场并制定交易规则，包括将取水权与任何其他权利分开，地表水权的自由交易，对通过交易或其他方式获得的水权进行相同处理，在使用目的方面对水权没有交易限制，对可交易的水量没有限制，对违反交易规则造成的可赔偿损失进行追偿等；④通过严格的监管执法保障水权交易有效运行。

生态补偿方面。资源交易机制基础为流域生态补偿开展提供了动力和保障。墨累-达令河流域的补偿主、客体分别为水源供给者和受益者，即上游生态保护区和下游用水区。各州在政府监管和协议约束下就补偿方式、补偿标准与补偿机制展开协商对话，利用政府转移支付、水权交易、"流域用水封顶原则"、水分蒸发信贷交易、自然遗产信托基金等交易方式进行生态补偿活动。在补偿标准上，一是根据流域水质水量的达标情况来确定，二是根据流域生态保护所产生的价值来确定。

1.1.3.2 美国田纳西河流域治理

田纳西河位于美国东南部，是密西西比河的二级支流，长1 050 km，跨越7个州，流域面积10.50万 km^2。田纳西河流域的开发始于20世纪30年代，田纳西河流域由于长期缺乏系统治理，生态恶化、洪水为患，成为贫困落后的典型区域。而当时政府的振兴思路在于充分利用流域各类资源、改进基础设施建设、优化农工业条件来推动经济社会快速发展。1933年，田纳西河流域管理局（Tennessee Valley Authority，TVA）成立，负责整个流域全部资源的综合规划，统一开发、利用、保护、管理，制定了防洪、航运、梯级电力供应、资源交易、生态保护、污染防控、社区服务等多目标流域规划。

开发和增长最终也带来了严重的生态环境问题。为此，生态补偿策略也成为田纳西河流域的选择。田纳西河流域的生态补偿以政治权力推动为主，利益趋同为辅，形成多主体协同参与的补偿模式。TVA作为流域治理的补偿主体，既具备联邦行政职能特性，又兼具企业经营的灵活特性，而补偿客体多是投入使用清洁技术的企业及因生态保护经济来源受损的居民。补偿具体实施时依靠TVA引导，成立资源管理理事会及志愿协会，通过主体间对话达成补偿方式、补偿标准及补偿模式上的共识，形成多方利益主体共同参与协商的生态补偿机制。田纳西河流域的补偿金来源广泛，一部分来源于电力、航运和水利领域的市场盈利，另一部分来源于利用生态项目上市融资和银行贷款等方式吸收的社会资金。

近年来，田纳西河流域愈发关注绿色可持续发展。2008年，TVA批准出台《TVA环境政策》，政策涵盖减缓气候变迁、改善空气质量、水资源的保护和水质改善、废物最小量化、土地资源可持续利用及自然资源的管理六个环保领域。具有以下3方面使命：①为田纳西河流域内的居民和企业提供清洁、可靠、廉价的电力能源；②充分考虑发展经济对环境的影响，实现流域可持续经济发展目标；③应对全球气候变化等挑战，主动实施生态环境管理。2020年，TVA在《自然资源规划》中提出对土地资源、生物资源、文化资源、水资源进行统一开发管理，发展生态旅游和休闲娱乐功能，吸引多元投资，聚焦流域居民福祉的获得，进一步丰富了流域绿色可持续发展的内涵要义。

1.1.3.3 欧洲莱茵河流域治理

莱茵河（Rhine River）发源于瑞士境内阿尔卑斯山北麓，流经瑞士、德国、法国、奥地利、卢森堡、荷兰、比利时、列支敦士登和意大利等9个国家，是欧洲第三大河，全长1 320 km，流域面积约18.5万 km^2。莱茵河长期以来是欧洲重要的国际航道之一，是世界最繁忙、货运量最大的航运通道，被誉为欧洲的"黄金水道"。但从20世纪50年代末起，随着沿线国家工业化和城市化的高速推进，莱茵河水体遭到严重污染，生态退化显著。莱茵河流域继而进入国际绿色协同治理阶段。

（1）城市绿色化和科创化。莱茵河上游生态较为脆弱，是涵养水源、限制开发的重点保护地区。位于上游的瑞士则坚持"生态优先"原则，科学高效地开发太阳能、生物质能和地热等可再生能源，并依托山高谷深、落差较大的天然优势修建梯级水电站，提供清洁电力保障。地处中部的德国，依托强大的工业基础和科创能力，将自动化技术、生物技术、空间技术和环保技术等新型产业布局在莱茵河流域。位于下游的荷兰，拥有欧洲最大港口鹿特丹港，通过制定严格的航运环保标准，开展绿色贸易，最大限度地降低了对河流生态环境的影响。

（2）国际府际合作生态共治。在生态治理上达成共识、整体推进、统筹规划、统一行动是莱茵河流域生态治理的重要方式。莱茵河流域国际府际合作生态共治于1946年萌芽，到1950年，荷兰、法国、德国、瑞士、卢森堡共同成立"莱茵河防止污染国际委员会"，在此基础上，各国成立了"保护莱茵河国际委员会"（International Commission for the Protection of the Rhine，ICPR），统筹莱茵河全流域的污染治理和生态修复工作。在ICPR推动下，莱茵河流域各国签署了基于协调机制的《莱茵河流域国际合作公约》，并组织实施了《2000年前莱茵河行动计划》《莱茵河2020计划》，使得莱茵河流域的生态环境得到极大改善。正在进行的"2040莱茵河规划"包括"栖息地连通计划""鲑鱼回归计划""微型污染物战略"等子计划，重点加强流域适应性和提升生态系统服务功能。

1.1.4 新时代我国流域绿色发展的理性思考

《庄子》道"天地与我并生，而万物与我为一"。理想化的"天人合一"状态下，人类应与自然和谐共生。现实却不然，高速发展中的我国各流域出现了资源逐渐稀缺、环境严重污染、福祉不可持续的不利局面。这使人们受到警醒：人类即将面临自然的极限，发展与保护之间的突出矛盾已摆在眼前。近年来，各级管理部门尝试通过工程技术手段、法律法规、市场调节及公众意识培养等方式来解决流域发展问题，取得了一定的成绩。但显然，仍未从根本上改善流域现状。

重新审视这一棘手问题，现有的管理之所以无法实现根本性的蜕变，是因为现有措施多是从需求侧出发考虑的，所采取的措施以"被动治理"为主，而不是"主动管理"，这就容易出现"先污染，后治理"等类似管理滞后现象。且在治理的对象方面存在明显的重"水"轻"陆"、重"物"轻"人"的弊端，这就要求人们探索新的解决问题的视角。党的十九大报告提出了"实现国家治理体系和治理能力现代化"的目标，空间治理作为国家治理体系的重要组成部分，是指通过资源配置实现国土空间的有效、公平和可持续利用，以及各地区间相对均衡的发展。此外，供给侧结构性改革既是新常态下我国建立现代化经济体系的重大方向性战略转变，也是我国发展理念和思维从注重"数量扩张的需求侧思维"向注重"质量提升的供给侧思维"的重大转变。习近平总书记明确指出，供给侧结构性改革，说到底最终目的是满足需求，主攻方向是提高供给体系质量和效率，根本途径是深化改革。胡鞍钢等指出供给侧结构性改革的内涵可以用"供给侧+结构性+改革"来理解，即从提高产品供给质量出发，用改革的办法推进结构调整，矫正要素配置扭曲，减少无效和低端供给，扩大有效和中高端供给，从而使供给结构更好地满足广大人民群众的需要。目前流域空间供给质量不高的问题与流域沿线城市土地开发需求侧的无序扩张密切相关，今后流域空间供给的质量改善应该从供给侧结构性改革的视角寻找出路。新时代下的流域空间管理应是国家治理体系现代化在流域尺度下的显现。具体而言：①树立新的理念，摈弃传统的唯经济论，在保障生态效益的前提下，追求三生空间既平衡又充分的发展，实现三生共赢；②形成新的思维，基于复杂系统视角，立足人类主体的主观能动性、生态系统的联动性、土地资源的承载性，挖掘流域三生空间互动耦合特征；③把握新的抓手，从供给侧出发，科学评估流域生态、生活、生产空间的功能与效益输出，探索流域空间调控的合理路径。

"十四五"时期，随着我国生态文明建设进入关键时期，推进生态绿色发展、共谋人与自然和谐共生现代化成为核心要义。党的二十大报告提出，要"建立生态产品价值实现机制，完善生态保护补偿制度"。2021年5月，中共中央办公厅、国务院办公厅印发了《关于建立健全生态产品价值实现机制的意见》，要求加快完善政府主导、企业和社会各界参与、市场化运作、可持续的生态产品价值实现路径。到2025年，生态产品价值实现的制度框架初步形成，到2035年，完善的生态产品价值实现机制全面建立。于流域而言，其既是生态系统的基本单元之一，也是生态产品价值实现的重要载体。以长江流域为例，以长江流域为主体的长江经济带，不仅是我国经济发展重心，更是我国重要的生态屏障。长江经济带有森林灌丛约90万 km^3、草地约60万 km^3、湿地约11万 km^3，是2万多种高等野生植物和3 600多种野生脊椎动物的家园，每年涵养水资源约7 000亿 m^3，固定二氧化碳约4亿 t，保持土壤约900亿 t，调蓄洪水约1 200亿 m^3，为长江经济带约6亿居民乃至全国人民提供了丰富优质的生态产品，将这些生态产品蕴含的经济价值更好地转化为经济效益，是长江经济带绿色发展的崭新机遇。因此，新时代下流域绿色发展进程中应坚持人与自然和谐共生的导向，系统治理山水林田湖草沙生命共同体，充分激发流域内丰富生态要素产生的功能服务，积极探索推广"绿水青山"转化为"金山银山"的路径，加快构建生态产品价值实现机制，将生态优势转化为高质量发展的新动能。

1.2 国内外相关研究综述

1.2.1 绿色发展国内外相关研究进展

21世纪之初，联合国开发计划署（The United Nations Development Programme，UNDP）发表了《2002年中国人类发展报告：绿色发展，必选之路》，"绿色发展"概念开始受到关注。2015年，在党的十八届五中全会上，习近平总书记提出创新、协调、绿色、开放、共享"新发展理念"，将绿色发展作为关系我国发展全局的一个重要理念，作为长时期我国经济社会发展的一个基本理念。

回溯历史，绿色发展观的形成历程与人类发展及生态环保意识的演进密切相关，从20世纪中叶循环经济和随后的绿色经济、生态经济、低碳经济、可持续发展等一系列概念中衍生发展而来。20世纪70年代初，罗马俱乐部（Club of

Rome)提出了"循环经济模式"的概念,倡导在经济发展的同时要密切联系生态环境。1987年,世界环境与发展委员会(World Commission on Environment and Development,WECD)在《我们共同的未来》报告中首次全面阐述了"可持续发展"概念。1992年,联合国环境与发展大会发布了可持续发展的纲领性文件《21世纪议程》,标志着可持续发展理论在世界范围内得到充分理解和认可。1994年,我国推出《中国21世纪议程》,将其作为经济社会发展的一个指导性文件。同时期,《联合国气候变化框架公约》和《京都议定书》中阐述了低碳经济思想。

国外关于绿色发展的认知各有侧重。①侧重在发展过程中减少碳排放,以应对气候变化为重要目标;②侧重绿色增长,主张绿色清洁产业成为新的经济增长点;③以兼顾社会进步为逻辑立足点,强调社会包容性。从20世纪90年代开始,国内对绿色发展的关注和研究快速增长。对绿色发展内涵的界定主要包含经济、社会、生态、可持续和综合5类视角:①经济视角。强调摒弃传统依靠要素、物质、资源投入的经济增长方式,向集约高效、注重生态效益和经济效益的经济增长方式转型,进而在实现环境保护的同时促进经济增长。②社会视角。强调人与自然,经济社会与自然环境之间的和谐共存、协调发展。③生态视角。强调以生态文明和生态环境保护为重心的发展方式。④可持续发展视角。强调通过对资源的高效节约利用与生态环境的保护,兼顾代内和代际发展,以促进人民生活和经济社会的永久性可持续发展。⑤综合视角。绿色发展以绿色创新为基本途径,以积累绿色财富和增加人类绿色福利为根本目标,是集经济、社会、生态三位于一体的全面可持续发展。现有研究成果对绿色发展认识有着本质共识,认为绿色发展是一种兼具资源节约型、环境友好型、社会进步型的新型发展模式,既能实现生态效益又能保障经济效益和社会效益,包含"经济发展、资源节约和环境保护、社会福利增进"三大核心要素,更加注重经济发展与社会进步及生态建设的统一与协调。关于绿色发展水平测度,测度方法主要有:①基于投入—产出理论的数据包络分析法(DEA);②选取绿色全要素生产率(GTFP)、绿色经济产出增长、绿色经济发展指数对绿色发展水平进行测度分析;③构建绿色转型评价综合指标体系。关于绿色发展影响因素方面,大体可以分为如下几个因素:一是产业结构升级转型状况;二是技术创新水平;三是城市发展模式;四是制度安排;五是绿色金融发展状况。

1.2.2 空间正义相关国内外研究进展

空间正义（spatial justice）伴随城镇化问题的演化发展，成为国内外人文地理研究的前沿。中国古代哲学道：四方上下曰宇，古往今来曰宙，以喻天地，"空间"（space）即是"宇宙"的"宇"，代表天地。正义（justice）在哲学范畴内是经反复思索和论证被普遍认可的概念，体现了人们追求利益关系合理性的价值趋向与理念标准，是公平分配、平等权利及理性行为的统一体。在早期，空间被认为是"僵死的、刻板的、非辨证的和静止的"，对正义的讨论也并没有放置到空间维度上去。转机出现在空间的"社会转向"（social turn）与社会的"空间转向"（spatial turn）这两种研究趋势的融合，对空间的认知逐渐与社会实践联系起来。列斐伏尔（H.Lefebvre）首创性地将"社会"与"空间"关联，认为："空间里弥漫着社会关系，它不仅被社会关系支持，也被社会关系所生产"，并将空间分为自然空间和社会空间等，揭示了资本主义是通过对城市生活的改造来控制"非正义（injustice）的城市空间"。曼纽尔·卡斯特（Manuel Castells）认为"空间不是社会的反映（reflection），而是社会的表现（expression）"。空间因此被认为是行为的场所，也是行为的基础，包括以土地为基础的自然生态空间和以人类活动为特征的社会经济空间。事实上，自然生态空间与社会经济空间内部各自包含众多属性不同的主、客体要素，主、客体之间普遍存在竞争、合作、博弈。因此，空间的复杂关系特质必然就会产生正义与否的问题，对空间正义的长期探索应运而生。

1.2.2.1 空间正义概念的研究进展

20世纪60年代，西方国家陆续出现了严重的城市危机，空间剥夺、空间隔离和贫民窟等城市空间问题引起了高度关注和反思。马克思主义理论凭借其对资本主义政治经济制度实质的揭示优势成为地理学家和城市研究学者的立足点，马克思主义学者推动着空间正义思想的萌芽。戴维斯（B.Davies）提倡社会资源分配应兼顾结果和过程的公正，提出"领域正义"概念，这是空间正义概念化的起点。哈维（D.Harvey）在探索城市空间规划中从同样的视角提出"社会正义"概念，强调社会资源实现公正的地理分配。80年代以后，随着经济转型、经济全球化和新自由主义的发展，不同尺度下的空间非正义现象层出不穷，"空间正义"

概念也逐渐形成和丰富。空间正义作为一种固定语词首次正式出现是在美国宾夕法尼亚州立大学欧劳克林的博士学位论文"Spatial Justice for the Black American Voter:The Territorial Dimension of Urban Politics"之中，而戈登·H.皮里（Gordon H.Pirie）在《论空间正义》中论述了空间正义概念化的可能性，他认为空间是事物发生和社会关系演变的容器，空间正义是空间中的社会正义的分配，空间正义的概念内涵由此有了雏形。迪克奇（M.Dikec）发表了里程碑意义的《正义与空间想象》一文，超越再分配模式，他开始关注空间的社会生产，并把空间化看作是导致非正义的主要结构因素，提出了被广泛提及的空间正义辩证法与正义的空间性与空间性的正义。新马克思主义地理学家索亚（P.Soja）在《寻找空间正义》Seeking Spatial Justice一书中明确提出了"构建一种空间正义理论"的构想，认为空间正义既是一种价值诉求，也是一种博弈策略，环境正义、生态正义正是其中组成。洛杉矶学派与芝加哥学派是系统讨论空间正义的两大主流学派。洛杉矶学派认为人在城市空间的选择与其特定的文化属性紧密相关，且空间的非正义是人为的，因此可以通过政策去改变。芝加哥学派则以自然生态过程类比城市过程，认为在有限的空间资源内，人为追求最大化生存空间而展开争夺，城市空间的扩张和分化是激烈竞争和适当选择的结果。洛杉矶也已成为空间正义理论化和走向现实世界与政治实践的中心。空间正义理念逐渐被纳入欧美国家城市规划的决策中。

国内有关空间正义概念的研究主要是基于西方相关理论的概述和延伸，可以大致将目前的研究分为：①目标导向下的空间正义。空间正义的核心在于建立在空间维度上的人与人、人与自然和人与社会关系的正义体现，而空间正义的目标是完成空间生产和空间资源在公众主体之间的公平公正生产、占有、利用、交换和消费，实现主体和社会的全面可持续发展；②过程导向下的空间正义。空间正义的实现须将自然空间和社会空间相结合，既关注全球生态系统的平衡和资源永续利用的问题，又关注处在当代社会发展差序格局中的不同国家和地区可持续发展的愿望和相应行为模式之间的公平关系问题。同时，有价值的空间和资源的正义配置是达成空间正义的最关键环节。王志刚具体地提出了空间正义价值取向的实质性内容：①坚持空间分配正义，保障全体社会成员共享社会发展的成果；②坚持空间治理的正义取向，避免使弱势群体沦为空间治理的牺牲品；③建立权益补偿机制，弥补空间资源配置及空间治理可能造成对弱势群体利益的侵害；④坚持公众参与制度，强调群众在涉及空间资源的配置问题中的话语权。

1.2.2.2 空间正义与我国实践的进展

空间正义概念源于城市管理问题，其实践活动也必然在城镇化进程中得以体现。传统城镇化强调人口由农村向城镇空间转移，属于一种外延式的城镇化，在发展方式上以粗放型为主，强调城镇的规模扩张，可持续性较差。因此，出现了诸多以牺牲和剥夺某些地区和某些社会成员的权利或利益及牺牲生态环境为代价的城镇化现象。而新型城镇化在于坚持以人为本，取代了以资本为主导，以实现城镇化的经济、政治、社会、文化、生态文明等多领域的全方位的协同发展为目标，这正是空间正义在城镇化中的科学阐释。

任平、钱振明等在探索我国城镇化中引入空间正义概念，共同指出空间正义应是城镇化的价值取向。随后，不同的专家学者从各自的视角相继提出了空间正义的实现路径。从宏观角度而言，钱玉英等指出，符合空间正义原则的城镇化必须是一种可持续的城镇化，它以经济、社会、环境的可持续发展为目标，以城镇空间的环境容量和资源承载力为限度，以城乡区域之间一体化的协调发展为中心内容，并试图实现空间资源在代际的公平分配。陆小成指出新型城镇化进程中的空间正义实现路径应由单一的政府管理转变为多元化的公共治理，并从资源公平性配置与公平性维护视角提出了新型城镇化资源配置的"经济、政治、社会、文化、生态"五维空间正义价值。从中观角度而言，空间正义的直接对象是不同属性空间的多尺度耦合。空间的产生、发展与扩张需要充分考虑各空间之间的关系，强调空间制度、政策安排对各空间主体的存在意义和平等空间权益，强调对弱势群体权益保护。对于现有空间结构的不合理的情形，空间重构的思维可从空间格局优化和管理体制改革两方面探索新型城镇化的空间正义实现。人们必须意识到，空间正义最根本的问题是关于人的问题，其逻辑要求是要坚持"以人为本"，社会空间正义是"以人为本"原则在社会空间构成上的表现。因此，新型城镇化的空间生产应该坚持以"人的城镇化"为核心，聚焦于政府的推动、市场的活力与人的理性发展，其最终目的是迈向空间正义。

近年来，"生态优先，绿色发展"理念成为我国新发展时期的指引。张晒等认为绿色发展的深层次逻辑便是空间正义，绿色发展必须要在空间正义的框架内及其主导下展开。空间正义理论对空间中各个事物的"占位合理、分布得当"及对"时间、社会"语境的拓展，为绿色发展提供了良好的思路。具体的实践中，空间生态性是空间正义对绿色发展实际的关键把握。空间的生态性是指，要从空间的社会属性和生态属性两方面，建立既满足人的需要又服务于生态系统的绿色网络，凸显绿色和生态在空间系统中的特殊性和重要性。钟明华等认为，空间中对有限资源的不平等占有和分配是造成环境和社会敌对的主要原因，人与自然的生态竞争归根到底源于资本化利益驱动。空间的分配不仅体现在人与人之间，还包括在人与自然之间，城市空间正义回归生态理性，是空间分配结构实现公平和正义的重要保证。而最终，空间正义要塑造的是人与自然和谐相处的空间，既要实现人的发展，凸显人的基本权利，又要塑造和谐的空间生态系统，保持自然空间的和谐样貌。至此，庄立峰等从城市治理的正义维度对空间正义的实践内涵做出很好的概括总结：空间价值正义，是指尊重城市空间内不同群体差异的空间文化，构建能使每个人获得全面发展的城市空间价值系统；空间生产正义，是指城市空间生产应基于平等、公平与公共的原则，具有了生态意蕴和环境正义的要求；空间分配正义，是指城市内自然生态、各种权利和机会、社会保障等公共资源的分配是合理且公正的。现今，空间正义作为新型城镇化协调发展的重要衡量指标已被纳入当下城市空间的发展目标。

1.2.2.3 我国绿色发展与空间正义理论的关系研究

中国在发展方面取得了举世瞩目的成就，但与此同时，中国的发展也面临着比较严重的问题。如果从"空间正义"的视角来看，中国的发展在很大程度上打破了"空间正义"的基本格局，即破坏了空间中各类事物基于其属性和意义的存在方式和存在状态，使空间秩序发生了错位乃至颠覆性的改变。

"空间正义"中的"空间"不仅是指生产社会关系和被社会关系生产的（社会）空间，也应该包括受社会关系影响的自然空间，"空间正义"也受到自然力量和人类实践活动的双重影响。人们既要"从自然空间的角度出发去理解人与其他动物、其他生命形式乃至整个自然界的关系"，也要"从社会空间的角度去把握不同国家（地区）之间在发展利益获得和发展代价与风险分担上的责任和义务问题"。而这正是"绿色发展"问题中应有之义。

习近平总书记曾经指出："山水林田湖是一个生命共同体，人的命脉在田，田的命脉在水，水的命脉在山，山的命脉在土，土的命脉在树。"这讲的既是空间中各个要素之间的相互依赖关系，也是各个要素在空间上的分布，进而在空间上形成了一种对空间的生产和对空间的分配关系；并且，在这一关系中，人及其所进行的社会生产是决定性要素。如果这个关系能够得到维护，也就意味着实现了一种"空间正义"；反之，如果这个关系得不到维护，也就意味着打破了"空间正义"的格局。而要使这个关系得到根本维护，就需要推行"绿色发展"，让空间中的各个要素"安其位，尽其力，取其需"。这样看来，"绿色发展"与"空间正义"具有内在的必然联系。具体而言，"绿色发展"是"空间正义"的依托和表征，而"空间正义"则是"绿色发展"的归属和实质。事实上，已有研究者注意到这个问题，冯志鹏就提出"要以时间正义和空间正义为基础来建构一种新型的可持续发展伦理"[①]。同时，"人与自然和谐共生"是习近平总书记关于绿色发展重要论述的理论实质。习近平指出："绿色发展，就其要义来讲，是要解决好人与自然和谐共生问题。人类发展活动必须尊重自然、顺应自然、保护自然，否则就会遭到大自然的报复，这个规律谁也无法抗拒。"

"绿色发展"的可行性路径也必须要在"空间正义"的框架内和引导下展开。进而言之，"绿色发展"的推进之路也就是"空间正义"的修复和维护之路。"空间正义"引导下的"绿色发展"就是在空间存续中要始终维护空间中各事物之间的存在方式和存在状态，维系各事物之间的均衡格局。因此，空间正义视域下我国绿色发展应着重关注以下问题：①生产、生活和生态空间的边界与规划；②不同区域差异化发展下的资源配置与平衡；③生态效益的可持续与经济社会效益转化。

1.2.3 流域空间调控相关国内外研究进展

1.2.3.1 空间调控理论与实践的演进

空间可理解为人类、社会经济、资源环境等主、客体相互作用形成的集聚形态。空间调控的核心是通过对区域空间进行战略性地划分、规划控制与发展引导，

---

① 冯志鹏. 时间正义与空间正义：一种新型的可持续发展伦理观——从约翰内斯堡可持续发展世界首脑会议看可持续发展伦理层面的重建 [J]. 自然辩证法研究, 2004(1): 73-75+89.

以达到空间资源的高效配置，协调和解决基础设施建设等人类活动与生态环境保护的矛盾，最终促进区域空间的协调可持续发展。空间内涵的丰富性决定了空间调控的复杂性，主要可从经济空间调控和自然生态空间调控两方面来分析。

首先是经济空间的调控，经济空间结构理论由区位理论发展而来。1826年，杜能（Von Thunen）建立农业区位论解决农业用地和其他土地利用类型的最有效空间布置，达到利益最大化及土地利用静态模式的最优分析。韦伯（W.Weber）则以工业厂商的利润最大化为目标讨论了工业厂商的选址行为。这是最初以运输成本为条件而决定经济活动在区位上不同，从而决定土地利用不同，进而衍生出的土地利用方式在不同区位配置的理论研究，开创了近代土地利用变化研究的先河。克里斯泰勒（W.Christaller）的"中心地理论"和廖什（August lösch）的"市场区位论"也都是经济空间调控理论的基础起源。随后的研究在区位论基础上进行了拓展和深入，进入真正意义上对经济空间结构的探索。德国学者奥拓林巴（E.Otremba）和美国学者杜恩（E.S.Dunn）将古典区位论发展为空间结构理论进而首次提出了经济空间结构概念。经济空间结构可理解为社会经济客体在空间中的相互作用和相互关系，以及反映这种关系的客体和现象的空间集聚规模和集聚形态。为实现经济空间结构的调控，则需要更进一步地了解经济空间结构的特征。艾萨德（W.Isard）结合区域经济、社会协调发展的客观规律和要求，建立了包括环境生态、运输、生产企业、商业流通、社会政策等组成部分的区域经济空间结构模型。佩鲁（F.Perroux）在极化空间理念上提出"增长极"的概念，经济的"增长极"是指具备信息中心、交易中心、生产中心、金融中心、科技中心等功能的地区或大城市等经济中心。还有包括缪尔达尔（K.G.Myrdal）的循环累积因果理论、弗里德曼（J.Friedmann）的核心边缘理论、威姆逊（J.G.Willamson）的倒"U"形理论和赫希曼（A.O.Hirschman）的不平衡增长理论等都为经济空间结构调控的理论到实践搭建起了桥梁。研究发展到目前，由定性向定量转变已经逐步成熟，使经济空间结构的解释性得到较大提升。通过数学建模和复杂系统理论对经济空间结构形成、演变和调控的研究与实践使得经济空间调控成为可能。

其次，开发与建设活动强度的提高使得经济生产空间侵占生态空间越发普遍，这将研究的视野牵引到自然生态空间的调控上，对生态空间实施调控的主要目的在于实现经济社会发展和生态环境保护的"双赢"。生态空间是指具有重要生态功能、以提供生态产品和生态服务为主的区域，一般包括林地、草地、水域、沼泽等。对于生态空间的调控，主要涉及生态功能区划和生态红线划定。从起先对气候、植被、生物的分布关联开始，生态功能区划的作用和意义受到关注。自从"生态系统"（ecosystem）概念被提出，人们对生态系统的形成、演化、结构和功能及影响生态系统的各环境因子有了较为充分的认识。在此基础上，以植被生态系统为主体的自然区划方面的研究工作全面开展。虽然自然区划与所采用的指标往往较为单一，尚缺乏整体或综合的观点，但却是系统的生态区划的雏形。贝利（Bailey）从生态系统的观点出发，将气候、地形、植被分别作为控制因子，对各个组分进行整合，提出了美国生态区域的等级系统，并在长期研究积累上提出了"生态系统地理学"（ecosystem geography）概念。生态区划在美国和加拿大地区进行了大量的实践，对全国及区域生态管理活动中发挥了积极作用，逐渐形成了科学的生态区划理念。在中国，傅伯杰等基于西方研究基础和我国自然区划特点，系统阐述了中国生态区划的目的、任务和特点，提出中国区划方案。欧阳志云等综合性地提出了中国生态环境敏感性分区，苗鸿等完成了中国生态环境胁迫过程区划研究，王效科等完成了中国水土流失敏感性分布规律及其区划，目前我国已有顶层设计层面的《中国生态功能区划》作为实践方案。随后，我国以底线思维提出了"生态红线"（ecological redline）概念：为维护国家和区域生态安全，在生态环境质量改善、生态功能提升和资源高效利用划定的空间边界和限值，具体包括生态功能红线、资源利用红线和环境质量红线。生态红线的划定与生态功能区划相辅相成，对生态功能维护、资源科学利用和生态环境保护起到了双重保障作用。

1.2.3.2 流域空间调控的探索

流域空间是广义空间概念在流域尺度下的反映，它主要包含了人类居住的生活空间，创造效益输出的生产空间，以及保障生境的生态空间，对于这样一个复杂的空间对象，流域空间调控的切入点和路径选择也存在多样性。产业结构分布、人口分布、生态区划等都被尝试应用在流域空间调控方案决策中，从现有研究来看，土地利用/土地覆被（land use and land cover, LULC，以下简称"土地利用"）在流域空间调控中可被视为有效抓手。

土地利用从整体上看是一个力学巨系统，也是一个本征性的灰色系统，具有不确定性、动态性和多目标性。同时,土地利用系统又是一个可控的系统。对于土地利用的研究最初是通过人工调查、分类与制图等方法,使人类对土地、土地资源、土地利用变化有了初步的认识,人们开始考虑土地综合利用效益的问题。联合国粮食及农业组织(Food and Agriculture Organization of the United Nation,FAO)公布的《土地评价纲要》,将各国土地适宜性评价(land suitability evaluation,LSE)规范化,这是世界上土地评价研究广泛展开并趋向成熟的重要标志。20世纪70年代之后,运用遥感及计算机技术解决区域或特定类别土地利用规划问题成为最为鲜明的革新。伴随可持续发展理念的提出和普及,80年代后土地利用结构优化作为实现区域可持续发展的重要途径和手段受到广泛重视。从1987年发表的《我们共同的未来》到1992年颁布的《21世纪议程》,可持续发展的理念逐渐成为世界各国的共识,实现土地利用的可持续发展,已成为世界各国进行土地利用研究和规划的主要目标。90年代,在综合考虑经济、社会和生态环境等因素的基础上,对土地资源进行合理的配置和规划,土地利用优化成为社会、经济、生态可持续发展的重要手段和实现途径。进入21世纪之后,生态文明阶段对土地利用结构的科学可持续性需求进一步升高。因此,诸多研究从土地利用数量结构调整和空间布局优化配置两个视角进行建模,试图通过定量化手段实现土地利用的优化模拟。土地利用数量结构优化模型大体可分为线性规划法(linear programming,LP)、灰色预测模型、马尔可夫预测模型、多目标规划(multi-objective programming,MOP)和系统动力学(system dynamics,SD)等数学模型。土地利用在空间上的布局可以解释为一系列空间因素共同作用的结果,空间配置模拟可以从空间因果关系和土地利用微观自组织行为角度去分析。遗传算法(genetic algorithm)、蚁群算法(ant colony algorithm)、粒子群算法(particle swarm optimization)等机器学习方法(machine learning),以及元胞自动机(cellular automata)、多主体模型(multi-agent model)等方法技术,是目前用于解决土地利用空间布局优化的途径。与此同时,地球资源卫星、遥感技术、多光谱与多时相数据及地理信息系统工具的应用为土地利用优化和模拟增强了动态性、可视性和实践性,使之真正实现空间表达与决策支撑。借助土地利用及其优化手段,可帮助不同领域的管理者实现相应的决策目标。徐昔保等综合考虑城市土地利用适宜性、空间相容性、数量比例、未来城市增长、坡度、政策和城市规划等因素对城市土地利用空间配置的影响,为城市空间格局的优化构建了可靠模型。孔祥斌等、贾丹丹等挖掘出区域土地利用与产业结构间的关联,为区域产业布局提供参考。朱东国等探讨了旅游生态安全约束下的土地利用空间结构优化,以提高旅游区域土地利用综合效益。

对于流域空间调控而言,土地利用作为流域物理结构上的承载基础,决定了流域生态、生活、生产空间的组成与分布特征,是科学认知流域空间结构的关键视角。也正因为如此,土地利用优化也成为流域空间调控的重要手段。冯宇立足于流域内土地利用空间冲突程度对区域土地资源优化配置有重要作用,构建流域的土地利用空间冲突防范与土地优化配置思路和方法。方淑波等基于土地利用分析的定性、定量相结合的景观格局研究,生态价值评估及社会经济驱动分析为流域生态安全格局的构建提供了一种可能。魏伟等利用基于生态安全格局的情景模拟,综合 GIS 技术、最小累积阻力模型和 CLUE-S 模型进行流域土地利用优化配置,为流域发展提供策略支持。

1.2.4 生态系统服务相关国内外研究进展

人类的发展史就是一部人与自然生态系统的关系史,人类在不同阶段以不同的索取方式、索取程度从自然界获取维持自身生存和发展的资源。早在古希腊时代,柏拉图(Plato)认为森林的破坏会导致水土流失和水井干涸。有机论(organicism)也曾把地球比作一个有功能的生物体。1935 年,Tansley 首次提出"Ecosystem"一词,经 Lindman、Whittaker、Odum 等的补充完善,得到了生态学界最权威的"生态系统"的概念,即"在一定时间和空间范围内,生物与生物之间、生物与物理环境之间相互作用,通过物质循环、能量流动和信息传递,形成特定的营养结构和生物多样性,这样一个功能单位就被称为'生态系统'"。1962 年,Carson 指出"生态系统是人类赖以生存的基础,但已经受到人类的破坏,目前人类最大的威胁来源于生态系统的破坏"。1970 年,SCEP(Study of Critical Environmental Problems) 在 *Man's Impact on the Global Environment* 中使用了"环境服务"(environmental services)这一概念,随后,Ehrlich 正式提出"ecosystem services",即"生态系统服务"概念,目前得到普遍认可的是:生态系统服务是生态系统对人类福祉和效益的直接或间接贡献。

1991年，国际科学联合会环境问题科学委员会（Scientific Committee on Problems of the Environment，SCOPE）的生物多样性间接经济价值定量研究会议召开后，关于生物多样性与生态系统服务功能经济价值评估方法的研究和探索逐渐多了起来。1997年，Daily发表专著 *Nature's Services:Societal Dependence on Natural Ecosystems*，指出生态系统服务是"生态系统的状况与过程，自然生态系统及其组成物种通过其状况与过程满足和维持人类的生命活动"。Costanza等同年在 *Nature* 发表论文核算了全球生态系统服务与自然资本价值，根据其当年的计算结果，全球每年的生态系统服务的总价值在16～54万亿美元之间波动。这两篇里程碑式的著作引起了国内外学者、决策者及公众对生态系统服务及其价值关注和研究的热潮，文献研究与案例实践数量都迅速增加，生态系统服务及其价值的内涵、测度方法、驱动机制等相关主题逐渐被揭示。

2001年，联合国启动了人类对全球生态系统的过去、现在与未来的变化进行综合评估的千年生态系统评估计划（millennium ecosystem assessment，MEA），该计划以人类社会福利为终极目标，在典型区域调查和系统模型评估的基础上评估了生态系统服务的变化对人类福利造成的影响及未来的变化。MEA同时提出了一套普遍性的、较权威的生态系统服务分类体系，即供给服务、调节服务、文化服务和支持服务四大类，为后续研究框架的构建奠定了基础。美国生态学会（Ecological Society of America,ESA）也把生态系统服务研究列为要重点关注的生态学关键问题。国际地圈生物圈计划（International Geosphere-Biosphere Program，IGBP）与国际全球环境变化人文因素计划（International Human Dimensions Programme on Global Environmental Change,IHDP）共同提出全球土地计划（Global Land Project，GLP），围绕土地利用变化与生态系统结构与功能变化和服务供给等方面进行了重点讨论。欧盟的生物多样性保护战略要求其成员国在2020年以前对各自区域内的生态系统及其服务状况进行制图与综合评估。2006年，英国生态学会（British Ecological Society,BES）指出对生态系统服务功能的研究在其给出100个与政策相关的生态学课题中位列第一。2007年至2010年间，联合国环境规划署（United Nations Environment Programme，UNEP）又推出名为"生态系统与生物多样性经济学"（The Economics of Ecosystems and Biodiversity，TEEB）的综合评估体系，着眼于生物多样性带来的经济利益，指出了生物多样性损失的代价正不断攀升，旨在呼吁政策制定者关注生态系统以及物种多样性的不可替代的作用。联合国环境规划署于2009年启动生物多样性和生态系统服务政府间科学政策平台（Intergovernmental Science-Policy Platform on Biodiversity and Ecosystem Services, IPBES）计划（http://www.ipbes.net/），旨在建立将生物多样性和生态系统服务相关的科学体系与政策决策联系起来的一个互动系统。IPBES成为继气候变化领域的联合国政府间气候变化专门委员会（Intergovernmental Panel on Climate Change, IPCC）之后在环境领域内的第二个全球性计划。IPBES侧重于生物多样性与生态系统服务的内在联系，以及科学与政策之间的对话。IPBES的成立，体现了继千年生态系统评估之后世界各国对于生态系统服务关注度的再次上升。

在联合国及各国相关机构不断推进生态系统服务研究和实践的引领下，诸多学者们的研究也逐渐展开。首先，基于服务对人类福祉的贡献、服务的环境经济核算、服务的空间流动、竞争性和排他性特征、服务的通用分类及服务与人类需求等标准，探讨了生态系统服务功能的分类体系。其次是对生态系统服务价值的讨论。生态系统服务价值分为：①直接利用价值（direct use values, DUV）主要指生态系统供给的产品或服务所具备的经济价值，多数可用市场价格来估算；②间接利用价值（indirect use values, IUV）主要是指无法商品化的生态系统服务功能和维护支撑地球生命支持系统功能的价值；③存在价值（existence values）是生态系统本身具有的内在价值，是争论最大的价值类型，是对生态环境资本的评价，这种评价与其现在或将来的用途都无关，可以仅仅源于环境的某些特征永续存在的满足感而不论其他人是否受益；④遗产价值（bequest values）则是为了子孙后代将来利用生态系统功能的支付意愿。在此基础之上，从物质量、价值量及能值三个角度将生态系统服务的评估工作迅速展开。评估涉及了供给服务、调节服务、文化服务和支持服务，包含森林生态系统、湿地生态系统、草地生态系统、农田生态系统等，评估尺度逐步丰富到国家、区域、城市以及流域。生态系统结构和人类偏好的时空异质性，决定了生态系统服务供给与需求的时空异质性。对生态系统服务的静态总量测度无法为决策者提供全面的生态系统管理的决策依据，决策者更需要的是揭示生态系统直观可视化的、定量的、空间位置等信息的评价结果。生态系统服务的空间分布式评估，或生态系统服务制图，是满足这一需求的路径。生态系统服务制图研究主要着眼于生态系统服务提供制图、需求制图、权衡协同情景分析制图几个方面。计算机技术的完善和地理信息系统的推广使得生态系统服务的可视化、动态化、空间化的评估得以实现。InVEST、ARIES、SolVES、MIMES 等空间分布式模型实现了不同情景下的生态系统服务的可视化定量评估，真实、直观地反映出评估生态系统现状特征，该类模型相较传统评估手段具备了一定的先进性，为决策者政策遴选和实施提供了科学依据。与此同时，空间计量学分析模型和方法也被应用于对空间化的评估结果的进一步分析工作中。

我国关于生态系统服务的研究起步于 20 世纪末。1984 年，马世骏等发表的《社会 - 经济 - 自然复合生态系统》一文标志着研究开端，欧阳志云、谢高地、李文华等对生态系统服务的概念、内涵、分类体系和价值评估方法进行了系统地剖析。随后，案例研究在全国范围内逐步开展，国内外革新的评估手段及模型在我国不同尺度对象下得到了论证应用，让全社会对我国生态系统功能现状有了全面直观的了解，也意识到长期被忽视的生态效益及被低估的生态安全问题。2012 年，朱春全、欧阳志云提出把自然生态系统的生产总值（gross ecosystem product，GEP），即生态系统提供的最终产品和服务价值的总和，纳入中国可持续发展的评估核算体系，使之形成与国内生产总值（gross domestic product，GDP）相对应来衡量生态状况的评估与核算指标。GEP 概念推动我国生态系统服务研究进一步贴近实践，生态系统服务理论与评估需求不断提升。

在评估模型方法逐渐成熟的基础之上，生态系统服务领域的研究焦点在于如何将其作为决策目标或准则运用到管理实践中。生态系统服务研究旨在使其成为辅助决策者更好地制定出生态保护规划与管理的工具，以促进人类社会与自然环境的共同可持续发展。首先，生态系统服务被视作生态系统状态评价的科学指标，基于生态系统服务的生态安全风险评估、制图与模拟方法逐步得到探索应用。其次，生态系统服务被应用于生态保护立法及补偿机制的构建中。王女杰、曾贤刚等综合考虑生态系统服务价值、经济发展水平及市场条件等，构建区域生态补偿机制。此外，在可持续发展研究中，生态系统服务被反复考证在"生态—经济"协调发展中起到了促进或调节作用。值得注意的是，生态系统服务对土地利用规划的指导作用也成为其多学科交叉应用的重要领域。傅伯杰等系统阐述了土地利用变化与生态系统服务的耦合关系及方法论演进。李屹峰、徐忆楠等通过多年评估工作，发现土地利用变化对生态系统服务变化有显著影响。吴克宁等认为生态系统服务功能价值理论的引入，实现了土地利用规划环境影响定性分析与定量评价的结合，对正确制定土地利用决策具有意义。刘耀林、张晶、马淑花、刘兆顺等以提高生态系统服务价值或生态经济综合效益为目标，在政策规划情景等约束下，进行土地利用优化模拟的实践。王娟、唐弢等则以生态系统服务价值为评价指标，对土地利用总体规划的环境影响进行了评价。可见，生态系统服务概念与评估对当前多领域发展规划具备突出的指导意义和应用价值。

1.2.5 生态产品价值实现相关国内外研究进展

1.2.5.1 国内外生态产品概念属性研究进展

国外并无"生态产品"的直接概念，而是先后形成了自然资本、环境服务、生态系统服务概念，与"生态产品"类似。聚焦于生态系统提供的物质或非物质价值形态的自然环境条件与效用，生态系统服务概念在全球范围内被广泛研究应用。自20世纪90年代起，我国学者开始探讨生态产品，综合来看，生态产品是保障人类生产生活、维系生态安全的生态服务和最终物质产品的集合，以及通过清洁生产、循环利用、降耗减排等途径生产的生态标签产品。关于生态产品分类，联合国《千年生态系统评估》分供给、调节、文化和支持服务，供给视角下分自然要素类、自然属性类、生态衍生类及生态标识类，物品属性视角下分公共产品、私人产品及准公共产品。生态产品价值的产生基础为生态系统的第一性及次级生产、能量流动、物质循环和信息传递，内涵主要从劳动价值论和效用价值论两个视角阐述，前者关注生态产品生产和生态治理环节中蕴含的人类劳动，后者侧重考虑生态产品的人类需求满足度，故其具备"使用-非使用""经济-非经济"多元价值特征。可见，生态产品是包括以自然生态要素和工程技术要素为投入而生产出的惠及生产、生活、生态协同发展的各类产品及服务，其价值体现在生态系统与人类福祉间的关系维持水平上。

1.2.5.2 生态产品价值及其核算研究

20世纪中后期开始，自然资源核算、自然资源项目的投入产出表、编制环境经济账户等被探索。20世纪末，Costanza、Daily两项研究开启了生态系统服务评估序幕。进入21世纪，联合国千年生态系统评估、欧盟生态系统和生物多样性经济学项目、世界银行财富账户与生态系统价值核算项目和联合国统计署环境经济综合核算体系等大型核算在全球范围内展开。国内外学者对森林、湿地、草地、农田、海洋等生态系统展开实物量评估，利用市场价值法、机会成本法、旅行费用法、条件价值法等方法进行价值量测度。生态产品存在显著的供需时空异质性，研究转向动态化、空间化、可视化、权衡化，派生出生态系统服务制图、供需平衡矩阵、生态情景模拟等方法，开发出InVEST模型、ARIES模型、SolVES模型等可视化评价分析软件。我国涌现出以下代表性研究：自然资源资产价值评估与负债表编制、绿色GDP核算、生态系统生产总值核算、生态资产评价、基于"生态元"的生态资本服务价值核算方法体系。可见，生态产品价值核算逐步成熟，现以静态的总量和分布核算为主，缺乏考虑空间尺度下生态产品原始生产至终极耗用过程中的价值损益。

1.2.5.3 生态产品价值实现研究

生态产品价值实现主要有两种不同的路径：①市场化路径。在市场机制下，推动自然资本、人造资本、人力资本三种要素的有机结合，使隐性的生态产品价值在市场上得到显现和认可；②政府调节路径。主要是通过自上而下的转移支付或跨区域的生态补偿等实施。目前主要采用的生态产品价值实现政策工具包括补贴、税收、产权制度、监管等，具体措施包括：生态补偿、转移支付、市场交易机制、生态银行与绿色金融、排放许可权交易、自然保护地设立、生态系统服务付费、产业生态化转型升级。江苏溧阳、浙江丽水、新安江案例是典型探索，资本是实践的核心要素。梳理发现，生态产品具备显著的外部性，导致市场机制无法发挥其优化资源配置的基本功能，市场无效率甚至失灵现象容易阻碍生态产品价值的实现。可见，现有研究以外部性、内部化为生态产品价值实现的核心方向，但较少将生态产品实际效用纳入政策设计。

第 2 章 空间正义视域下流域绿色发展的基础理论

伴随工业化、城镇化的推进,流域社会经济高速发展。然而,片面地追求发展导致流域内三生空间格局严重失衡,三生空间效益分配极其不均,流域高质量发展受到前所未有的威胁。生态文明阶段,人类逐渐意识到仅依靠治理技术和现有政策难以实质性地解决问题。唯有深入审视生态要素对流域高质量发展的关键驱动,耦合三生空间配置,实现三生共赢,才是流域空间管理模式的革新方向。本章基于有限生态理性假设,对流域空间正义相关概念进行了界定,系统论述了空间正义导向下的流域空间调控机理,构建了流域空间调控体系。

2.1 流域空间正义及流域绿色发展的内涵阐释

流域空间正义是对流域发展质量的综合评判标准,也是流域空间调控的最终目标,其内涵是有限生态理性假设与空间正义概念的有机结合。

2.1.1 有限生态理性剖析

一切管理活动主要包含人、物品、关系、信息等要素,其中,人以其特有的主观能动属性占据主导地位。任何一种管理行为,归根结底是对人的有效管理。管理学家孔茨(H.Koontz)指出:"在管理者的心目中,总有一个个体的模式和基于人的假定的组织行为模式;一个管理者的人性假设如何,将会影响着激励和领导方法"。流域空间调控是人类对流域空间进行优化管理以实现空间正义目标的过程,因此,有必要首先对人性假设理论进行深入分析,以便明确流域空间调控的行为准则。

2.1.1.1 人性假设理论的演进

人性假设是基于人的普遍行为特点,对人的属性所进行的概化,其揭示了人的本质和行为模式,对人性假设的讨论始终贯穿经济管理研究的脉络。根据现有研究归纳,本书将人性假设理论的演进主线总结为"自然人—经济人—社会人—生态人",如图2.1所示。

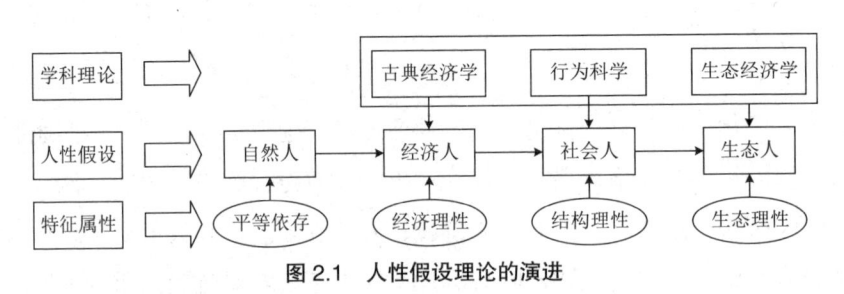

图2.1 人性假设理论的演进

在起初的自然经济时代下,人类依赖于自然的直接给予而生存,人与自然保持着相对平等的相处关系。因此,该时期的人类主体以"自然人"(natural man)形态出现。自然人的行为选择较为单纯,几乎将生存繁衍作为唯一的行动指引,人与人之间也尚未形成主动的竞争关系。随着生产力的发展和商品经济的出现,人与自然、人与人之间的利益冲突逐步显现。由新古典经济学派提出的"经济人"(economic man)理论成为以后很长一段时间里西方经济学的主流思想。亚当·斯密(A.Smith)在《国富论》中提出"经济理性"(economic rationality),认为每个从事经济活动的人都是"经济人","经济人"都是"理性"的,都有理性的自利原则。主观上的利己心在"看不见的手"的指挥下展开竞争,客观上推进着社会财富的增长,使整个社会福利增加。经济理性假设作为行为驱动对市场经济和工业文明有着巨大的贡献,但在后期也逐渐开始遭到诸多的批判。传统的经济人及经济理性理论的局限性主要表现在:①经济理性思维模式无法兼顾系统整体的有机性,片面地追求经济利益而忽视了文化、生态等其他利益的重要性;②经济理性较为强调个体竞争利益,对个体间及整体共享的利益则不予关注;③经济人以自我利益最大化作为行动目标,这必须以完全理性为条件,但西蒙(H.Simon)指出,外部环境存在不确定性和复杂性,人所掌握的信息时常是不完全的,与此同时,人的认知和计算能力都是有限的,很难权衡所有行为选择的效用,因此,人只能是有限理性的。由此经济理性的禁锢性逐渐被揭示和认可。行为科学学派学者梅奥（Mayo）通过"霍桑实验"（Hawthorne experiment）提出人群关系理论，逐渐引导"经济人"向着"社会人"（social man）转变。马斯洛（A.Maslow）提出的需求层次理论（生理需求、安全需求、社交需求、尊重需求和自我实现需求）也否定了传统的"经济人"假设把经济利益作为人的唯一求要的观点，认为"经济人"的需求偏好是非常复杂多样的，影响人类生存和发展的因素都会影响其需求偏好。"社会人"假设认为在社会上活动的主体不是各自孤立存在的，而是作为某一群体的一员，是作为有所归属的"社会人"而存在的。"社会人"具有社会性的需求，人与人之间的关系和组织的归属感比经济报酬更能激励人的行为。

与此同时，在实践中人们认识到，早前人口、生产和消费的规模都较小，人类的社会经济发展对资源环境的占用尚在自然生态系统的可承受范围之内，自然生态系统的自我修复功能也足以弥补小范围、小程度的生态破损。而随着财富的积累，人类对生态、对可持续发展的破坏也在日积月累，生态安全问题成为人类生存发展面临的最大瓶颈。继续固执地坚持经济理性必将激化人与人、人与自然之间的矛盾。人类开始从人与自然可持续发展的角度去寻求适应于生态文明阶段的经济模式和管理模式。可持续发展理念使得此前传统人性理性假设遇到了挑战。首先，发展观与伦理观的改变使得人类认识到代内与代际平衡关系是行为决策不可忽视的方面。其次，被人类长期轻视的生态利益已经成为当前和未来发展的必要基础。这样的认知改变推动着人性假设的"生态理性"（ecological rationality）转变。

2.1.1.2 有限生态理性的要义

对工业文明长期积累问题的反思驱使人类探索进入生态文明阶段，生态文明建设水平已然成为一国或地区综合实力的评判标准之一。罗马俱乐部主席佩西（A.Peccei）认为："现在人类正走在一条错误的道路上，但大多数人仍陶醉在技术进步的巨大成就中""我们大家都需要改正关于我们自己、我们的世界、我们在世界中的位置及我们的思想和行为方式的观念"。因此，树立生态理性来全面科学地认识和处理人与自然的关系，有助于人类形成真正可持续的发展模式，从根本上缓解生存与生态危机。

具备生态理性的人类主体以"人-社会-自然"的复合视角，在尊重自然规律和生态伦理的基础上进行一切活动，实现人与自然的和谐共生。需要强调的是，经济活动是人类永恒不变的下层基础，而生态理性并不是对经济理性的否定和排除，事实上，生态理性是对传统经济理性的修正和拓展，是兼顾生态保护和社会经济发展的一种"双重理性"行为指引。本书认为，生态理性内涵主要包括以下三个方面。

（1）生态理性以理性地认识自然生态系统及其对人类社会的重要性作为行为前提，这是驱使人类重视和保护生态的有效动机。首先，人类生长于地球生态系统，也是地球生态系统的有机组成部分，而生态系统的整体性质又决定了其组分，也就是人的性质。因此，人与生态系统是不可分割的。其次，生态边界的约束力决定人类对自然资源的索取利用实质上是限制性行为。任何突破生态边界的人类行为会导致生态系统不可逆的破坏，将人类推向发展的最后边界。再者，自然界和自然规律是客观的，不以人的意志为转移，只是在不同历史阶段的表现形式不同，忽视客观性即是导致生态危机的主要原因。生态理性要求人们必须尊重生态环境规律的客观性，避免盲目的"人定胜天"思维，用复杂系统的视角去剖析人与人、人与生态等多重关系，提炼出生态价值与人类活动的关联，进而摒弃传统的唯经济论观点，转而追求人与人、人与自然的和谐共生。

（2）生态理性的价值追求倾向多元利益及整体利益。经济理性作为一种工具理性，以物质为主导强调单一经济利益的获取。生态理性下的价值观不仅关注资源配置与利用过程中的经济利益，且将社会、文化等其他方面利益纳入行为活动的决策中。此外，生态理性和经济理性一样追求利益的最大化，但是，生态理性下的"最大化"相对于处于人类整体或每一平等人类个体或是整个生态系统而言的。也就是说，生态理性具备兼顾公平与效率的思想，其更关注的是人类是否能尽量公平地享受到经济、文化、生态等多元利益价值。

（3）生态理性具备显著的有限性，这样的有限性反映在人类主体生态理性的形成和动态演化过程中。首先，不同的人类主体具有不同的认知背景和价值观，不同区域又具备不同的人与人、人与自然矛盾属性，这决定了人类主体对生态系统重要性和生态保护必要性的认识是"因人、因地"而异的，树立起生态理性的进程有先后，且认知程度也会有高低。其次，流域社会经济与自然生态的情势是处于不断变化的动态过程中的，这时，不同利益主体对情景变化采取的响应方式各不相同，而有限性决定了对调控方案的决策是相对的提升，而不是绝对的最优。因此，生态理性必须加以"有限"约束而使其内涵特征更为科学合理，即"有限生态理性"（bounded ecological rationality）。

综上所述，有限生态理性奠定了流域空间调控理论与方法的逻辑出发点。流域空间调控正是在有限生态理性假设下开展的优化提升流域空间的管理活动。

2.1.2 流域空间正义内涵界定

在有限生态理性假设下，流域空间管理摒弃唯经济论，重视流域三生空间有机整体及多利益相关主体互动机制，突出生态要素对流域高质量发展的关键驱动，形成系统、可持续的流域发展路径。因此，本书引入空间正义理论，提出流域空间正义概念作为流域发展目标的理想表达。

《辞海》中将"空间"（space）定义为：一切物质存在和运动所占的地方。空间已成为经济、政治、文化生活中一切行为的出发点。一方面，空间是以土地为根基的自然空间，是人类的生活环境。另一方面，空间是人类实践活动中的媒介，是社会关系的空间化体现。

"正义"（justice）来自古语法 juste，有审判、法律的意思，是人类的基本价值取向和最高价值追求。对"正义"的探索源于西方哲学家的研究，柏拉图（Plato）在《理想国》中认为，"只有每个人根据等级各守其位、各司其职才是真正的正义和公平"。随后，不同社会发展时期的特性决定了对"正义"内涵的不同诠释。古罗马时期的亚里士多德（Aristotle）将"比例平等"作为"正义"的普遍形式。中世纪的学者则以服从上帝为"正义"之所在。启蒙运动时期的康德（Kant）、休谟（Hume）等主张消灭等级特权，建立并维持民主政治与市场体制。以马克思（Marx）为代表的现代学者则较为全面地挖掘出"正义"内涵，他们把实现"正义"界定为：解决人与社会发展中存在的政治、经济、文化问题，实现人的平等、尊严及多方面的权利、价值。后现代时期，西方国家严重的城市危机促使哈维（Harvey）、索亚（Soja）等在前人基础之上开启了"正义"的空间转向，将"正义"的内涵丰富到了时空层面，强调时空统一的辩证"正义"。这使得人们意识到"正义"随时空变化，而空间、资源与服务的公平分配才是"正义"的体现。"空间正义"（spatial justice）兼顾空间与空间、人与空间和人与人的关系，以空间配置和空间利用过程中人类福祉获取的公平与效率为终极目标，它包括对空间本身和空间产出的生产、占有、利用、交换、消费的正义。反之，则视为空间的非正义状态，非正义的空间往往会出现生态恶化、生活贫困、生产低效等问题。

在空间正义语境下，①以人为本是贯穿始终的逻辑主轴，人类对正义空间的需要是一切空间规划、建设、生产和分配的出发点与归属点，脱离了人类利益所进行的空间规划，必然造成空间的非正义状态；②有限生态理性是空间正义判定、实现及维护所必须秉持的行为准则；③兼顾公平与效率是空间正义理念对空间发展提出的原则性要求；④空间正义是由所有人类和非人类要素共同决定和创造的，人因其思维和行动能力成为主导，通过人对其他要素进行管理决策从而实现空间正义的目标；⑤空间正义具备动态循环特征。由于政策制度、社会关系、生态环境等要素的不确定性影响，特定空间的状态可在"非正义"与"正义"之间往复变换，这也正是构建空间正义调控机系的必要性之一。

《辞海》中将"流域"（basin）定义为：地表水及地下水分水线所包围的集水区域的总称。《中国大百科全书》中则对"流域"解释为：由分水线所包围的河流集水区。可以看出，狭义的流域主要体现其水文学特征，是指河流、湖泊等水系的集水区域。流域主要包括以下元素：①水系。包括一条主河流及其所有的支流，通常根据水流方向从源头流向下游。②陆地地貌。由河流流动和侵蚀所形成的山脉、平原、山谷等地貌。③生态系统。包括流域内的生物种群和它们的栖息地，以及生物和环境之间的相互作用。④水文气象因素：包括流域内的降水、蒸发、气温等气候因素，它们直接影响流域内的水资源量。流域的特征主要表现为：①封闭性。流域的边界一般是由自然地理因素，如山脉和水分界线等决定的，形成相对封闭的自然地理单元。②动态性。流域内的水资源、地貌、生态系统等都处于不断的动态变化中，受到气候变化、人类活动等因素的影响。③完整性。流域包括了山地、平原、河流等多种地貌类型和多种生态类型，形成了一个完整的自然地理体系。④多样性。由于地理位置、气候、土壤、植被等条件的不同，不同的流域有着各自独特的地貌和生态特征。⑤互动性：流域内的各种要素，如水、土壤、生物等，都在相互影响、相互作用，形成了一个复杂的生态系统。与此同时，人类古老文明都是依托流域及其周边资源发展起来的，反之，流域的管理制度、经济政策、社会风俗、人文历史等因素又影响到流域内人际关系、生态环境和资源配置的演变。本书改进提出流域的广义内涵：流域是地理、水文、土地、气候等自然要素，以及多利益主体、决策规划、生产关系等社会经济要素，在互动反馈中衍生出人与人、人与地、人与水等纽带关系，进而发挥生态、生活、生产功能的复杂系统。

综上所述，本书提出有限生态理性下的流域空间正义概念：流域空间正义是有限生态理性下空间正义内涵在广义的流域尺度下的体现，即流域发展统筹协调人与人、人与自然、人与空间等关系，追求空间、资源、服务的高效产出和公平分配，以实现生态、生活、生产三生共赢的目标，促进流域可持续、高质量发展。该内涵反映了管理决策者对流域发展的正义追求，也为流域发展质量提供了评判标准和调控方向，是流域空间管理革新的探索路径。

2.1.3 流域绿色发展内涵解析

流域绿色发展是指流域尺度上的生态可持续和经济社会发展的有机融合，关注流域内空间资源利用、生态系统健康及经济社会繁荣，强调平衡发展与保护的关系，以确保发展的质量、公平和可持续性。

可从以下四个维度理解流域绿色发展的内涵。

（1）生态保护。这是流域绿色发展的核心维度。应对全球气候变化趋势，提供技术治理和管理机制手段，保护和修复流域内各类生态系统，控制大气、水体、土壤污染和碳排放，以及维持生物多样性。

（2）资源可持续利用。流域内的生产、生活和生态空间资源，以及水、土、矿产、能源等要素资源是支撑发展的基础。流域绿色发展要求各类资源的最严格管理和合理利用，杜绝过度开发和浪费，实现代际可持续发展。

（3）生态效益转化。流域绿色发展归根结底是绿色理念在社会经济层面的全面渗透，形成并推进绿色生产和绿色生活方式，把生态效益更好地转化为经济效益和社会效益。这就要求，一方面，推动产业生态化改造升级，大力发展节能环保产业等，应用资源能源节约和环境友好的技术；另一方面，实现生态产业化，打通"绿水青山"向"金山银山"转换的通道，发展现代农业、生态旅游和林下经济等，实现生态资产的保值、增值。

（4）绿色技术创新。在遵循生态过程机理和生态经济理论的原则下，借助信息、生物、能源、金融等领域的解决方案，进行生产制造或服务供给的技术改进创新，实现生态环境负外部性最小化前提下的经济社会高质量发展。

2.2 空间正义导向下流域空间调控机理分析

要实现流域空间的科学调控，就需要搭建起"流域空间"迈向"正义空间"的桥梁，流域空间正义的实现既是流域空间调控的过程，也是调控的最终目标。

2.2.1 流域空间层级结构

流域空间既是一个以水系为纽带、具有明显边界的整体，又是由多个子空间组合而成，不同子空间的构成、功能及特征各不相同。因此，完整的流域空间可看作是一个"社会经济-自然生态"复杂巨系统。关于系统（system），系统理论创始人贝塔朗菲（LV.Bertalanffy）把系统定义为"处于一定的相互关系中并与环境发生关系的各组成部分（要素）的总体（集）"。我国杰出学者钱学森则认为："系统是由相互作用相互依赖的若干组成部分结合而成的，是具有特定功能的有机整体，而且这个有机整体又是它从属的更大系统的组成部分。"因此，要实践流域空间调控，首先要明晰流域空间的组成结构及关系特征。

2.2.1.1 流域空间结构的分析思路

微观（micro）、中观（meso）和宏观（macro）的原始概念源于物理学，用以区分研究对象相对尺度的大小。经济学研究将其引入借用，微观经济学以个体单位的经济行为（消费、生产及经济活动）为研究对象，宏观经济学则是以整个经济总体作为考察对象，中观则是介于微观与宏观之间，讨论区域或行业尺度下的经济问题。管理学中的"微观—中观—宏观"层次划分与经济学类似，依次研究"单一组织—组织群体—组织整体"的管理问题。随后，经济伦理学及工程伦理学也利用"微观""中观"与"宏观"这三个层次来确定人类行为中的责任主体，每一层次都包含着怀有各自目标、兴趣和动机的行动者。足以证明，该视角对系统层次结构的解析具有指导价值。

在城市空间规划实践中，"微观—中观—宏观"有序层级也被广泛应用。宏观层面的城市规划，是解决城市发展的宏观政策和建立城市发展的价值观体系，形成全社会共识，提供顶层的指导方针与政策指引，尤其是达成社会发展和空间发展共识，对不同社会群体提供不同的框架与路径、行为准则约束等。中观层面，城市规划是政府、社会市场、公众协调博弈的结果，涉及土地利用、生态环境及生产关系等。与此同时，多利益相关者的利益诉求和行为偏好在这一层面得以体现。中观层的城市规划以城市空间发展的政策制定与实施为结果，核心为空间资源的配置与利用方式。而微观层面的城市规划则是连接空间政策与空间实现的桥梁，即是实现城市终极发展目标的具体方案设计与措施。

对于本书而言，流域空间正义实质上是在有限生态理性行为准则的前提下，流域空间配置与利用的综合效益能够最优化地满足流域内不同利益主体的最佳状态。因此，流域空间正义在实践中遵循以下逻辑：①由人、水、土地（利用）等关键个体要素涌现形成生态、生活及生产总体空间，三生空间在特定的配置方案与利用方式下，耦合输出包括生态系统服务、经济产品、收入等，综合输出对多利益主体的满足程度决定了对流域空间正义水平的判定；与此对应的是，②对流域空间正义水平的调控可通过三生空间的重构来实现，而空间重构的立足点最终还将归结于个体要素的重新配置。综上所述，本书认为可将流域空间正义"个体要素—集体空间—发展目标"的逻辑结构与"微观—中观—宏观"层级分析结构相结合，形成流域空间层级结构（见图2.2），为流域空间调控提供逻辑基础。

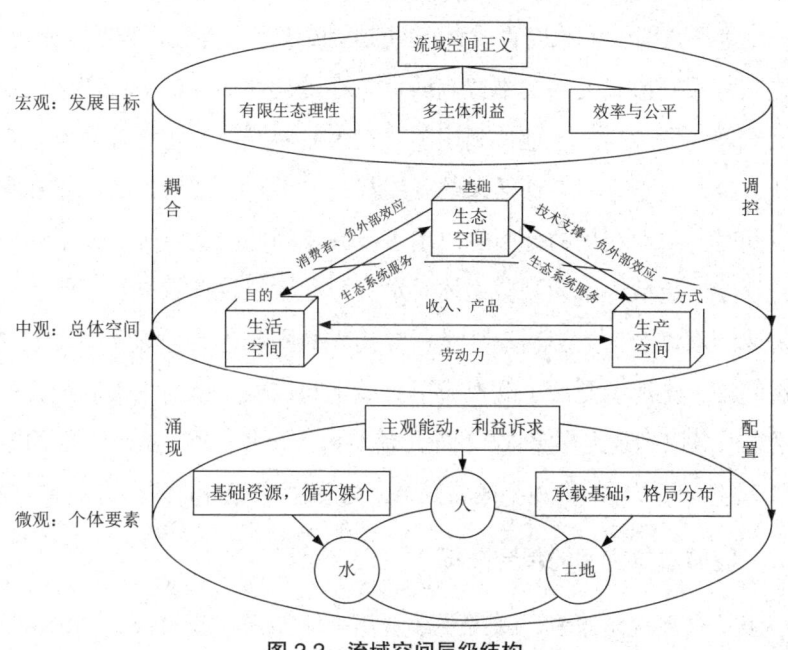

图 2.2 流域空间层级结构

2.2.1.2 流域个体要素的涌现分析

从微观视角来看，流域空间是由最基本的个体要素相互作用形成的，这是流域空间正义目标实现的基础保证。本书认为，人、水和土地（利用）作为流域最典型、最普遍的基础要素，对流域空间的组成和发展起到了决定性作用。因此，笔者重点从人、水、土地（利用）三大核心个体要素出发解析流域空间微观要素层内的涌现特征：①人类主体以其主观能动性和利益诉求特征占据了流域形成和发展的主导地位。具体而言，人类主体大体形成了"政府-市场-公众"的多利益相关者互动体系。政府主体包括政策政府和执行政府。政策政府是指国家级相关部委及流域管理委员会，政策政府通过决策制定与流域空间管理相关的规划制度来引导流域空间的发展朝向空间正义的目标迈进。而执行政府主要是指流域地方层面政府，该类政府是流域空间的直接管理者。执行政府的运营是通过对顶层政策规划的落实来具体实施对流域空间的管理。市场主体主要是指流域内各生产主体，涉及农业、工业及服务业企业。市场主体中主张经济效益的生产者、资源能源消耗者和环境负外部性的产生者，参与到流域空间调控过程中。公众主体是指流域内公民所组成的个体、非营利性群体和组织机构，主要通过利益诉求和监督管理参与到流域空间调控过程中。②水要素是生命之源，使流域内所有生命体得以生存繁衍；是生产之要，流域内物质财富的获取必须有水资源作为基本原材料输入；是生态之基，不同形式的水是维持流域生态环境良性循环的关键纽带，水生态系统是流域发展的命脉。③土地（利用）要素为流域开发奠定了陆地承载基础。流域内生活、生产及生态等各项活动的开展都是人类对土地资源的配置和利用的客观反映。同时，土地利用的分布也决定了流域空间的格局特征。④个体要素间以互动方式存在。流域内不同利益主体对水资源和土地资源采取利益驱动下的配置和利用行为，水资源为人类活动提供资源输入的同时也为土地利用方式的形成创造了生态基础，土地（利用）既形成了流域空间结构，也与水资源融合产生了诸多生态系统服务以满足人类需求。因此，流域内人、水、土三要素形成了以物质流、能量流和信息流为传导的微观个体要素层，为总体空间的汇聚奠定了坚实基础。

2.2.1.3 流域总体空间的耦合分析

进一步从中观视角来看，微观要素层的个体要素在政策规划、生态过程、行为偏好等因素驱动下，有规律地涌现形成了具备不同功能和特征的流域子空间。正是流域子空间的多尺度耦合，才形成了流域整体功能效益的展现。如何厘清流域空间的划分？从流域空间的历史演变来看，人类对聚居地的选择将原本的纯自然空间分隔成了生活空间与生态空间。随着技术水平的提升，人类又逐步开发出专门从事生产制造活动的生产空间，由此形成了生态、生活和生产三生空间格局。从现有研究来看，刘继来、方创琳、樊杰、李广东、张红旗、党丽婧、陈婧等对三生空间的内涵、识别、分类体系以及重构优化等方面阐述了三生空间研究的意义与可行性。而从我国实际情况来看，党的十八大以来对国土空间的发展定位于"山清水秀的生态空间、集约高效的生产空间、宜居适度的生活空间"，划定"三生空间"开发管制边界，统筹"三生空间"布局，成为当前国土空间规划的核心。因此，笔者认为将流域空间划分为生态、生活、生产"三生空间"进行空间调控具备了理论与实践上的合理性。三生空间是人地关系中地域演进和分析的结果，是流域内生态循环、生存居住及经济生产活动的空间化映射，也符合可持续发展战略下的"三大支柱"理念。关于"三生空间"的定义和划分尚未达成唯一共识，在国土规划、土地利用规划、生态功能区规划及不同尺度的区域规划中均有各自差异化的界定，其中，着眼于土地利用功能视角的三生空间研究较为广泛。再结合前文对流域"人""水""土（利用）"个体要素的涌现分析，本书从土地利用的视角来分析流域三生空间的耦合关系特征。

（1）流域生态空间以林地、草地、湿地等自然用地格局为空间脉络，加上气候、水文等环境要素，以及水、土壤等资源要素，界定了流域内人类活动的地形地貌、地理区位、资源禀赋、气象水文等特征，从而既保障了流域生态循环的安全与持续性，又为人类提供了生活生产所需的生态系统服务和产品（水源涵养、水土保持、气候调节、碳汇、生物多样性等）。生态空间因其在调节和保障区域生态安全中发挥重要作用成为现阶段国土空间利用中开发与保护矛盾的核心，具备两大特征：①公共与准公共属性并存。生态空间的参与者原则上不受任何限制，仅仅受制于空间距离所决定的可得性。同时，人们认识到，生态空间所提供的部分生态系统服务实质上是具备准公共物品属性的，比如水源供给服务。②脆弱性。人类活动的产生使得生态空间早已不再是孤立封闭的空间，脆弱性即是生态系统对于外界干扰所具有的敏感反应和自我恢复能力，是生态系统的固有属性。

（2）流域生活空间承载和保障了人类休憩、消费、娱乐休闲等基本需求，主要包含人类居住的城镇与农村居民居住用地，以及相应的配套设施区域。由于不同群体对生活空间的要求不同，使得生活空间具备了显著的多样性。

（3）流域生产空间是所有生产活动的空间存在形式，生产活动为流域和人的发展提供了必要的物质、文化需要，可大致分为农业、工业与服务业生产空间，包括农业耕作、工矿生产、交通运输、金融交易等活动。那么，从土地利用视角来看，生产空间主要涵盖了耕地、园地、建设用地及服务业活动用地。生产空间主要具备三大特征：①逐利性。生产空间本质上以经济利益的获取为目的。②私有性。生产空间内的生产活动受供需关系驱动具有明显的私有特征。③负外部性。生产活动的进行过程会产生对周围环境的负向影响。综上所述，借鉴我国《全国国土规划纲要（2016-2030年）》、《全国土地利用总体规划纲要（2006-2020年）》、《土地利用现状分类》（GB/T21010—2017）》，本书将流域三生空间进行如下具体划分，如表2.1所示。

（4）流域三生空间的运转模式、功能、分布等特征都不尽相同，但是，这三类空间绝非相互独立，而是相互关联，存在着不同情境下的合作与竞争关系。也正是由于三生空间的不同组合结构、互动关系，才使得流域整体空间呈现不同的共融效益，这是流域空间能否实现正义目标的关键所在。

表2.1 流域三生空间划分

流域	三生空间	土地利用方式	详细分类说明
流域空间	生态空间	林地	森林为主，灌木林为辅
		牧草地	天然牧草、人工牧草
		水域	河湖、水库、湿地
	生活空间	城镇居住地	城镇居住区及配套区域
		农村居住地	乡镇村庄及配套区域

第 2 章　空间正义视域下流域绿色发展的基础理论

续表

流域	三生空间	土地利用方式	详细分类说明
流域空间	生产空间	耕地	水田、旱地
		园地	果园
		建设用地	工矿仓储用地、交通运输用地
		服务业用地	公共场所

人类社会发展基本规律为：生产关系一定要适应生产力的发展状况，上层建筑一定要适应经济基础的发展状况。其中，生产力是人们改造自然的能力，包括劳动者、劳动资料、劳动对象等要素；生产关系是人们在改造自然的过程中结成的人与人、人与社会的关系。可见，以劳动实践为基础，在人类社会发展过程中至少涉及人与自然、人与人、自然与社会等方面的矛盾关系。因此，在这样的人类发展进程下，生态、生活、生产三生空间就产生了系统耦合效应。①生态空间是三生空间的基础，支撑生产和生活空间实现自身功能，是协调人地关系、实现区域可持续发展的关键。生态空间是自然基础存在的基本形式，通过生态系统服务的形式为生活及生产活动提供生境支持与物质资料输入。与此同时，生态空间的功能边界也决定了流域发展的极限，逾越极限将导致生态系统的退化，进而影响生活及生产空间的正常运转。例如，流域生态空间的重要供给之一水资源，是流域各项发展活动的必要输入，优异的水资源条件很大程度上决定了流域的发展潜力。同时，流域空间、人口、经济规模扩张上限必须在水资源承载能力范围以内，只有这样才是生态安全下的可持续发展。②生活空间是生态、生产空间所供给产品和服务的输出目标，也就是说，对生态、生产空间的开发利用，归根结底是要最好地服务于生活空间中的人类主体。以人为本是所有行为活动的根本原则，所有行为决策的首要目标都是满足人类主体的多层次需要。也只有宜居的生活空间才能形成高质量的人口规模，从而为生产空间的运转提供劳动力输入。③生产空间是社会生产力发挥作用的核心空间，在流域产业结构下，第一、二、三产业活动为流域发展积累着物质与精神财富，在满足生活空间内人类多元需求的同时，

也为人类更好地享受生活和维护良好的生态环境提供技术支撑。④无论是生活空间还是生产空间,在其运转过程中都不可避免地会产生显著的环境负外部性,废污的排放、过当地开发及生态修复的时滞性都使得生态空间蒙受一定程度的损害。

综上分析,本书绘制了流域三生空间耦合关系图(见图2.3)。

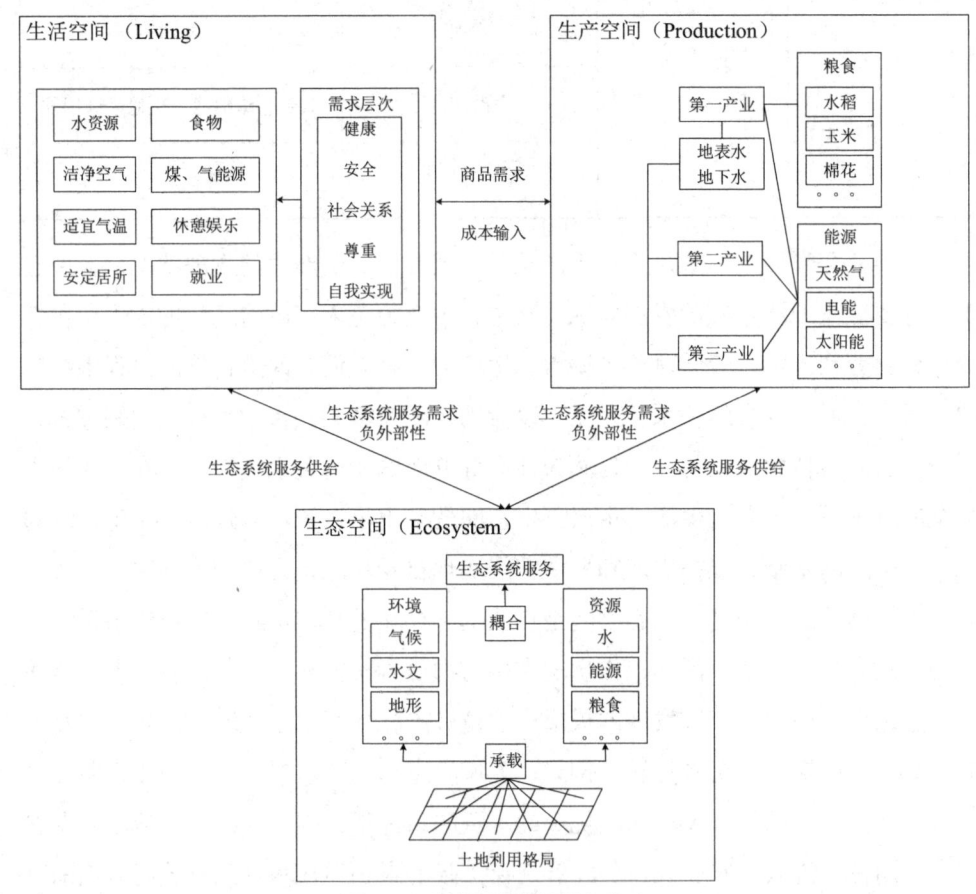

图2.3 流域三生空间耦合关系

2.2.1.4 流域发展目标的协同分析

随着工业化、城镇化的推进,流域三生空间结构比例出现失衡趋势,空间冲突逐渐产生。主要表现在,生态空间被持续侵占,生产空间粗放利用,分配不均,且造成的生态破坏问题严重,而生活空间供给结构性失衡,发展不充分、不平衡。流域三生空间的冲突的实质是以政府、市场和公众为代表的利益主体与社会、自然之间形成人与人、人与自然、人与地等矛盾关系在流域发展过程中对有限空间资源的竞争体现。而棘手的是，三方主体的利益诉求与所处困境往往不同。政府主体始终面对着经济发展与生态保护之间的矛盾，市场主体则面对着资源稀缺性与产能提升之间的矛盾，而公众主体既期待着高质量的生活生产，又是生态系统退化的直接受害者。正是这样的窘境导致了流域空间秩序的混乱，流域空间管理亟须重新定义符合发展现状的目标、方向。流域三生空间的配置、利用、调控即是流域发展和管理的全过程。流域三生空间的状态不是一成不变的，以政府为主导、市场为驱动、公众为参与者构成的决策架构，可针对不同发展策略、不同发展阶段及不同发展区域采取与流域相适应的模式进行空间调控。调控的目的就是将有限生态理性植入人类发展思维，优化重构流域空间配置与格局，在三生空间协同发展下从公平与效率两个层面满足多利益相关者三生综合需求。因此，从宏观视角来看，本书认为流域发展的最终目标应是实现流域空间正义。

2.2.1.5 流域空间层级结构关系特征

三个层次之间存在明显的"要素—结构—功能"的系统发展次序，个体要素分布在总体空间中，总体空间耦合作用表现为流域空间正义的实现与否，三者在实践中是嵌套的、融合的整体。那么，层与层之间运转则是流域整体空间动态演化的机理所在。

从"个体要素—总体空间—发展目标"的"顺"序来看，个体要素层首先为集体空间层的形成培育了基础条件。三生空间中的任何一个都是由人、水、土地（利用）要素和相互之间关系涌现而来的。也就是说，三生空间实质上是人类主体对水、土地（利用）的决策活动的空间表达。在三生空间形成之后，总体空间在合作与竞争并存下运转，对这样耦合运转的效益的评价则取决于：①人类主体的价值观（经济理性或生态理性）；②多主体对利益的差异诉求；③三生空间产出效益的效率与公平特征。总的来说，"顺"序即流域空间正义实现的逻辑。

再从"逆"序来看，流域空间的发展目标实现与否，或是目标变化的必然性。为应对由此引发的不确定性及动态性，便理所当然地产生了流域空间调控的需求，流域空间调控就是流域三生空间重构的过程。重构是系统科学研究领域的一种方法论，是指对系统内各要素进行重新构架，以保证系统达到优化。对于流域空间而言，人类主体对三生空间的配置和格局具备很大程度的主观能动性，表现在流域土地利用方式上，因此，流域空间结构重构是土地利用过程中各个利益主体为了追求利润最大化或效用最大化所各自进行的经济活动相互影响的过程。

2.2.2 流域空间调控机理

流域空间调控以空间正义为目标，立足人地关系在土地利用冲突中的动态演化过程，借助三生空间优化重构手段来实践。本书主要从流域三生空间内部的竞合关系，以及人类主体与流域三生空间之间的互动反馈特征，来阐释流域空间调控机理。

2.2.2.1 流域三生空间内部竞合关系分析

流域三生空间的竞合关系直观体现在流域土地资源的配置和利用上。土地资源是经济发展、城市扩张的重要支撑和依托，土地资源的配置与利用和经济增长之间存在着强相关性，这种强相关性表现为两者之间作用与反作用的互动机制。一方面，土地资源是经济增长的关键驱动之一。西方学界多从理论及模型的角度逐渐将土地这一要素与经济增长紧密地联系在一起。古典经济学先驱配第（W.Petty）早在《赋税论》（*Treatise on Taxes and Contributions*）中就曾指出"土地为财富之母"。20世纪后期，将土地作为投入要素纳入经济增长模型之中的研究不胜枚举，具有代表性的例如 Nichols、McCain 等人的研究，产生了索罗模型、戴蒙德模型、生产函数模型等来探索土地要素与经济增长之间的定量关系。研究成果表明土地对经济增长的效率和稳定性方面起着相应的推动作用。同时，"阻尼效应"则反映以土地要素对经济增长具有一定的制约作用。国内学者围绕土地要素的"增长贡献"和"增长阻尼"运用经济增长模型、生产模型等也进行了大量基于我国实际的实证探索，可以发现，我国处于土地国家所有、统一管控的大背景下，政府的土地利用行为对相应区域的投资拉动、财政收入等带来了显著的影响。另一方面，经济增长模式对土地资源的配置与利用起到显著的反向影响。不同的发展阶段下的经济增长模式往往有所不同，由此便会有城镇化进程、产业结构、国民经济目标、消费结构等方面的变化，这就要求土地利用无论从数量结构还是空间分布上都要做出与之相匹配的转变。值得注意的是，经济发展难以避免的不均衡性使得土地利用的调控也无法达到绝对的均衡。

随着城镇化进程的加快，流域土地利用配置的演变频繁且剧烈，流域三生空间结构比例趋于失衡，土地利用冲突继而产生。对土地利用冲突的分析可从两方面来展开，首先，要知道土地利用冲突是因何产生的。其次，要明确土地利用冲突的具体形式。斯坦福研究院（Stanford Research Institute，SRI）于1963年提出的利益相关者理论（stakeholder theory）为土地利用冲突的产生找到了根源。根据Freeman在《战略管理一种利益相关者的方法》一书中给出的利益相关者权威定义："能够影响一个组织的目标实现的人，或者自身受到一个组织目标的实现所影响的人"，利益相关者理论的核心在于追求多利益主体之间利益均衡，从而实现某个组织系统的或某项管理活动的有效、可持续发展。从这个视角来看，土地利用冲突的实质就是各土地利用的相关利益主体在同一空间区位上对土地资源要素的时空博弈过程。博弈过程中，不同利益相关者持有各自的目标，不同的目标具有各自的实现路径，利益相关者的目标与实现路径的差异性正是土地利用冲突的产生根源。关于土地利用冲突过程中的具体利益相关者，可以结合前文流域空间个体要素层来分析：政府、市场和公众是流域空间运转过程中的关键能动主体，而从我国实际来看，土地资源国家所有、统一管控，市场与公众则充当土地利用效益的诉求者及土地利用调控的决策参与者。因此，政府、市场和公众应该就是土地利用冲突中最核心的利益相关者。

土地利用冲突的具体形式主要可从主体视角和利益视角来辨析。①主体视角下主要是政府、市场（企业）、公众三者所形成的冲突，包括政策型政府与经营型政府、政府与市场、政府与公众及公众与公众之间的冲突；②利益视角下主要是土地利用相关的社会利益、经济利益、生态利益三者之间的冲突，包括不同利益相关者之间的经济效益冲突、社会效益与经济效益的冲突、经济效益与生态效益的冲突。可见，土地利用冲突具备深刻的复杂性，涉及多主体、多利益博弈的过程，这样的复杂性进而导致了土地利用冲突难以解决。

流域空间价值的创造基于对土地资源的合理配置与利用，随着社会经济发展速度与要求的不断提高，流域三生空间被动演化，土地冲突显现。可见，三生空间的竞争和合作是流域发展的关键驱动。

2.2.2.2 人类主体与三生空间互馈关系分析

人类主体与三生空间的互动反馈决定了流域空间调控的能动性。流域空间的调控本质上就是人地关系的调整，科学合理的调控是建立在人地和谐的可持续发展理念基础之上的。一切人地关系（man-land relationship）都体现和包含在生产、生活及生态空间的格局与利用中。人地关系是指人类活动与地理环境的关系，是进入人类时期以来就普遍存在的一种客观关系。人地关系随着人的认知、生产力、生态环境的变化而演变，对其的认知从混沌变为透彻。从早期的"人"与"地"依附，此时"人"对"地"极度地依赖；到农业时期"人"逐步掌控"地"，"人"与"地"基本处于和谐状态；到工业时期"人"倾向征服"地"，此时，"人"对"地"开始输出负面影响，两者的对立面渐渐形成；再到如今生态文明时期，人地关系便以可持续发展为原则来指导人类发展活动。演变的历史进程中诞生了朴素人地关系思想、地理环境决定论、二元论、人地相关论、适应论、人类生态理论、景观论、生产关系决定论、唯意志论、人地协调论等相关理论。在人地关系中，"人"以其主观能动性占据主导地位，"地"则是"人"认识、利用、改造的对象，人地关系的和谐与否，最终取决于人。人类如果能够科学认知并合理应对自然生态规律，统筹考虑发展综合利益，便可以将人地关系引向和谐可持续的道路。相反，如果人类对资源环境采取无节制索取，轻视生态保护，那么人地矛盾必然会爆发。

人地矛盾的显著负面影响促使人类对土地利用优化展开了不懈探索。从系统论的角度来看，土地利用是一个复杂、动态但可控的系统，这赋予了土地利用优化问题以定性分析、定量计算均可的属性特征。在经历了城市选址、城市空间布局、工农业区位决策、人口布局、生态功能区规划等实践之后，土地利用优化已经成为区域可持续发展研究的焦点，在地理学、生态学、管理学、经济学等多学科交叉下的土地利用优化理论逐渐成熟。

从定性角度来看，早期主流的土地利用优化均是服务于经济效益和生产力发展的，因此多从地租理论（rent theory）引发而来，地租是土地上生产的农作物所得的剩余收入。李嘉图（D.Ricardo）进一步指出因土地数量有限性、土壤条件及地理位置等因素的存在，土地产出各不相同，这导致土地资源价值存在差异。在对土地资源价值的认知判定基础上，比较优势理论（comparative advantage theory）与区位理论（location theory）为土地资源有效配置的实现提供了路径方向，出现了包括杜能的农业区位论、韦伯的工业区位论、克里斯泰勒的中心地论、廖什的市场区位论等在内的诸多土地利用优化经典理论。随着发展理念的不断更新与完善，人类已然认识到资源优化配置的目标不能单单局限于实现最大化的经济产出，而是应当统筹考虑经济效益、社会效益、生态效益的综合表现。可持续发展成为土地利用优化的当代内涵：以生态保护为最严格约束前提，以满足代内与代际人类需求的社会、经济、生态协调发展为目标，对土地利用数量结构和分布格局进行调控。

利用建模或算法方式对土地利用进行的定量优化随着定性研究和决策需求的深入开始增多。传统的数理模型，包括线性规划（linear programming，LP）、灰色预测模型（grey prediction model，GP）、马尔可夫预测模型（Markov chain model，MC）等，被广泛地应用于宏观上土地利用数量的优化，该类方法建模思路相对简单，算法易于实现，应用效果比较可观。针对土地利用结构分析中存在的广泛非线性和复杂多要素特征，系统动力学（system dynamic model，SD）模型利用规划目标与规划因素之间的因果关系建立信息反馈机制，相较于线性规划模型，这种行为模式与结果主要取决于模型结构而不是参数值的大小，模型具有动态性和仿真性，其突出特点是擅长处理非线性具有多重反馈结构的复杂系统，能进一步地进行社会、经济、环境全方位模拟。

上述数理模型方法无法实现土地利用格局优化，关于突破土地利用空间表达这一难题，主要得益于学术研究的空间转向、地理信息系统（geographic information system，GIS）技术及人工智能算法（artificial intelligence algorithm，AI）的发展。土地利用的空间格局可以解释为各土地利用类型在一系列空间因素共同作用的结果，主要包括地形地貌特征、气象水文条件、经济因素的空间展布规律等。因此，对土地利用空间格局的优化模拟可以从空间因果关系和土地利用微观自组织行为角度去分析。目前，遗传算法（genetic algorithm，GA）、蚁群算法（ant colony optimization，ACO）、粒子群算法（particle swarm optimization，PSO）等机器学习方法，以及元胞自动机、多主体模型等方法，与地球资源卫星、遥感技术、多光谱与多时相数据及地理信息系统工具的结合应用，为土地利用优化和模拟增强了动态性、可视性和实践性，成为解决土地利用空间格局优化的崭新途径。

人地矛盾的激化导致空间有序性的丧失。对流域空间调控从理论角度来看应是系统论、生态经济学、运筹学、空间计量学等的有机结合，而从实践角度来看是对流域土地利用进行优化重构的过程。

2.3 空间正义导向下的流域空间调控体系构建

2.3.1 流域空间调控体系

流域空间调控是流域决策者为实现流域空间正义所进行的流域空间优化重构的过程，因此本书在空间正义导向下构建流域空间调控体系，具体可归纳为以下五个步骤（见图2.4）：①确定流域空间调控思路。从政府、市场、公众核心利益相关主体出发对流域三生空间冲突现状进行剖析，确定以流域空间正义为目标、以三生空间重构为手段的流域空间调控思路。②流域空间正义测度。综合测度流域三生空间效益产出，对流域空间现状形成直观判定，对流域空间正义的定量识

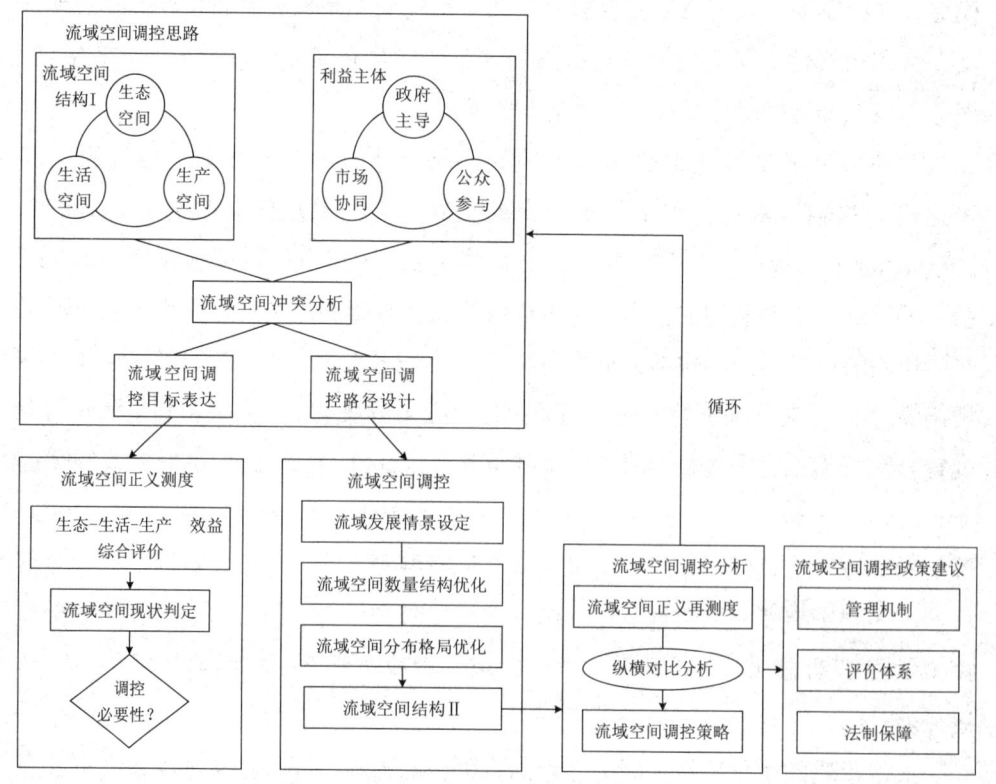

图2.4 空间正义导向下的流域空间调控体系

别是流域空间调控的前提。③流域三生空间重构。利用土地数量结构和分布格局的优化手段实现流域三生空间重构。④流域空间调控方案遴选。针对重构的流域空间,再次进行流域空间正义测度,对再测度结果与基准期状态加以综合分析以确定最佳的流域空间调控方案。⑤流域空间发展对策制定。根据流域空间调控的绩效表现提出政策制定、法治、市场调节等流域空间管理配套政策。

2.3.2 流域空间调控目标的定量表达

对流域发展质量的测度目前多集中于从单一子空间的视角,较少有基于三生空间综合视角的全面、系统的评价,流域空间正义测度的目标为管理决策者提供一个对流域空间状态优劣的科学直观认知,进而作为流域空间调控目标的定量表达。然而目前对空间正义的定量测度研究尚属学界空白,对正义与否这个标准也较难给出能被广泛接受的绝对值。流域空间正义的表现不单单是某一主体的利益满足或某一空间效益产出,而是流域三生空间产出的综合效益表现对多主体利益的满足程度。综上所述,本书认为流域空间正义测度可以通过综合评价法(synthetical evaluation),以无量纲的指数排序来定量表达流域发展质量的高低。

综合评价法是指运用多个指标对多个参评单位进行评价的方法,其基本思想是将多指标转化为一个能综合反映研究对象特征的指标来进行评价。本书以综合评价思维提出流域空间正义测度思路(图2.5):①空间维度为流域"生态-生活-生产"三生空间,是流域整体效益产出的源空间,作为流域空间正义测度的出发点;②驱动维度包含流域内社会(政策制度、人口、文化等)、经济(技术、产业等)

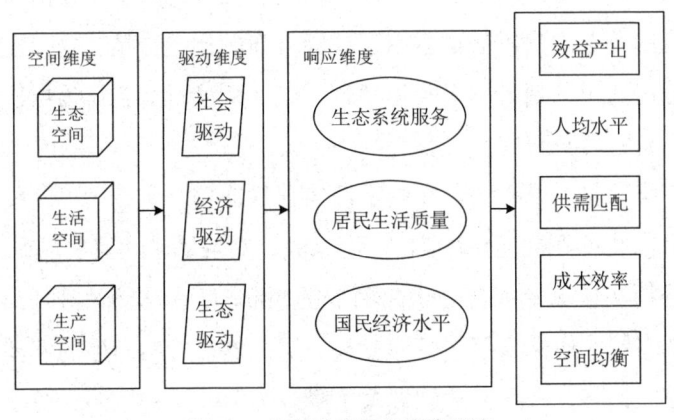

图 2.5 流域空间正义测度思路

和自然（气象水文、自然禀赋等）三方面驱动因子，驱动对三生空间的形成和效益产出起到核心作用；③响应维度则是不同类别的驱动因子作用于流域三生空间产生的效益输出，根据三生空间功能发挥特征，本书将其归纳为生态系统服务、居民生活和国民经济三类典型效益。三生空间输出效益的衡量可从效益产出、人均水平、供需匹配、成本效率、空间均衡等层面兼顾公平与效率具体进行。

在具体评估模型方法方面，综合评价思想衍生和开发模型方法层出不穷，从最初的评分评价法、组合指标评价法、综合指数评价法和功效系数法到模糊综合评判法（fuzzy comprehensive evaluation, FCE）、灰色系统评价法（grey evaluation, GE）、层次分析法（analytic hierarchy process, AHP），再到近几年的数据包络分析法（data envelopment analysis, DEA）、人工神经网络法（artificial neural network, ANN）等，综合评价方法日趋复杂化、数学化和多学科化。显然，新型的模型方法在处理能力和计算结果上具备优势，但其适用条件和数据要求相对较高。本书兼顾考虑测度工作科学性和可行性，认为层次分析法较适用于流域空间正义的测度，主要基于以下几点原因：①层次分析法由美国匹兹堡大学运筹学家塞蒂（T.L Saaty）提出，是一种从定性分析到定量分析综合集成的典型的系统工程方法。它将原本复杂的待解问题拆分成金字塔式的树状结构，借助各分解因素的定量指标信息使得决策问题转化成数学问题，将人的主观判断为主的定性分析进行定量化，将各种判断要素之间的差异数值化，帮助人们保持思维过程的一致性，适用于存在层次结构目标的复杂模糊综合评价系统。流域空间正义与否正是复杂的流域空间系统的输出效益的综合表现。与此同时，②层次分析法并未限定唯一正确解，而是给决策者提供经验判断和推理过程中产生的各种方案的优劣排序，这就使得层次分析法更适用于规划方案的比选决策，这一点与"优劣排序"这一流域空间正义判定思想较为契合。综上所述，笔者认为层次分析法适用于流域空间正义的测度。

但是，传统的层次分析法存在主观性较强的缺点。客观世界的任何事物存在内部和外部因素带来的复杂不确定性，而人的认知偏好又充满主观和多元的特征。传统的层次分析法依靠专家打分构建而成的判断矩阵对指标的评价易产生误差，而且由于涉及多层次指标，某一指标或某一层次的评价所产生的偏差将会导致整体评价结果随之偏移，决策科学性大大下降。为解决这一缺陷，诸多研究开始尝试改进传统的层次分析法。熵（entropy）为热力学概念，由德国物理学家克劳休斯（R.Claudius）提出，用熵表示在热功转换过程中热能有效利用的程度。美国工程师香农（C.Shannon）把熵的概念引入信息论，将熵作为事件不确定性的度量。在评价中，将信息熵作为系统信息无序度的度量，通过信息熵评价获取系统信息的有序程度和信息的效用价值。信息熵越大，信息的无序度就越高，信息的效用价值就越小；反之，信息熵越小，信息的无序度就越低，其信息的效用价值就越大。利用熵值法进行权重赋值即是依照指标相对变化程度对整体带来的影响大小来决定指标的客观权重。本书为尽可能地降低传统层次分析法的主观影响，引入熵值（Entropy value）赋权法，形成"AHP-Entropy"主、客观权重结合的综合赋权模式。

综上所述，笔者提出流域空间正义测度的具体流程（如图2.6所示）。

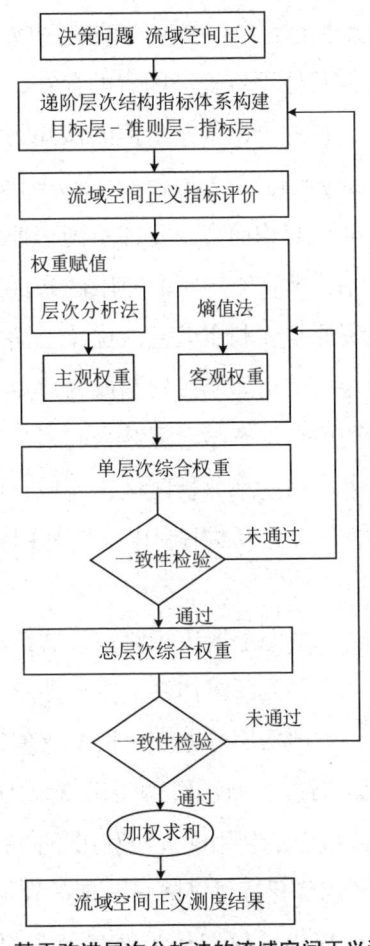

图2.6 基于改进层次分析法的流域空间正义测度流程

2.3.3 流域空间调控的设计路径

在决定流域三生空间配置、利用方式及效益输出的诸多因素之中，土地利用是最直接，也是最根本的驱动环节，其对流域空间正义的实现起着关键作用：①土地是人类活动最主要的承载体，流域绝大多数的生活与生产活动必须依赖于土地资源所营造的各类陆地空间进行；②土地资源的生产性功能和生态性功能为人类生存、物质生产及生态循环等提供了基础；③土地资源是有限的，且具备准公共物品的特性，在其对社会经济发展的贡献过程中也引发了人与地的矛盾，而人与地的矛盾又会循环衍生出人与人的矛盾、人与水的矛盾。因此，土地利用与流域空间正义紧密相关，利用土地再配置对流域空间进行调控具备合理性。西方经济学对土地利用配置问题有长期系统的研究。配第在《赋税论》中提出地租（land rent）概念：地租是土地上生产的农作物所得的剩余收入。李嘉图进一步指出因土地数量有限性、土壤条件及地理位置等因素的存在，土地产出各不相同，这导致土地资源价值存在差异。在对土地资源价值的认知判定基础上，比较优势理论（comparative advantage theory）与区位理论（location theory）为土地资源有效配置的实现提供了路径和方向。归纳而言，发挥不同土地利用的比较优势，可以提高土地资源的空间配置效率，即在土地资源有限的条件下资源向其利用效益最大的区域流动，以实现土地资源整体利用效益最优化。而在当前的土地利用与区域空间调控领域，以生态为导向的空间调控逐渐成为焦点。诸多研究在分析区域空间调控的过程中，将土地利用与生态学原理结合起来，尝试充分考虑生态优先的原则，从生态位或生态约束等角度来分析区域、流域、城市等尺度下的空间重构（space reconstruction）策略。以上为本书利用土地利用优化手段来进行流域三生空间重构提供了思路。

关于流域土地利用优化，根源上取决于流域发展策略对土地政策走向的支配作用，土地政策实质上是一个多元政策体系，主要涉及土地资源分配、土地利用方式、土地利用空间分布、土地费用等方面，根据管理目标的不同而对相应的管理对象制定管理政策，例如耕地保护政策、城市用地规划政策、土地税收政策等。不同的土地政策会形成对流域土地利用配置与利用不同的激励或约束机制。因此，不同流域发展情景为土地利用优化提供了清晰合理的模拟依据。"情景"（scenario）一词最早由 Kahn 和 Wiener 提出，他们认为情景就是对未来情形以及能使事态由初始状态向未来状态发展的一系列事实描述。此后，Alcamo、Henrichs 等从对事物未来发展期望与预测的视角相继给出了有关"情景"的定义，而《辞海》中对"情景"有"情形，情况"的解释。本书探讨的流域土地政策内涵是在发展情景下流域土地利用数量结构与分布格局两方面的不同演化趋势，这两方面正是流域空间调控的立足点。随着对复杂系统及未来不确定性认知的提升，决策者们越来越青睐于利用情景模拟的手段来实施有效的决策管理活动。情景模拟的关键是多主体、多目标之间的博弈，在应对不确定的未来时，有必要依据主体利益诉求进行多情景模拟，从而确定最有利于实现决策目标的方案。这就形成了依托于核心要素发展趋势假设的情景模拟及相关管理决策的方法，即情景分析法（scenario analysis）或情景模拟法（scenario simulation）。情景模拟通过一系列定性或定量的变量组合来描述研究对象由当前状态演化到未来状态的路径，从而通过对目标值的横向或纵向比较，为决策管理提供科学的依据。情景模拟法从军事领域应用开始，被逐渐应用到国民经济、政府决策等方面。综合梳理已有研究，情景模拟法具备以下特征：①多样性。事物发展的情形因不同驱动因素的影响而产生不确定的变化，情景分析正是尽可能多地考虑和分析不同情形下事物发展的目标和约束条件，从而形成纵向与横向间的情景优选比较。②系统性。从全面的社会、经济、生态、文化等角度，以及时间、空间等维度，系统全面地分析事物的发展趋势。③交叉性。情景分析过程中一般涉及多学科、多领域的方式方法，以把握不同研究对象的特征信息。④主观能动性。情景分析明确人作为主体在事物发展过程中所起的主观能动作用，因此，决策主体的目标是情景模拟考虑的核心因素。⑤继承性。情景模拟强调对历史的学习与再认识，知识、经验及以往的发展趋势都不可避免地提供了对于未来情景预判的基础。

情景模拟法为流域空间调控提供了一个结构化、系统性和参与式的方法，可支撑决策者及利益相关者探索和评估未来的发展路径，尤其在当前高度变化和不确定的复杂环境下，其发挥的作用更为实际和关键：①提供多元视角。情景模拟法允许决策者从多个不同维度探讨空间发展所有可能的未来，有助于形成一个全面、多元和均衡的视角。②应对不确定性，增强决策韧性。通过多情景的构建和评估，可帮助决策者更好地理解和处理空间发展的不确定性，并据此制定更具韧性的应对策略。③促进参与式决策。情景模拟法通常涉及多利益相关者的参与，参与性有助于确保各方权益都被充分考虑，增强调控决策的接受度和有效性。④提供有说服力的可视化决策依据：通过情景模拟，决策者可以制成图表、地图等可视化信息，直观地展示不同情景下的空间变化，提供有力的决策支持。现有研究广泛采用土地利用变化指数、转移矩阵、核密度估计等方法探讨土地利用时空演变格局，并采用CLUE-S模型、PLUS模型、FLUS模型、地理元胞自动机（cellular Automata，CA）等方法模拟和分析区域空间变化过程与调控机制。本书旨在借助情景模拟法，设定流域多发展情景，以流域空间正义为目标，对流域三生空间进行优化，探索最佳的流域空间调控方案。

综上所述，基于发展情景模拟的流域空间调控沿着"耦合分析—情景设定—优化模拟"的主轴来进行。耦合分析是通过对流域土地利用与流域空间正义之间互动关系的剖析，确定流域空间正义水平随流域发展策略波动的特征规律。在此基础之上，综合考虑流域发展战略、多主体利益诉求等因素设定不同的流域发展情景，为流域三生空间重构确定目标与约束条件。优化模拟环节是利用模型算法或模拟工具进行土地利用数量结构和分布格局的二阶段优化。

2.4 生态产品价值实现机制解析

2.4.1 生态产品内涵与特征

关于生态产品，国外并无该术语，但生态系统服务（ecosystem Services）概念是生态产品概念内涵发展的重要借鉴。从国内研究来看，生态产品的概念内涵丰富，具有多要素、多属性、时空动态变化等特征，尚未形成一致性权威定义。可以从广义和狭义两个层面来理解。狭义层面的概念与国外"生态系统服务"的含义相近，出自2010年国务院发布的《全国主体功能区规划》（国发〔2010〕46号），是指维系生态安全、保障生态调节功能、提供良好人居环境的自然要素，包括清新空气、清洁水源和宜人气候等。广义上的生态产品还包括通过清洁生产、循环利用、降耗减排等途径生产的生态农产品、生态工业品等生态标签产品。2021年自然资源部发布的《生态产品价值实现典型案例（第三批）》指出："生态产品是自然生态系统与人类生产共同作用所产生的、能够增进人类福祉的产品和服务，是维系人类生存发展、满足人民日益增长的优美生态环境需要的必需品。"2022年，国家发展和改革委员会、国家统计局联合出版的《生态产品总值核算规范》将生态产品定义为"生态系统为经济活动和其他人类活动提供且被使用的货物与服务贡献"。

生态产品的分类则有多种体系，包括：①二分类。根据是否具有物质形态将生态产品分为生态物质产品和生态服务产品，或根据其生产消费特点分为公共性和经营性生态产品。②三分类。参照MA生态系统服务的分类方法将生态产品分为有形产品、支持调节服务、美学景观服务三类。根据公共产品理论和生态产品的供给运行机制特点，将生态产品分为全国性、区域或流域性、社区性公共生态产品和"私人"生态产品。③四分类。根据产品表现形式不同认为生态产品包括生态物质产品、生态文化产品、生态服务产品和自然生态产品。从经济学角度，则可分为公共生态产品（清洁空气、宜人气候等）、准公共生态产品（人类共同且分别使用的由水体、森林、草地、湿地等组成的生态系统提供的生态产品，大部分生态产品为准公共物品）、俱乐部生态产品（国家公园、风景名胜区等）和私人生态产品（农产品、木材、生物质燃料等）四类。

生态产品的属性分自然层面和社会经济层面。生态产品是空气、水、岩石、土壤、气候、生物等自然要素相互影响、相互作用，实现生态系统的物质循环与能量流动，这是生态产品形成的基础。与此同时，当自然要素作为生产资料或者劳动对象，成为社会生产过程的基本构成要素，就可以制造和创造出各种满足人类需求的物质或精神文化产品。因此，生态产品的生产不仅是自然生产，还受到了社会生产的影响，社会生产的介入赋予了自然要素经济社会属性。

生态产品一般具有以下特征：①外部性。生态产品作用于生态系统和经济社会系统的效用增加，且符合需求偏好，此时生态产品的外部性为正。反之，当生态系统功能退化或消耗超出承载力时，生态产品产生负向作用，即负外部性。②稀缺性。生态产品的稀缺性是其价值产生的前提，其稀缺性与社会经济发展具有一定相关性，生态系统在发展中遭到破坏，使生态产品供给能力下降，而人类对生态产品的需求量和质量要求越来越高，生态产品供不应求，边际效用逐渐增大。③时空异质性。不同时期、地区生态产品的禀赋和开发强度不同，其生产成本与需求结构也不同，导致区域内生态产品价值数量与形态存在时空演化。④公共物品特征。从消费视角来看,生态产品具有(准)公共物品属性。⑤多重价值特征。生态产品作为生态资源的价值载体,具有经济价值,同时,生态产品能满足人类物质精神双重需求,对社会发展有着深远影响,因此具有社会价值。除此以外,生态产品为人类提供生态服务,支持与保障生态系统的完整性,还具有宝贵的生态价值。

2.4.2 生态产品价值核算

生态产品价值来源于人与自然互动下的劳动参与、产品稀缺性及供需结构等。在我国现有的《生态产品总值核算技术规范》中,生态产品价值渗透于人类的生产生活、经济发展、文化需求等方面,主要通过其经济价值、生态价值和社会价值三个方面来展现,三者相互统一、相互依存。生态产品的经济价值指生态产品直接参与市场交易所形成的价值,是直接使用价值的体现。生态价值指生态产品作为生态自然系统的构成要素,能够提供保持水土、涵养水源、调节气候等维持人类生存所必需的环境价值,是间接使用价值的体现。社会价值则是指生态产品在丰富人类精神文化、满足人类对美好生活环境需要的过程中所体现出的价值,是非使用价值的体现。与此同时,张林波团队的研究认为生态产品的价值来源于人类生产和生物生产的共同作用,生态产品不仅反映了自然生态与人类之间的供给消费关系,还反映了人与人之间的供给消费关系,生态产品的非替代性、经济稀缺性是其价值产生的前提。

生态产品价值核算流程主要包括产品识别、实物量评估、价值量评价三个环节。

首先,是针对研究对象为生态系统供给与人类需求特征遴选待核算的生态产品类目及对应指标。

其次,是对生态产品实物量进行评估,这是生态产品价值量核算的前提。实物量的评估方法的决策取决于生态产品本身的属性,目前广泛使用的主要有监测统计法、生物物理模型法、能值法等。监测统计主要是针对物质供给类生态产品(例如农产品、林产品、畜牧产品、渔产品等),以及文化服务类生态产品(例如休憩旅游、景观美学等),直接采取统计调查的方式进行实物量核算。生态系统及其要素监测体系、水文监测、气象台站、环境监测网络等可以为生态系统服务实物量的核算提供数据和参数。对于调节服务类生态产品则主要采取能值法或生物物理模型法进行测度。其中,能值法以能量作为共同的评价标准,基于能量投入,将直接或间接投入生态系统中的有效能总量与能量间的能量转换率相结合,得到生态系统最终能值,以此表征生态系统服务总量。能值法可以定量分析生态系统与人类社会的价值及各生态系统间的相互关系,较好地阐述生态系统服务的能量流动及利用率,目前常被用来描述大尺度研究区生态系统服务利用区域差异,但文化服务及部分调节服务较难用能值指标来体现。

相较而言,基于生态产品的形成机理,通过综合模型计算生态产品实物量更为普遍和合理。目前,InVEST、ARIES、SolVES、MIMES等模型使用得较多。

最后,基于实物量评价结果,采用直接市场法、替代市场法、模拟市场法等方法明确生态产品的单位价值,进而得到价值量。直接市场法是直接以实物市场价格判定生态产品价值,适用于存在市场价格的生态产品,常用于物质供给类生态产品的价值评估的,涉及市场价值法、费用成本法、生产效应法等。替代市场法是以影子价格和消费者剩余来衡量生态产品价值的,包括旅行费用法、影子工程法、替代成本法、恢复成本法、享乐价格法等。模拟市场法是用支付意愿(WTP)和净支付意愿(NWTP)来评估生态产品价值的,通过询问受益者对待核算生态产品的需求程度或人为构造市场去调查受益者的支付意愿,从而核算生态产品价值,主要方法为条件价值法(CVM)。此外,生态产品价值核算的关键障碍之一在于源数据的可得性和空间尺度要求,因此,对数据需求少、操作简单的核算方法成为推进核算工作的重要动力。当量因子法主要是基于各种生态产品的价值当量,结合生态系统的分布面积对生态产品进行评估。此方法的核心在于确定各种生态产品的单位面积价值后即可快速核算和分析对应价值总量和时空演化规律。

近年来,我国生态产品价值核算试点和结果应用不断实践。2013年,欧阳志云等提出GEP的概念,将其界定为终端生态系统服务的价值总和,用以衡量生态系统的运行状况,并于2021年作为综合指标被纳入最新的SEEA-EA框架。国家发展和改革委员会、国家统计局、自然资源部等先后部署实施了一系列生态产品价值核算试点,为生态补偿标准和政府绩效考核提供技术参考。地方政府与科研机构尝试探索由地方自主开展的GEP核算体系。厦门于2018年初步构建了基于统计报表法的GEP业务化核算体系。2021年,深圳市建立了"1+3"GEP核算制度体系。GEP核算试点研究被不断深入推进。2021年,"两办"(中共中央办公厅和国务院办公厅)意见的发布将生态产品价值核算提升到新的战略高度,生态产品价值核算工作在全国范围内全面展开,各方主体尝试推动生态产品价值核算走向标准化与规范化。地方各级政府在国家总体战略的引领下纷纷出台相关实施方案和意见,核算试点从省级、市级、县(区)级各层面全面推进,政府出台了一系列生态产品价值核算技术规范(表2.2)。

表2.2 我国主要生态产品价值核算技术规范

规范名称	发布机构	时间(年)
生态产品总值核算规范(试行)	国家发改委、国家统计局	2022
森林生态系统服务功能评估规范	国家市场监督管理总局等	2020
海洋生态资产评估技术导则(征求意见稿)	国家市场监督管理总局等	2021
陆地生态系统生产总值核算技术指南	生态环境部环境规划院等	2020
湿地生态系统服务评估规范	原国家林业局	2017
生态系统生产总值(GEP)核算技术规范 陆域生态系统	浙江省市场监督管理局	2020
生态产品总值核算技术指南	福建省生态环境厅等	2021
生态产品总值核算技术规范	北京市市场监督管理局	2022
生态产品总值(GEP)核算技术规范陆地生态系统(试行)	山东省生态环境厅	2022
生态产品价值核算指南	丽水市市场监督管理局	2020
生态系统生产总值(GEP)核算技术规范	南京市市场监督管理局	2021
生态产品总值核算技术规程	盐城市市场监督管理局	2022
生态系统生产总值核算技术规范	深圳市市场监督管理局	2021
城市生态系统生产总值核算技术规范	深圳市市场和质量监督管理委员会	2018

其中，国家发改委和国家统计局发布的《生态产品总值核算规范》（发改基础〔2022〕481号）给出了生态产品总值核算指标体系和方法（表2.3和表2.4）。

表2.3 生态产品实物量核算方法

生态产品类别	核算指标	实物量指标	核算方法
物质供给	生物质供给	生物质获取量	统计调查
调节服务	水源涵养	水源涵养量	水量平衡法或量供给法
	土壤保持	土壤保持量	修正通用土壤流失方程保持（RUSLE）
	防风固沙	防风固沙量	修正风力侵蚀模型（RWEQ）
	海岸带防护	海岸带防护长度	统计调查
	洪水调蓄	洪水调蓄量	植被：水量平衡法 湖泊：湖泊调蓄模型 水库：水库调蓄模型 沼泽：沼泽调蓄模型
	空气净化	净化二氧化硫量 净化氮氧化物量 净化粉尘量	污染物净化模型或污染物平衡模型
	水质净化	净化COD量 净化总氮量 净化总磷量	污染物净化模型或污染物平衡模型
	固碳	固定二氧化碳量	固碳机理模型
	气候调节	蒸散发（蒸腾、蒸发）消耗能量	蒸散模型
	噪声消减	噪声消减量	噪声消减模型

续表

生态产品类别	核算指标	实物量指标	核算方法
文化服务	旅游康养	旅游总人次	统计调查
	休闲游憩	休闲游憩总人次	统计调查
	景观增值	受益土地与房产面积	统计调查

表 2.4 生态产品价值量核算方法

生态产品类别	核算指标	价值量指标	核算方法
物质供给	生物质供给	生物质供给价值	土地租金法 市场价值法 残值法
调节服务	水源涵养	水源涵养价值	替代成本法
	土壤保持	减少泥沙淤积价值	替代成本法
		减少面源污染价值	替代成本法
	防风固沙	防风固沙价值	替代成本法
	海岸带防护	由于海岸带防护减少的损失价值	替代成本法
	洪水调蓄	洪水调蓄价值	替代成本法
	空气净化	净化二氧化硫价值	替代成本法
		净化氮氧化物价值	替代成本法
		净化粉尘价值	替代成本法
调节服务	水质净化	净化 COD 价值	替代成本法
		净化总氮价值	替代成本法
		净化总磷价值	替代成本法
	固碳	固定二氧化碳价值	市场价值法

续表

生态产品类别	核算指标	价值量指标	核算方法
调节服务	局部气候调节	蒸发散调节温湿度的价值	替代成本法
	噪声消减	噪声消减价值	替代成本法
文化服务	旅游康养	旅游康养价值	旅行费用法
	休闲游憩	休闲游憩价值	替代成本法
	景观增值	受益土地与房产增值	市场价值法

2.4.3 生态产品价值实现机制

以西方经济学视角，可从效用价值论和外部性理论出发对生态产品价值实现的基本原理进行分析。一方面，商品之所以具有价值是因为其本身的稀缺性，而从效用价值论来看，商品价值的实现来自其给消费者带来的效用满足程度，其价值大小取决于该商品给消费者带来的边际效用大小。早期，人类对自然资源开发利用程度低，自然资源要素稀缺性难以体现。随着生态环境不断恶化，人类意识到自然资源不是取之不尽用之不竭的，生态产品稀缺性骤然凸显，此时生态产品的价值逐步被人类所认知并接受，且在消费者的消费过程中实现价值。另一方面，外部性指一个经济主体通过生产和消费的过程对其他经济主体产生的未在市场交易中反映出的具有正外部性和负外部性之分的影响。生态产品的外部性可以体现为生态产品从生产到消费的过程中对他人产生的影响。生态产品价值实现是其价值"外部性"特征"内部化"的过程。高晓龙等认为，生态产品价值实现的过程就是政府和市场两只手通过市场化交易体制或非市场管理方式来实现外部性的内部化过程。王金南等认为，生态产品价值实现的本质包括生态保护效益外部化、生态保护成本内部化两方面。生态产品价值实现过程不仅是把以生态系统功能为基础的自然资源转化为经济效益的过程，也是为人类社会增加福祉，体现民生幸福的过程。另一种则把生态产品纳入社会经济体系考虑，认为生态产品价值实现是生态产品从生产到流通、消费、完成交易的过程中实现价值创造和增值的过程。

概括而言，生态产品价值实现的主要路径包括以下5点。

（1）生态修复与环境综合整治。通过加强生态修复、系统治理和综合开发，恢复自然生态系统功能的本真性和完整性，不断提升生态产品供给能力，为发展接续产业奠定基础。

（2）生态保护补偿。它适用于公共生态产品。根据资金来源与补偿方式，可将其细分为三类：纵向补偿，由中央财政转移支付解决补偿资金问题；横向补偿，由跨流域跨区域地方政府主导，通过签订生态保护补偿协议进行；政府购买，通过政府购买方式将市场机制引入生态产品供给领域。

（3）生态产品交易和生态产业化。它适用于私人生态产品，可通过市场直接交易实现价值。这一模式的关键在于打通生产、流通、消费环节的堵点，利用新要素（人力资本、技术赋能、品牌塑造）实现增值，加大交通和通信基础设施建设与制度建设，以降低成本、促进流通，培养绿色消费方式，促进消费升级。

（4）生态资源资本化与生态权益交易。它适用于准公共生态产品。通过清晰界定产权，界定生态产品产权出让、转让、出租、抵押、入股等权责归属，对生态产品产权进行交易。也可以通过化整为零的方式，引入专业化运营和金融支持平台，实现资源收储、价值评估、资源交易，进一步发展接续生态产业。还可以在生态产品价值核算的基础上，通过抵押或质押的方式获得生态金融资金支持，接续发展生态产业。在市场活力不足的情况下，由政府管控或设定限额等方式，创造对生态产品的交易需求，通过用能权、水权、排污权、碳排放权、森林覆盖率指标、碳汇交易、可再生能源电力消纳量交易等实现价值。

（5）产业生态化。通过产业绿色化、数字化和智能化转型升级，构建绿色低碳循环经济体系，发展资源节约型、生态环境友好型产业，减少生态环境破坏。

第 3 章 流域空间正义测度模型及调控机制

我国流域社会经济发展与生态保护之间的矛盾日益凸显，致使流域三生空间格局严重失衡，需要探索符合高质量发展理念的流域空间发展目标。空间正义概念对流域空间发展具有指导意义，但将其仅仅停留在范式的政策纲领层面就无法切实改善流域空间发展质量，对实践管理的支撑有限。因此，对流域空间正义的定量测度是"理论迈向实践"的关键。本章利用综合评价思想，在层次分析框架下搭建了流域空间正义测度递阶层次指标体系，综合利用生态系统服务评估、空间计量等方法设计了指标评估方法，结合"AHP-Entropy"主客观综合赋权法，最终形成流域空间正义测度模型。构建的测度模型可实现流域空间正义的定量表达，提供对流域空间状态的直观判定，是流域空间调控的前提。

3.1 流域空间正义测度的递阶层次指标体系构建

流域空间正义测度的指标体系构建首先要符合层次分析法的递阶层次结构特征。层次分析法将复杂系统问题分解为由高层向低层逐层支配的递阶层次结构，一般分为三层：①目标层。该层以研究问题的预定或理想目标来设定组成元素，通常仅包含一个最高决策目标。②准则层。该层受目标层支配，以实现目标所涉及的核心环节或子目标设定组成元素。③指标层。该层受准则层支配，以达成各核心环节可选方案或是考量各子目标的指标设定组成元素。因此，层次分析法的递阶层次基本结构如图 3.1 所示。

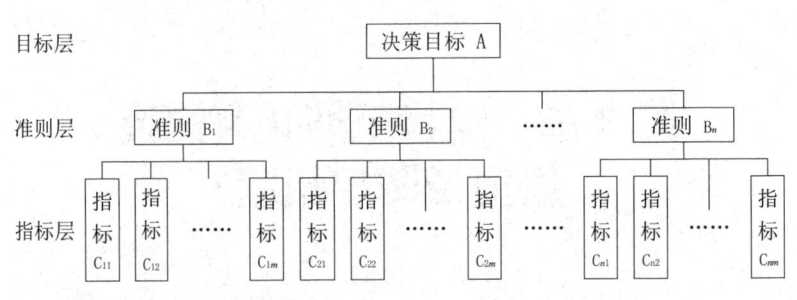

图 3.1 层次分析法的递阶层次结构

对流域空间正义测度而言，各层具体元素指标在遴选时须统筹考虑以下关键问题：①科学性。流域空间正义测度旨在为流域空间状态提供科学的定量表达，因此，指标遴选必须严格基于流域空间正义内涵，以充分反映流域空间正义的实现过程。②真实性。流域空间管理是在流域实际发展战略和政策环境下进行的，因此，指标遴选必须严格基于流域社会、经济、生态的实际表现，以真实反映流域空间特征属性。③系统性。流域空间正义目标在于三生空间效益输出的综合表现的最优化。因此，指标遴选必须严格基于"空间—驱动—响应"的测度逻辑，以系统反映流域空间效益输出。④结构性。层次分析法的递阶层次结构特征要求"目标层—准则层—指标层"指标之间必须形成高层支配低层，低层促成高层的关系。⑤数据可得性。为保障测度工作的顺利进行和测度结果的权威性，所选指标必须具有权威文献、公报或统计机构的数据来源。

基于上述原则，参考现有关于城市发展评价、三生空间评价等文献，本书构建了流域空间正义测度递阶层次结构指标体系，如表 3.1 所示。第一层——目标层，包含最高决策目标：流域空间正义；第二层——准则层，包含评判流域空间正义水平的核心环节，即流域三生空间的效益输出：生态效益输出、生活效益输出和生产效益输出；第三层——指标层，包含评估三生效益输出对应的具体衡量指标，指标综合体现出效益输出的总量、人均水平、供需匹配、成本效率、空间均衡等特征属性。

表 3.1　流域空间正义测度指标体系

目标层（A）	准则层（B）	指标层（C）
流域空间正义（A）	生态效益（B1）	人均生态系统服务供给总值（C1）
		生态系统服务供需匹配度（C2）
		生态系统服务空间均衡度（C3）
	生活效益（B2）	人口密度（C4）
		人均可支配收入（C5）
		可支配收入空间均衡度（C6）
	生产效益（B3）	人均国内生产总值（C7）
		单位能耗 GDP 产出值（C8）
		国内生产总值空间均衡度（C9）

指标体系的详细解释如下。

（1）目标层元素。本书中目标层元素设定为流域宏观发展目标，即流域空间正义。

（2）准则层元素。本书中准则层元素设定为生态效益、生活效益和生产效益：①生态效益：流域生态空间即流域生态系统的空间存在。生态系统作为地球生命的支持系统，人类社会的可持续发展从根本上取决于生态系统及其服务的可持续性。笔者利用生态系统服务价值的综合评估来直观反映流域生态效益的输出情况。②生活效益：生活质量是社会追求的人本最高目标，对生活质量的关注是现代社会的基本特征。流域空间生活效益的输出特征决定了人类对生活质量的满足程度。③生产效益：经济的基础发展规律是亘古不变的，生产活动是人类获得物质财富的必要途径，经济产出规模和水平必然是流域空间正义所要考察的重要指标。

(3) 指标层元素

从生态效益、生活效益和生产效益三个准则层出发，兼顾效益产出、人均水平、供需匹配、成本效率、空间均衡等方面，遴选出9个典型指标层元素。

对应生态效益准则层，本书主要利用生态系统服务供需价值相关指标去衡量生态效益，包括：①流域人均生态系统服务总值。流域生态系统经过生态过程产生生态系统服务以满足生产、生活的物质文化需要，同时也为生态循环起到了调节作用。流域人均生态系统服务总值是衡量流域生态效益输出的关键指标。②流域生态系统服务供需匹配度。生态禀赋、人口分布及需求偏好的差异性，导致生态系统服务的供给与人类需求出现不匹配现象。流域生态系统服务供需匹配度能揭示流域生态效益对居民的满足程度。③流域生态系统服务空间均衡度。流域生态系统服务具有显著的空间异质性，导致流域空间内生态系统服务的非均衡性，流域生态系统服务空间均衡度是对流域生态系统服务分布格局特征的衡量。

对应生活效益准则层，人口是流域生活空间的核心受众，而纵观经济学研究，收入水平是衡量生活状况的核心指标，是人类实现生存生活诸多目标的基本保障，因此，本书主要从人口承载表现和人口生活水平状况的角度去衡量流域生活效益输出，包括：①流域人口密度。流域人口规模反映了流域生活空间的承载能力，而对人口的承载也是流域生活空间的最基本表征。②流域人均可支配收入水平。流域居民人均可支配收入水平反映了其生活质量的高低。③流域居民可支配收入空间均衡度。流域居民可支配收入受不同区域城镇化水平、产业结构等因素影响、呈现空间不均衡现象，利用流域居民可支配收入空间均衡度可反映流域居民收入的空间分布格局特征。

对应生产效益准则层，从我国实际情况出发，本书主要利用国内生产总值相关指标去衡量，包括：①流域人均国内生产总值。流域生产空间同时具备直接及间接生产能力，直接生产提供了在市场上进行交换的产品，而间接生产主要是作为开发或制造活动创造了场所等条件，所有生产力综合反映在流域人均国内生产总值上。②流域单位耗能GDP产出。技术水平可反映生产活动的质量，高能耗、高污染、低效粗放的生产正在被淘汰和革新。能源在"三产活动"中扮演着举足轻重的角色，同时能源稀缺性的加剧使得粗放消耗带来的能源危机严重影响着发展的持续性，对单位耗能GDP产出是生产技术水平的重要衡量。③流域GDP空间均衡指数。GDP 受产业结构、技术水平等因素在流域空间内分布较大差异,尤其是城镇与农村、工业与农业区域之间,有必要利用流域 GDP 空间均衡度来体现这一特征。

基于指标层元素评估结果和主客观综合权重赋值方法,按指标层—准则层—目标层的顺序逐层累加可计算得到流域空间正义指数:

$$\begin{cases} \phi_{\text{ecological}} = w_{C1} \cdot I_{C1} + w_{C2} \cdot I_{C2} + w_{C3} \cdot I_{C3} \\ \phi_{\text{living}} = w_{C4} \cdot I_{C4} + w_{C5} \cdot I_{C5} + w_{C6} \cdot I_{C6} \\ \phi_{\text{construction}} = w_{C7} \cdot I_{C7} + w_{C8} \cdot I_{C8} + w_{C9} \cdot I_{C9} \\ \vartheta_{\text{spatial justice}} = w_{B1} \cdot \phi_{\text{ecological}} + w_{B2} \cdot \phi_{\text{living}} + w_{B1} \cdot \phi_{\text{construction}} \end{cases}$$

其中,$\vartheta_{\text{spatial justice}}$ 为流域空间正义综合指数;$\phi_{\text{ecological}}$ 为生态效益准则层测度得分;ϕ_{living} 为生活效益准则层测度得分;$\phi_{\text{construction}}$ 为生产效益准则层测度得分;w 为各指标主客观综合权重值;I 为各指标评估值。

对流域空间正义指数,本书采用五分类进行分级设定,如表 3.2 所示。

表 3.2 流域空间正义指数分级标准

流域空间正义指数	分级标准
(0, 0.2]	低
(0.2, 0.4]	一般
(0.4, 0.6]	中等
(0.6, 0.8]	较高
(0.8, 1]	高

3.2 流域空间正义指标评估模型

3.2.1 生态效益准则层下指标评估

按照流域空间正义测度指标体系，生态效益层下指标层元素评估包括了对人均流域生态系统服务总值、流域生态系统服务供需匹配度、流域生态系统服务空间均衡度的测度，这三项指标的测度都是围绕着流域生态系统服务供需价值而展开的。流域具备完整而丰富的生态系统，其所提供的服务种类众多，考虑到流域特征、测度数据可得性、测度方法成熟度，本书将选取典型流域生态系统服务为实际测度对象。流域以水系为纽带，加之人类活动、土地、气象等要素形成了以物质流、能量流和信息流为传导的生态循环，基于特定的生态过程，便产生了维持和满足人们生活需求的各种环境条件与流域生态系统服务，其核心价值表现为资源环境在支撑流域社会经济发展、维护生态系统健康、保障生态环境安全等方面的作用：①以降水、蒸发和径流为主要节点的产汇流机制共同驱动产生水源涵养服务；②由水体自净和植被截留功能共同驱动产生水质净化服务；③由人的主观映射机制和景观斑块共同驱动产生文化休闲服务；④由产汇流机制、土壤降雨侵蚀过程和植被截留功能共同驱动产生水土保持服务。以上四项流域生态系统服务既属于典型流域生态系统服务，也符合联合国千年生态评估中的分类体系，即水源涵养服务（供给服务）、水质净化服务（调节服务）、休憩娱乐服务（文化服务）及水土保持服务（支持服务）。因此，本书选取水源涵养服务、水质净化服务、休憩娱乐服务及水土保持服务作为流域生态效益输出的评估对象。

首先对流域典型生态系统服务的供给与需求价值进行评估。

1. 水源涵养服务供需价值评估

水源涵养服务是维系生物多样性和支持其他生态系统服务持续供给的重要物质基础，加强和维护水源供给服务是应对气候变化和水资源短缺的重要任务。水源涵养服务是植被层、枯枝落叶层和土壤层对降雨进行再分配的复杂过程。植被以其繁茂的林冠层、林下的灌草层、枯枝落叶层和疏松而深厚的土壤层，构建了截留、吸收和贮存大气降水的条件，进而实现对水源的涵养。因此，水源涵养服务主要表现为植被冠层截留降水、枯枝落叶层含水和土壤储水三个方面。

生态系统服务功能与权衡交易综合评价模型（integrated valuation of environment services and tradeoffs，InVEST）是目前被普遍应用的主流生态系统服务空间分布式评估模型。由斯坦福大学、大自然保护协会（The Nature Conservancy，TNC）、世界自然基金会（World Wildlife Fund，WWF）等机构共同开发的开源式生态系统服务功能评估模型。InVEST模型适用于多尺度下的绝大多数生态系统服务的评估，模型兼顾总量及空间分布的形式对所评估的生态系统服务进行时空表达，帮助决策者权衡人类活动的正面效益和负面影响，为解决生态环境问题提供科学依据。InVEST模型中的Water yield模块基于水量平衡思想和Budyko水热耦合平衡原理，利用降雨量和蒸散量计算得到产水量。而实际涵养的水源量并不直接等于产水量，水源涵养服务价值的准确评估必须考虑径流因素对产水量的消耗。因此，本书加入降雨径流因子对Water yield模块进行了改进，构建了"降雨-蒸散-径流"的流域水源涵养服务评估模型。

基于Water yield模块，流域产水量计算模型如下：

$$Y_i = S_i \cdot (1 - \text{AET}_i / P_i) \cdot P_i \cdot 10^{-3}$$

其中：Y_i为单位流域空间i内的年产水量，m³；AET_i为单位流域空间i内的实际蒸散量，mm；P_i为单位流域空间i内的降雨量，mm；AET_i/P_i为蒸散系数；S_i为单位流域空间i的面积，m²。

对于不同的土地利用类型，蒸散系数分两种方式进行计算。

（1）针对植被覆盖的土地利用类型（如林地、草地、湿地、耕地、园地等）：

$$\frac{\text{AET}_i}{P_i} = 1 + \frac{\text{PET}_i}{P_i} - \left[1 + \left(\frac{\text{PET}_i}{P_i}\right)^\omega\right]^{\frac{1}{\omega}}$$

其中：PET_i为单位流域空间i内的潜在蒸发散量，mm；ω为表征气候-土壤属性的非物理参数。

$$\text{PET}_i = K_i \cdot \text{ET}_{0,i}$$

其中：$ET_{0,i}$ 为单位流域空间 i 内的参考蒸发散量，mm；K_i 为单位流域空间 i 内的植被蒸发散系数。

$$\omega_i = Z \cdot \frac{AWC_i}{P_i} + 1.25$$

其中，Z 为经验常数，用来代表降雨与水文关系；P_i 为单位流域空间 i 内的降雨量，mm；AWC_i 为单位流域空间 i 内的植被含水量，mm。AWC_i 计算方法如下：

$$AWC_i = Min(Rest\_layer\_depth_i, Root\_depth_i) \cdot PAWC_i$$

其中：$Rest\_layer\_depth_i$ 为单位流域空间 i 内的植被根部最大触及深度，mm；$Root\_depth_i$ 为单位流域空间 i 内的植被根部实际深度，mm；$PAWC_i$ 为单位流域空间 i 内的土壤有效水含量，mm。

土壤有效水含量（plant available water content，PAWC）是指田间植物持水量和永久萎蔫系数两者之间的差值，即植被吸收与散发的水分之差。本书采用 Zhou 等提出的基于土壤质地（粉粒、砂粒、黏粒）和土壤有机质数据的非线性拟合经验公式计算得到：

$$\begin{aligned}PAWC_i = &\ 54.509 - 0.132 sand - 0.003(sand)^2 - 0.005 silt \\ &- 0.006(silt)^2 - 0.738 clay + 0.007(clay)^2 - 2.688 OM + 0.501(OM)^2\end{aligned}$$

其中：sand 为土壤中砂粒的百分含量；silt 为土壤中粉粒的百分含量；clay 为土壤中黏粒的百分含量；OM 为土壤有机质百分含量。

（2）针对非植被覆盖用地类型（如水域、建设用地、裸地等）：

$$AET_{ij} = Min(K_{cj} \cdot ET_{0,i}, P_i)$$

其中：$AET_{0,i}$ 为单位流域空间 i 内的参考蒸发散量，mm；1_{cj} 为单位流域空间 j 内的植被蒸发散系数；P_i 为单位流域空间 i 内的降雨量，mm。

在产水量 Y_i 评估结果的基础上，进一步去除径流消耗，从而得到单位流域空间 i 内实际涵养的水资源量：

$$\begin{cases} Y_i^R = Y_i - Runoff_{ij} \\ Runoff_{ij} = P_i \times RI_{ij} \end{cases}$$

其中，Y_i^R 为单位流域空间 i 内的实际水源涵养量，m^3；$Runoff_{ij}$ 为单位流域空间 i 内的径流，m^3；RI_{ij} 为单位流域空间 i 内的径流系数；Y_i 为单位流域空间 i 内的年产水量，m^3；P_i 为单位流域空间 i 内的降雨量，mm；S_i 为单位流域空间 i 的面积，平方米。

涵养水源的目的是为流域生活、生产及生态环节提供所需的水资源，因此，本书中的水源涵养服务需求量以用水量统计指标来表征。按照我国水资源公报中用水量分类标准，生活用水、生产用水和生态用水总和即为水资源需求总量，因此，水源涵养服务需求量可由人均用水总量与人口密度的乘积计算得到：

$$W_{d,i} = \rho_i \cdot U_{per,i}$$

其中：ρ_i 为单位流域空间 i 内的人口密度，人/ha；$U_{per,i}$ 为单位流域空间 i 内的人均用水量，m^3/人。

本书中的水源涵养服务价值的定价采用影子工程价格替代，具体以水库建设单位库容投资与水源涵养服务供需物质量评估结果的乘积得到水源涵养服务供需的经济价值。考虑到水库为固定资产投资，本书引入年金现值计算公式进行现值折算：

$$\begin{cases} SV_i = P_{reservoir} \cdot W_{s,i} \cdot \left\{ \dfrac{a \cdot (1+a)^t}{[(1+a)^t - 1]} \right\} \\ DV_i = P_{reservoir} \cdot W_{d,i} \cdot \left\{ \dfrac{a \cdot (1+a)^t}{[(1+a)^t - 1]} \right\} \end{cases}$$

其中：SV_i、DV_i 分别为单位流域空间 i 内的水源涵养服务供给和需求价值，元；$P_{reservoir}$ 为水库建设单位库容投资，元/m^3；$W_{s,i}$ 和 $W_{d,i}$ 分别为单位流域空间 i 内的水源涵养服务供给与需求的物质量评估结果，m^3；a 为贴现率；t 为水库使用年限。贴现率和水库使用年限分别按10%和20年计算。

2. 水质净化服务供需价值评估

水体污染是流域生态安全问题中的焦点之一。水质净化服务功能是指流域生态空间内的植被、土壤等要素通过自然生态过程及物质循环作用，对径流中的营养物质及有毒、有害物质进行吸附、沉淀、转移，其功能的强弱对保障流域水质具有重要的作用。考虑到氮、磷污染是造成流域水质恶化的主要原因之一，因此，本书利用生态空间对氮（N）和磷（P）的截留能力表征流域内的水质净化服务功能。本书结合 InVEST 模型中的营养物输出率模块（nutrient delivery ratio，NDR）和污染防治成本法构建流域水质净化服务供需价值评估模型。NDR 模块能够刻画出降雨径流中的氮/磷"流动—截留—输出"的全过程，因此，可以定量地计算出径流过程中植被与土壤所净化下的氮/磷总量。氮/磷的截留量越大则表示该流域空间内的水质净化服务功能越强。

根据不同流域空间的氮/磷输出系数的经验数据，通过降雨径流潜力，可修正得到随径流（地表径流及地下径流）流动的氮/磷负荷，再计算得到径流中的初始氮/磷总量：

$$modified\_load_{ij} = load_{ij} \cdot RPI_i$$

$$\begin{cases} load_{surf,i} = (1 - proportion\_subsurface_i) \times modified\_load_{ij} \\ load_{subsurf,i} = (proportion\_subsurface_i) \times modified\_load_{ij} \end{cases}$$

其中：$load_{surf,i}$、$load_{subsurf,i}$ 分别为单位流域空间 i 内的地表和地下径流中的氮/磷含量，kg；$proportion\_subsurface_i$ 为单位流域空间 i 内地下径流氮/磷负荷占比；$modified\_load_{ij}$ 为单位流域空间 i 内的氮/磷修正负荷量，千克；$load_i$ 为单位流域空间 i 内的氮/磷参考经验负荷值，千克；RPI_i 为单位流域空间 i 内的径流指数。

RPI_i 通过如下公式计算得到：

$$RPI_i = \frac{RP_i}{RP_a}$$

其中：RP_i 为单位流域空间 i 内的径流；RP_a 为单位流域空间 i 内的平均径流。

单位流域空间 i 内的氮/磷传递比率 NDR_i：

$$NDR_i = NDR_{0,i} \cdot \left(1 + \exp\left(\frac{IC_i - IC_0}{2}\right)\right)^{-1}$$

其中：IC_i 为单位流域空间 i 内的水文连通性指数；IC_0 为水文连通性校准指数；$NDR_{0,i}$ 取决于单位流域空间 i 内的径流路径上的最大截留效率 $Maxeff_i$：

$$NDR_{0,i} = 1 - Maxeff_i$$

$$Maxeff_i = \begin{cases} eff_i \times (1-s_i) & if\, down_i\ is\ a\ stream\ pixel \\ eff_{down} \times s_i + eff_i \times (1-s_i) & if\ eff_i > eff_{down} \\ eff_{down} & otherwise \end{cases}$$

其中：eff_{down} 为流域空间 i 径流路径下游区域对氮/磷的截留效率；s_i 则由水流距离和截留长度来决定：

$$s_i = \exp\left(\frac{-5l_{i,down}}{l_{LULC,i}}\right)$$

其中，$l_{i,down}$ 为流域空间 i 与其下游相邻栅格间的水流距离，m；$l_{LULC,i}$ 为流域空间 i 内对氮/磷截留长度，m。

水文连通指数 IC 则由地形结构决定：

$$IC = \log_{10}\left(\frac{D_{up}}{D_{dn}}\right)$$

$$D_{up} = s'\sqrt{A}$$

$$D_{dn} = \sum_i \frac{d_i}{s_i}$$

其中：D_{up} 为流域空间 i 的上坡贡献区域地形指数；s' 为流域空间 i 的上坡贡献区域平均坡度，m/m；A 为流域空间 i 的上坡贡献区域面积，m^2；D_{dn} 为流域空间 i 下坡贡献区域地形指数；d_i 为水流经流域空间 i 后沿最大坡度流经的水流长度，m；s_i 为流域空间 i 的坡度，最小值为 0.005 m/m。

因此，单位流域空间 i 截留的氮/磷总量 $WP_{s,i}$ 计算公式如下：

$$WP_{s,i} = load_{surf,i} \cdot (1 - NDR_{surf,i}) + load_{subs,i} \cdot NDR_{subs,i}$$

本书中水质净化服务需求量采用氮/磷输出与国家污水排放标准的差值来表征：

$$WP_{d,i} = (load_i - pmt_i) \cdot dis_i$$

其中：$load_i$ 为流域空间 i 的氮/磷的输出系数，kg/L；pmt_i 为流域空间 i 的氮/磷的排放标准浓度，kg/L；dis_i 为流域空间 i 的污水排放总量，L。

本书中水质净化服务的定价采用污染防治成本法，具体利用污水处理厂净化过程中氮/磷去除成本作为水质净化服务的单价，则水质净化服务价值测度模型如下：

$$\begin{cases} SV_i = P_{purify} \cdot WP_{s,i} \\ DV_i = P_{purify} \cdot WP_{d,i} \end{cases}$$

其中：SV_i、DV_i 分别为单位流域空间 i 内的水质净化服务供给和需求价值，元；P_{purify} 为氮/磷的去除成本费用，元/kg；$WP_{s,i}$ 和 $WP_{d,i}$ 分别为水质净化服务供需的物质量评估结果，kg。

3. 休憩娱乐服务供需价值评估

休憩娱乐功能指为人类提供娱乐休闲、美学享受的愉悦精神服务。Costanza 等指出游憩休闲和文化服务，包括生态系统的美学、艺术、教育、精神及科学价值，是生态系统服务功能的重要组成部分。本书从条件指标视角改进 Larondelle 提出的评估方法构建休憩娱乐服务供给评估模型，从城市规划视角构建需求评估模型，进而用条件价值法对休憩娱乐服务进行定价。Larondelle 等提出用城市绿地空间来近似评估城市生态系统的休憩娱乐服务价值，本书借鉴此方法，选取公众休闲区面积来定量表征文化服务，公众休闲区供公众娱乐休闲，使其享受美学，满足精神层面追求，公众休闲区可被快速获得，因而较易满足不同身体条件、经济水平的人群。在测度时，本书选取流域内公园绿地面积作为实际评估指标，即

$$Cul_{s,i} = A_{park,i}$$

其中：$Cul_{s,i}$ 为单位流域空间 i 内公众休闲区总面积，m^2；$A_{park,i}$ 为公园绿地面积，m^2。

对应供给评估，文化休闲服务的需求量基于人均公园绿地目标值进行测度：

$$Cul_{d,i} = \rho_i \cdot G_{tgt,i}$$

其中：ρ_i 为单位流域空间 i 内的人口密度，人/ha；$G_{tgt,i}$ 为单位流域空间 i 内的人均公园绿地目标值，由研究区规划确定，ha/人。

休憩娱乐服务具有纯公共物品属性，直接或间接市场法都无法评估其经济价

值。因此，本书利用成本替代法对休憩娱乐服务价值进行评估，利用单位面积公共绿化建设成本来确定休憩娱乐服务的价格，则休憩娱乐服务价值评估模型如下：

$$\begin{cases} SV_i = P_{wtp} \cdot Cul_{s,i} \\ DV_i = P_{wtp} \cdot Cul_{d,i} \end{cases}$$

其中：SV_i、DV_i分别为单位流域空间i内的文化休闲服务供给和需求价值，元；P_{wtp}为单位面积公共绿化建设成本，元$/m^2$；$Cul_{s,i}$、$Cul_{d,i}$分别为文化休闲服务供需物质量评估结果，平方米。

4. 水土保持服务供需价值评估

水土资源是人类赖以生存的重要物质基础，水土保持服务功能不仅会影响土壤肥力、土壤涵蓄水能力，同时土壤过度侵蚀会导致水土流失、气候环境恶化，对生态系统产生不利影响。土壤侵蚀已成为全球范围内颇受关注的生态环境问题之一。本书中水土保持服务是指流域生态空间内不同植被覆盖对径流中泥沙的截留。本书结合InVEST模型中的sediment delivery ratio（SDR）模块和允许土壤流失约束构建水土保持服务物质量评估模型。

首先，根据改进的全球土壤流失公式计算流域空间i内的土壤流失量：

$$usle_i = R_i \cdot K_i \cdot LS_i \cdot C_i \cdot P_i$$

其中R_i为单位流域空间i内的降水侵蚀力，$MJ \cdot mm/km^2 \cdot h$；K_i为单位流域空间i内的土壤可侵蚀指数，$t \cdot h/(MJ/mm)$；LS_i为单位流域空间i内的坡度梯度因子；C_i为单位流域空间i内的农作物管理因子；P_i为单位流域空间i内的支持实践因子。

降雨侵蚀力R_i利用气象站常规降雨统计资料来评估计算，目前各种降雨侵蚀力简易算法多表现为幂函数结构形式。本书根据年平均雨量估算降雨侵蚀力，其计算模型为

$$R_i = \alpha P_i^{\beta}$$

其中：R_i为单位流域空间i内的年平均降雨侵蚀力，$MJ \cdot mm \cdot hm^{-2} \cdot h^{-1} \cdot a^{-1}$；$P_i$为单位流域空间$i$内的年平均降雨量，mm；$\alpha$、$\beta$为模型参数。根据章文波等和浙江省降雨侵蚀力时空分布特征研究成果，$\alpha=0.0668$、$\beta=1.6266$时的拟合度较

好（$R^2=0.828$）。

土壤可蚀性因子 K 采用侵蚀-生产力评价模型（EPIC 模型）进行测算。EPIC 模型中的 K 值计算公式主要通过考虑土壤有机碳和粒径组成数据来计算：

$$K = \{0.2 + 0.3 \cdot exp[-0.0256 \cdot SAN(1-SIL/100)]\}(\frac{SIL}{CLA+SIL})^{0.3} \cdot$$

$$\left[1.0 - \frac{0.25C}{C+\exp(3.72-2.95C)}\right] \cdot \left[1.0 - \frac{0.7SN1}{SN1+\exp(-5.51+22.9SN1)}\right]$$

其中，SAN 为砂粒含量（%）；SIL 为粉粒含量（%）；CLA 为黏粒含量（%）；C 为有机碳含量（%），等于有机质含量除以 1.724；$SN1=1-SAN/100$。

SDR 模型用泥沙沉积物传递指数 SDR_i 来刻画水土保持功能：

$$SDR_i = \frac{SDR_{max}}{1+\exp\left(\frac{IC_0-IC_i}{k}\right)}$$

其中：SDR_{max} 是最大理论 SDR_i；IC_i 为水文连通指数；IC_0 和 k 为校准参数。

水文连通指数 IC 计算公式如下：

$$IC = \log_{10}\left(\frac{D_{up}}{D_{dn}}\right)$$

$$D_{up} = C' \times S' \times \sqrt{A}$$

$$D_{dn} = \sum_i \frac{d_i}{C_i S_i}$$

其中：D_{up} 为上坡指数；C' 为上坡贡献区域平均农作物管理因子；S' 为上坡贡献区域平均坡度，m/m；A 为上坡贡献区域面积，m²；D_{dn} 为下坡指数；d_i 为水流经流域空间 i 内的后沿最大坡度流经的水流长度，m；C_i 为单位流域空间 i 内的农作物管理因子；S_i 为单位流域空间 i 内的坡度。

因此，单位流域空间 i 内泥沙沉积物截留总量 $SR_{s,i}$ 计算公式如下：

$$SR_{s,i} = usle_i \cdot (1-SDR_i)$$

其中：$usle_i$ 为单位流域空间 i 内的土壤流失量，t；SDR_i 为单位流域空间 i 内的泥沙沉积物传递指数。

水土保持服务的需求从允许土壤流失量（soil loss tolerance）的角度进行度量，允许土壤流失量是指土壤侵蚀速率与成土速率相平衡，或长时期内保持土壤肥力和生产力不下降情况下的最大土壤流失量，简称"T值"。我国原水电部1984年颁发的《关于土壤侵蚀类型划分和强度分级标准的规定》中，黄土区、土石山区和石灰岩山区的允许侵蚀量值分别为1 000、500和200 t/（km²·a）。目前国际上广泛采用的允许流失量值为1 100 t/（km²·a）。因此，本书将水土流失量与允许流失量的差值设定为水土保持服务的需求量：

$$SR_{d,i} = usle_i - loss_{pmt,i}$$

其中，$SR_{d,i}$为单位流域空间i内的水土保持服务需求量，t；$usle_i$为单位流域空间i内的土壤流失量，t；$loss_{pmt,i}$为单位流域空间i内的允许土壤流失量，t。

本书中的水土保持服务定价采用替代工程法，具体利用挖取单位面积土方费用作为水土保持服务的价格，则水土保持服务价值评估模型如下：

$$\begin{cases} SV_i = P_{soil} \cdot SR_{s,i} \\ DV_i = P_{soil} \cdot SR_{d,i} \end{cases}$$

其中：SV_i、DV_i分别为单位流域空间i内的水土保持服务供给和需求价值，元；P_{soil}为挖取单位面积土方费用，元/t；$SR_{s,i}$、$SR_{d,i}$分别为水土保持服务供需物质量评估结果，t。

在上述流域生态系统服务供需价值评估的基础之上，进一步对生态效益指标层元素进行测度：

1）流域人均生态系统服务供给总值（C_1）

$$C_1 = \frac{TESV}{PS}$$

其中：C_1为流域人均生态系统服务总值，元/人；$TESV$为生态系统服务供给总值，元；PS为流域人口规模，人。

2）流域生态系统服务供需匹配度（C_2）

本书通过构建生态系统服务供需指数（SDI）来刻画生态系统服务供需匹配状态，供需指数大于0表示供给大于需求，即盈余状态，供需指数等于0表示供给等于需求，即供需平衡状态，供需指数小于 0 表示供给小于需求，即赤字状态。具体计算公式如下：

$$\mathrm{SDI}_{i,j} = \frac{\mathrm{ESV}_{i,j} - \mathrm{EDV}_{i,j}}{\mathrm{ESV}_{i,j} + \mathrm{EDV}_{i,j}}$$

其中，$\mathrm{SDI}_{i,j}$ 为单位流域空间 i 内的生态系统服务 j 的供需匹配指数；$\mathrm{ESV}_{i,j}$ 为单位流域空间 i 内的生态系统服务 j 的供给价值，元；$\mathrm{EDV}_{i,j}$ 为单位流域空间 i 内的生态系统服务 j 的需求价值，元。

3）流域生态系统服务空间均衡度（C_3）

本书借用洛伦兹曲线和基尼系数理论构建流域生态系统服务空间均衡度评估模型。基尼系数（Gini index）在经济领域能够很好地体现出资源或收益分配的公平性，洛伦兹曲线是由美国统计学家洛伦兹（Lorenz）提出的反映一个国家或地区收入或财富分配非均衡程度的曲线。已有研究证实洛伦兹曲线（Lorenz curve）与基尼系数可作为分析区域生态系统服务空间均衡状态的量化工具。根据洛伦兹曲线和基尼系数的概念内涵，本书提出假设：基于一定比例的流域空间面积有相同比例的生态系统服务价值相匹配，此时，生态系统服务在空间上视为绝对均衡状态。因此，本书构建流域"国土面积 - 生态系统服务价值"空间洛伦兹曲线，在此基础之上可计算得到相应的空间基尼系数。

生态系统服务空间基尼系数计算步骤如下：

（1）将研究流域空间划分为 N 个子区域，以生态系统服务为基本匹配原象，以流域国土面积为匹配对象。

（2）以单位生态系统服务所辐射的流域国土面积作为要素匹配水平分级指标，并将 N 个子区域按该指标从低到高排序。

（3）分别计算 N 个子区域生态生产服务占研究区域总量的比例，并依照（2）中的排序，计算累计占比。

（4）定义 X 轴为各子区域的流域国土面积累积比例，Y 轴为各子区域生态系统服务累积比例，由此构成生态系统服务空间洛伦兹曲线。与横轴和纵轴都成 45° 夹角的直线为绝对均匀线，评估生态系统服务的空间洛伦兹曲线与绝对均匀线距离越近则表示生态系统服务在空间上分布越均衡，如图 3.2 所示。

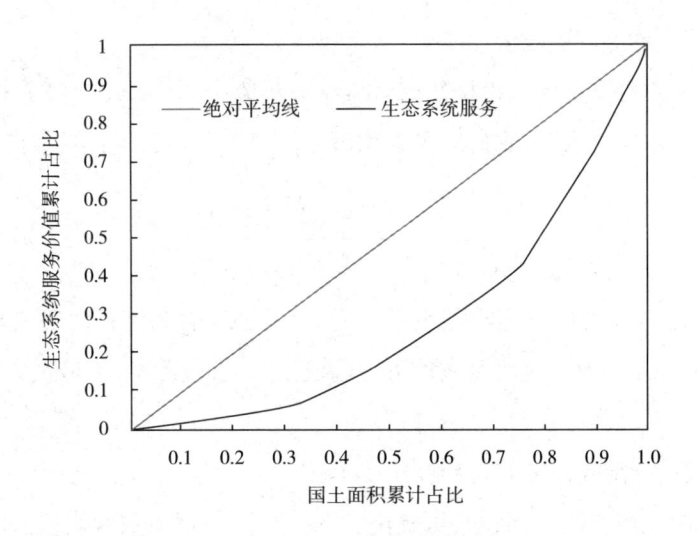

图 3.2 生态系统服务洛伦兹曲线

（5）计算生态系统服务的空间基尼系数。绝对平均线下直角三角形面积为 S_a；采用对洛伦兹曲线拟合曲线方程，然后对 0—1 间的洛伦兹曲线方程进行积分，求得洛伦兹曲线下面积 S_b；进而求得基尼系数：

$$\text{Gini\_index} = (S_a - S_b) / S_a$$

基尼系数的取值范围为 [0,1]，基尼系数越大表明生态系统服务的空间分布越不均衡。鉴于该性质，本书采用流域生态系统服务空间基尼系数的倒数作为其空间均衡度的表达。

3.2.2 生活效益准则层下指标评估

（1）流域人口密度（C_4）

本书中流域人口密度指标通过综合研究区域统计年鉴中"常住人口"及"行政区面积"栏目统计数值计算得到：

$$C_4 = \frac{P_{\text{tot}}}{\text{area}_{\text{tot}}}$$

其中：C_4 为流域人口密度，人 /km²；P_{tot} 为人口总量，人；area_{tot} 为区域面积，km²。

2）流域人均可支配收入（C_5）

本书中人均可支配收入根据研究区域统计年鉴中"城镇人口""农村人口""城镇居民人均可支配收入""农村居民人均可支配收入"栏目统计数值计算得到：

$$C_5 = \frac{\text{PCDI}_u \cdot P_u + \text{PCDI}_r \cdot P_r}{P_u + P_r}$$

其中，C_5 为流域人均可支配收入水平，元/人；PCDI_u 为城镇居民人均可支配收入，元/人；PCDI_r 为农村居民人均可支配收入，元/人；P_u 为城镇人口，人；P_r 为农村人口，人。

3）流域可支配收入空间均衡度（C_6）

本书利用流域"国土面积—可支配收入"空间基尼系数来表征流域可支配收入空间均衡度，参照前文 3.2.1 节中生态系统服务空间均衡度进行计算。

3.2.3 生产效益准则层下指标评估

1）流域人均国内生产总值（C_7）

本书中流域人均国内生产总值利用研究区域统计年鉴中"国内生产总值""常住人口"栏目统计数值计算得到：

$$C_7 = \frac{\text{GDP}_{tot}}{P_{tot}}$$

其中，C_7 为流域人均国内生产总值，元/人；GDP_{tot} 为流域国内生产总值，元；P_{tot} 为流域人口规模，人。

2）流域单位能耗 GDP 产出值（C_8）

本书中流域单位能耗 GDP 产出值利用研究区统计年鉴中"国内生产总值"和"能源消费量"栏目统计数值计算得到：

$$C_8 = \frac{\text{GDP}_{tot}}{E_{tot}}$$

其中，C_8 为流域单位能耗 GDP 产出值，元/t 标准煤；GDP_{tot} 为流域国内生产总值，元；E_{tot} 为流域能源消费总量，t 标准煤。

3）流域国内生产总值空间均衡度（C_9）

本书利用流域"国土面积–GDP"空间基尼系数来表征流域国内生产总值空间均衡度，参照前文 3.2.1 节中生态系统服务空间均衡度进行计算。

3.3 流域空间正义指数测度

3.3.1 基于层次分析法的主观权重确定

（1）利用 1~9 重要性标度法（表3.3）对各元素进行两两比较，化定性问题为定量问题，构建主观权重赋值的判断矩阵 **D**。矩阵中各元素为两指标之间的相对重要性评价数值。本书中的具体打分值综合文献数据由权威专家打分途径获得。

表 3.3 "1~9"重要性标度法评判标准

标度设置	评判标准
1	两指标之间具有相同的重要性程度
3	两指标之间相互比较，其中该指标比另一指标稍微重要
5	两指标之间相互比较，其中该指标比另一指标明显重要
7	两指标之间相互比较，其中该指标比另一指标非常重要
9	两指标之间相互比较，其中该指标比另一指标极端重要
2、4、6、8	表示在 1，3，5，7，9 标度之间折中的重要性程度
$1/a_{ij}$	两个元素的反比较

（2）对判断矩阵 **D** 进行计算处理得到主观评价矩阵，即主观权重值 $w_{主}$。

（3）对其进行一致性检验以检查各因素重要程度之间的协调性。一致性检验基于对一致性指标 CI 和随机一致性比例 CR 的计算和判断。

第一步：计算判断矩阵的最大特征根 λ_{max}：

$$\lambda_{\max} = \sum_{i=1}^{n} \frac{\sum_{j=1}^{n} a_{ij} w_i}{n w_i}$$

其中：a_{ij} 为判断矩阵中第 i 行第 j 列元素，n 为阶数；w_i 为第 i 行对应主观权重。

第二步：计算一致性指标 CI：

$$CI = \frac{\lambda_{\max} - n}{n - 1}$$

第三步：计算随机一致性比例 CR：

$$CR = \frac{CI}{RI}$$

其中，平均随机一致性指标 RI 的值的选取如表 3.4 所示。

表 3.4 随机一致性指标 RI 值查表

n	1	2	3	4	5	6	7	8	9	10
RI	0	0	0.58	0.90	1.12	1.24	1.32	1.41	1.45	1.51

根据判定规则：当一致性指标 CI 和随机一致性比率 CR 均小于 0.1 时，判断矩阵的不一致程度在容许范围之内，有满意的一致性，通过一致性检验。

3.3.2 基于熵值法的客观权重确定

基于熵值法的客观权重赋值流程包括以下几步。

（1）假设有 m 个样本，n 个指标，第 i 个评价样本的第 j 个指标值记为 x_{ij}（$i=1, 2, \cdots, m$；$j=1, 2, \cdots, n$），形成决策矩阵 A，并进行标准化处理，得到标准化决策矩阵 A_0。标准化公式为

$$r_{ij} = \frac{x_{ij} - \min(x_{ij})}{\max(x_{ij}) - \min(x_{ij})}$$

$$or\ r_{ij} = \frac{\max(x_{ij}) - x_{ij}}{\max(x_{ij}) - \min(x_{ij})}$$

其中：r_{ij} 为第 i 个评价对象的第 j 项指标；$\max(x_{ij})$、$\min(x_{ij})$ 分别为 x_{ij} 中的最大与最小值。

（2）计算标准化决策矩阵 A_0 中元素的信息熵。

$$E_j = -k \sum_{i=1}^{m} p_{ij} \ln p_{ij}$$

其中，$k = \dfrac{1}{\ln(m)}$，$p_{ij} = \dfrac{x_{ij}}{\sum_{i=1}^{m} x_{ij}}$

（3）通过熵值计算该指标的信息效用价值。

$$d_j = 1 - E_j$$

（4）通过信息效用价值的比重计算各指标的权重。

$$w_j = \dfrac{d_j}{\sum_{j=1}^{n} d_j}$$

综上所述，通过熵值法可计算得到客观权重值 $w_{客}$。

3.3.3 "AHP-Entropy" 主客观综合权重确定

本书利用加权集成和拉格朗日法（Lagrange algorithm）来确定主客观权重的系数，进而得到测度对象的综合权重值 $W_{综}$。具体算法如下：

（1）构建主客观权重加权集成函数：

$$W_{综} = \eta w^{sub} + \varphi w^{obj}$$

其中，$W_{综}$ 为主客观综合权重；η，φ 分别为主客观权重值的系数；w^{sub}、w^{obj} 分别为主观和客观权重。

（2）η、φ 系数的确定利用"加权最优"的思想构建目标优化模型如下：

$$\max Z = \sum_{i=1}^{m} \sum_{j=1}^{n} x_{ij} (\eta w_j^{sub} + \varphi w_j^{obj})$$

$$\text{s.t. } \eta^2 + \varphi^2 = 1, \eta > 0, \varphi > 0$$

（3）利用拉格朗日法对目标优化模型进行求解：

$$L = \sum_{i=1}^{m}\sum_{j=1}^{n} x_{ij}(\eta w_j^{sub} + \varphi w_j^{obj}) + \frac{\lambda}{2}(\eta^2 + \varphi^2 - 1)$$

其中，λ为拉格朗日算子。

令$\frac{\partial L}{\partial \eta} = 0$，得

$$\sum_{i=1}^{m}\sum_{j=1}^{n} x_{ij} w_j^{sub} + \lambda \eta = 0$$

令$\frac{\partial L}{\partial \varphi} = 0$，得

$$\sum_{i=1}^{m}\sum_{j=1}^{n} x_{ij} w_j^{obj} + \lambda \varphi = 0$$

联立求解

$$\lambda = -\sqrt{(\sum_{i=1}^{m}\sum_{j=1}^{n} x_{ij} w_j^{sub})^2 + (\sum_{i=1}^{m}\sum_{j=1}^{n} x_{ij} w_j^{obj})^2}$$

将λ分别代入上述公式，进而解得

$$\eta^* = \sum_{i=1}^{m}\sum_{j=1}^{n} x_{ij} w_j^{sub} \bigg/ \sqrt{(\sum_{i=1}^{m}\sum_{j=1}^{n} x_{ij} w_j^{sub})^2 + (\sum_{i=1}^{m}\sum_{j=1}^{n} x_{ij} w_j^{obj})^2}$$

$$\varphi^* = \sum_{i=1}^{m}\sum_{j=1}^{n} x_{ij} w_j^{obj} \bigg/ \sqrt{(\sum_{i=1}^{m}\sum_{j=1}^{n} x_{ij} w_j^{sub})^2 + (\sum_{i=1}^{m}\sum_{j=1}^{n} x_{ij} w_j^{obj})^2}$$

根据约束条件要求，对η^*、φ^*进行归一化最终得到主客观权重的系数η、φ，进而得到评估对象的综合权重$W_{综}$。

3.4 流域空间调控的情景设定

流域空间调控策略是决策主体关注的焦点与难点，三生空间重构是提升流域空间配置与分布合理性，实现流域高质量发展的科学路径。本节基于设定的不同流域发展情景，以提升流域空间正义水平为目标，以三生空间重构为手段，模拟

流域空间调控方案，为遴选最佳的流域空间调控策略提供决策依据。

3.4.1 流域发展情景设定的逻辑结构

设定流域发展情景旨在获得不同发展策略驱动下流域空间正义水平的波动反映，为流域空间调控的目标及约束条件提供思维方向。设定流域发展情景的前提是明确区分不同情景的核心变量，而要寻找核心变量就需要构建情景设定的逻辑结构。本书基于流域空间正义内涵，从流域"生态-生活-生产"三生空间结构出发，概化流域决策主体不同的利益偏好及博弈过程，构建了流域发展情景设定的逻辑结构（见图3.3）。

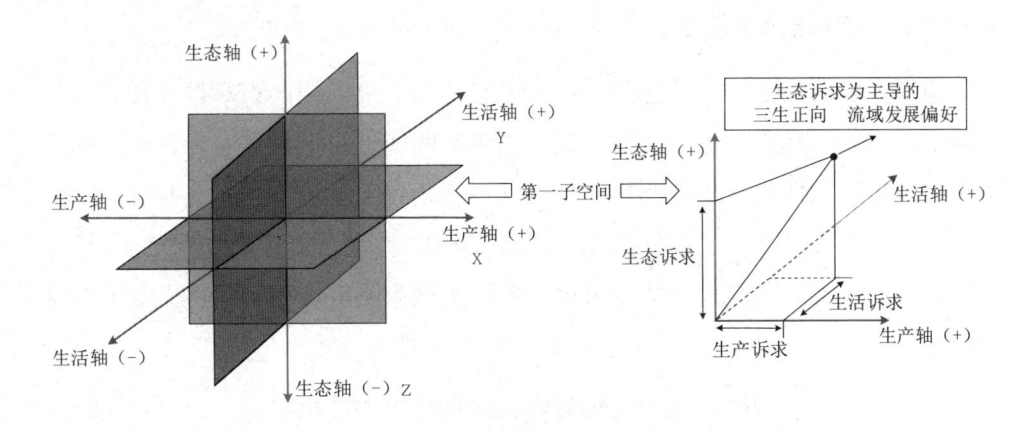

图3.3 流域发展情景设定的逻辑结构

决策主体在流域发展规划过程中对生活、生产及生态三个维度利益的诉求偏倚将会主导流域发展的走向，不同发展策略下人、水、土地利用等流域微观要素作出响应，从而驱动流域三生空间结构与分布随之演化，对流域空间正义水平起到调控作用。具体而言，该逻辑结构由生态（Z轴）、生活（Y轴）和生产（X轴）三轴构成三维结构，坐标轴正向为强偏好方向，负向则相反。由此，逻辑结构被分为8个子空间，每个空间代表了不同流域发展情景的利益取向。例如，图3.3中第一子空间代表了决策主体在发展规划制定时追求生活、生产与生态利益的共同正向发展，进一步看右图则代表在共同正向发展规划的指导下，决策主体倾向"生态＞生活＞生产"的利益诉求强度策略，形成了生态优先，生活与生产次之的流域空间发展逻辑，此时决策主体将大力保障和提升生态空间规模与质量，严格约束生活与生产空间的无序扩张,同时倡导集约、节约的生产与生活方式,以促进流域空间正义的实现。

3.4.2 流域空间调控的发展情景设定

基于流域发展情景设定的逻辑结构(见图3.3),结合我国流域经济发展与生态保护间突出矛盾的实际情况,本书设定趋势发展情景、经济高速发展情景、限制经济发展情景和最严格生态保护情景四种发展情景,代表流域空间未来的四种发展战略。本书旨在揭示该四种情景下流域空间正义水平的波动特征以探索最佳的流域空间调控策略。

3.4.2.1 趋势发展情景(S1)

趋势发展情景之下,流域决策主体采取延续历史规律的策略进行发展规划的制定。因此,趋势发展情景要求流域三生空间配置以基准期实际为准,保持历史演变特征(即流域土地利用历史转移概率矩阵)而演变。在此基础上,流域居民行为相关表现也在基准期基础上延续历史发展趋势,如表3.5所示。综上所述,本书设定的趋势发展情景可揭示现有发展策略对流域空间正义水平的驱动作用。

表3.5 趋势发展情景下流域居民行为表现特征

流域居民行为表现	情景特征
人口增长率	(上升,与历史变化率一致)
居民可支配收入增长率	(上升,与历史变化率一致)
人均用水增长率	(降低,与历史变化率一致)
人均公园绿地增长率	(上升,与历史变化率一致)
GDP增长率	(上升,与历史变化率一致)
能源消耗增长率	(上升,与历史变化率一致)

3.4.2.2 经济高速发展情景（S2）

考虑到有限生态理性尚未得到全社会的普遍认知与实践，流域决策主体仍然存在偏好经济利益的可能。因此，在经济高速发展情景之下，流域决策主体以经济利益为先，在流域基准期基础上，牺牲生态、生活利益，进一步提升生产利益在流域发展中的地位，表现为对流域空间配置时采取以生产空间替代生活、生态空间的策略进行，而在流域居民行为表现上，除人均公园绿地增长率外均高于历史增长率。综上所述，本书设定的经济高速发展情景（见表3.6）可揭示坚持经济优先发展战略对流域空间正义水平的驱动作用。

表 3.6 经济高速发展情景下流域居民行为表现特征

流域居民行为表现	情景特征
人口增长率	（上升，高于历史变化率）
居民可支配收入增长率	（上升，高于历史变化率）
人均用水增长率	（降低，高于历史变化率）
人均公园绿地增长率	（上升，低于历史变化率）
GDP 增长率	（上升，高于历史变化率）
能源消耗增长率	（上升，高于历史变化率）

3.4.2.3 限制经济发展情景（S3）

面对自然生态系统遭受严重破坏而带来的发展困境，流域的管理决策逐渐聚焦于通过维护和提升生态效益来优化流域空间的整体、协调利益。相比趋势发展情景，限制经济发展情景下流域决策主体将适当减弱对社会经济利益的诉求，转而重视流域生态效益的改善，试图以此来提升流域空间正义水平。因此，限制发展情景下将在一定程度上限制生产及生活空间的大幅扩张，转而增大流域生态空间规模，同时，流域生活与生产活动也朝着集约、节约的方向改善（见表3.7）。综上所述，本书设定的限制发展情景可揭示生态保护转向对流域空间正义水平的驱动作用。

表 3.7　限制经济发展情景下流域居民行为表现特征

流域居民行为表现	情景特征
人口增长率	（上升，低于历史变化率）
居民可支配收入增长率	（上升，低于历史变化率）
人均用水增长率	（降低，低于历史变化率）
人均公园绿地增长率	（上升，低于历史变化率）
GDP 增长率	（上升，低于历史变化率）
能源消耗增长率	（上升，低于历史变化率）

3.4.2.4 最严格生态保护情景（S4）

进入生态文明阶段，人类的生产方式、生活方式、思维观念都经历着革命性的变革，流域空间正义状态的实现和维护需要依靠最严格的生态保护制度来保障。最严格生态保护制度，就是在当前社会经济发展阶段和技术水平条件下，为解决突出的生态环境问题，确保生态环境阈值底线不被逾越，以及为满足生态文明建设目标需求和要求而制定的刚性约束制度，该制度是对环境保护这一基本国策的升华。要设定流域空间调控的最严格生态保护情景，就要明确"最严格"的内涵：①"最严格"具备一定的国家政治意愿特征，其不完全是科学层面概念，但是，最严格制度的制定和实施必须遵循科学、可行等原则；②"最严格"具有相对意义的特征，生态环境保护的严格程度，受发展阶段、技术水平、资源禀赋及区域尺度等因素影响而不同。据此，本书设计流域空间调控的最严格生态保护情景，该情景下，流域决策主体为实现最佳的流域空间正义状态，首先要严格遵循"生态优先，绿色发展"原则，保障流域原有生态空间规模；其次，相较限制经济发展情景，进一步降低社会经济效益的增速，表现为生活、生产空间进一步向生态空间转化，流域居民行为进一步集约、节约化（见表 3.8）。综上所述，本书设定的最严格生态保护情景可揭示最严格生态约束对流域空间正义水平的驱动作用。

表 3.8　最严格生态保护情景下流域居民行为表现特征

流域居民行为表现	情景特征
人口增长率	（上升，低于 S3 下变化率）
居民可支配收入增长率	（上升，低于 S3 下变化率）
人均用水增长率	（降低，低于 S3 下变化率）
人均公园绿地增长率	（上升，低于 S3 下变化率）
GDP 增长率	（上升，低于 S3 下变化率）
能源消耗增长率	（上升，低于 S3 下变化率）

3.5　流域三生空间数量结构优化

3.5.1　基于马尔可夫链的流域三生空间数量结构优化

根据流域发展情景的设定，在趋势发展情景下，流域三生空间数量结构优化按照历史转移率进行，即通过马尔可夫过程确定唯一的流域三生空间数量结构。

马尔可夫链（Markov chain，MC）是基于马尔可夫过程理论而形成的预测事件发生概率的方法，通过对不同状态的初始概率及状态之间的转变频率的研究，来确定状态的变化趋势，从而达到预测未来的目的。马尔可夫过程是一种具有"无后效性"的特殊随机过程。所谓"无后效性"是指过程（或系统）在时刻 t_0 所处的状态为已知的条件下，过程在时刻 $t>t_0$ 所处状态的条件分布与过程在时刻 t_0 之前所处的状态无关，即过程"将来"的情况与"过去"的情况无关。这样的特性对于研究流域三生空间数量结构的动态变化较为合适，因为：①流域三生空间本质上即流域土地利用构成。②在一定条件下，土地利用数量结构的动态演变具有马尔可夫过程的性质。首先，在一定区域尺度内，不同的土地利用类型之间具有相互可转化性；其次，土地利用类型之间的相互转化过程难以用数理函数来精确描述。因此，可将流域三生空间演变过程视为马尔可夫过程，即将某一时刻的土地利用状态对应于马尔可夫过程中的某一状态。根据马尔可夫模型，可利用如下公式对土地利用变化进行预测：

$$S_{t+1} = S_t \cdot p_{ij}$$

其中：S_t、S_{t+1} 分别是 t、$t+1$ 时刻土地利用系统所处的状态；p_{ij} 是土地利用状态转移概率矩阵。确定状态转移概率矩阵的数学公式的一般表达式为

$$p = \begin{bmatrix} p_{11} & p_{12} & \cdots & p_{1n} \\ p_{21} & p_{22} & \cdots & p_{2n} \\ \vdots & \vdots & \cdots & \vdots \\ p_{n1} & p_{n2} & \cdots & p_{nn} \end{bmatrix}$$

状态空间 $I = \{1, 2, \cdots, n\}$。

状态转移概率矩阵满足两个条件：

（1）$p_{ij} \geq 0$，$i, j \in I$；

（2）$\sum_{i \in I} p_{ij} = 1$，$i \in I$。

其中，n 表示土地利用分类总数，p_{ij} 表示土地利用类型 i 转化为 j 的概率。p_{ij} 可由研究区域土地利用历史转移矩阵获得。

那么，流域三生空间数量结构优化首先需要确定决策变量。本书中流域三生空间数量结构优化的决策变量即流域各土地利用类型的面积。土地利用类型的划分应同时满足以下 4 个原则：①土地利用类型划分须符合国土资源部组织修订的国家标准《土地利用现状分类》（GB/T21010—2017）；②土地利用类型划分须符合研究区实际情况，并具有代表性；③土地利用类型划分在流域空间内独立，避免重复计算；④所选土地利用类型的相关资料信息可得，以保障优化模拟的进行。鉴于上述原则，结合我国《全国生态环境十年变化（2000—2010 年）遥感调查与评估》《中国 5 年间隔陆地生态系统空间分布数据集（1990—2010）》中的土地利用数据及分类方法，将主要土地利用类型归纳为自然生态用地、半自然半人工生态用地和人工生态用地三大类，包含 7 个二级分类，21 个三级分类，并分属生态、生活、生产空间，具体如表 3.9 所示。

第3章 流域空间正义测度模型及调控机制

表3.9 土地利用分类体系

一级分类	二级分类	三级分类	空间划分
自然生态用地	林地	有林地、灌木林、疏林地	生态空间
	草地	高、中、低覆盖度草地	
	湿地	河渠、湖泊、水库、滩涂	
半自然半人工生态用地	耕地	水田、旱地	生产空间
人工生态用地	居住地	城镇、农村居民点	生活空间
	工业用地	厂矿、工业区、交通道路	生产空间
	未利用地	沙地、戈壁、盐碱地、裸地	—

进而，综合考虑数据可得性与测度可行性，本书选取其中的二级分类标准设定流域三生空间数量结构优化的7个决策变量，如表3.10所示。

表3.10 流域三生空间数量结构优化的决策变量设定

变量名称	耕地	林地	草地	湿地	居住地	工业用地	未利用地
x	x_1	x_2	x_3	x_4	x_5	x_6	x_7

因此，在趋势发展情景下，流域模拟期（T_s）三生空间数量结构是基于基准期（T_0）按照历史转移概率矩阵 $\boldsymbol{D}_0$ 进行马尔可夫转换而得到：

$$[x_1\ x_2\ x_3\ x_4\ x_5\ x_6\ x_7]_{t+1} = p_{ij} \cdot [x_1\ x_2\ x_3\ x_4\ x_5\ x_6\ x_7]_t$$

$$\boldsymbol{D}_0 = \begin{bmatrix} p_{11} & p_{12} & p_{13} & p_{14} & p_{15} & p_{16} & p_{17} \\ p_{21} & p_{22} & p_{23} & p_{24} & p_{25} & p_{26} & p_{27} \\ p_{31} & p_{32} & p_{33} & p_{34} & p_{35} & p_{36} & p_{37} \\ p_{41} & p_{42} & p_{43} & p_{44} & p_{45} & p_{46} & p_{47} \\ p_{51} & p_{52} & p_{53} & p_{54} & p_{55} & p_{56} & p_{57} \\ p_{61} & p_{62} & p_{63} & p_{64} & p_{65} & p_{66} & p_{67} \\ p_{71} & p_{72} & p_{73} & p_{74} & p_{75} & p_{76} & p_{77} \end{bmatrix}$$

其中，p_{ij}是根据流域历史土地利用转移规律得到的流域土地利用转移概率。

3.5.2 基于"MC-MOGA"的流域三生空间数量结构优化

经济高速发展情景、限制经济发展情景及最严格生态保护情景下的流域三生空间数量结构优化则是根据综合马尔可夫链与多目标遗传算法来实现。

3.5.2.1 多目标优化问题概述

多目标优化问题（multi-objective optimization problem，MP），或称向量优化问题（vector optimization problem，VP），是在一定的约束条件下，使系统同时产生多个决策主体期望的最优功能或价值的组织过程。从数学的角度看就是在给定的集合中搜索某个目标函数的极值问题。决策变量、约束条件和目标函数构成多目标优化问题的三要素。在约束条件下，寻找一组使目标函数取得最优解的决策变量集合。多目标优化问题的解在数学上表述为非劣解或最优解，其一般形式如下：

$$(VP) \quad \max(\min) F(X) = C_n \cdot (f_1(X), f_2(X), \cdots, f_n(X))^T$$

$$s.t. \begin{cases} g_i(X) \leqslant (\geqslant) b_i, i=1,2,\cdots,p \\ g_i(X) = b_i, i=1,2,\cdots,p \\ LB \leqslant X \leqslant UB \\ X \in \Omega \subset \mathbf{R}^n \end{cases}$$

其中：X为决策变量向量，$X=(x_1, 1_2, \cdots, x_n)^T$；max（min）$F(X)$为待优化的目标函数；$C_n$为目标函数的系数矩阵，$C_n=(c_1, c_2, \cdots, c_n)$；$g_i(X)=b_i$和$g_i(X) \leqslant (\geqslant) b_i$分别为变量$x$的线性等式和线性不等式约束；$LB$和$UB$分别为变量$x$的下限和上限。

多目标优化问题中各子目标之间可能相互冲突，一个子目标的改善有可能引起另一个子目标性能的降低，也就是说，要使多个子目标同时达到最优一般情况下是不可能实现的，只能在它们中间进行协调和折中处理，使各个子目标函数尽可能达到最优。因此，多目标优化的最优解并非是单一解，而是一个解集，称之为帕累托（Pareto）解集（也称非劣解集）。以双目标优化问题为例（图3.4），f_1和f_2为一组目标函数，A_1、A_2、B_1、B_2为两组目标函数解。可见，$A_1>B_1$而$A_2<B_2$，即目标函数f_1的提升必然导致目标函数f_2的下降，则A、B为非劣解

（noninferior solutions），即帕累托最优解（Pareto optima）。

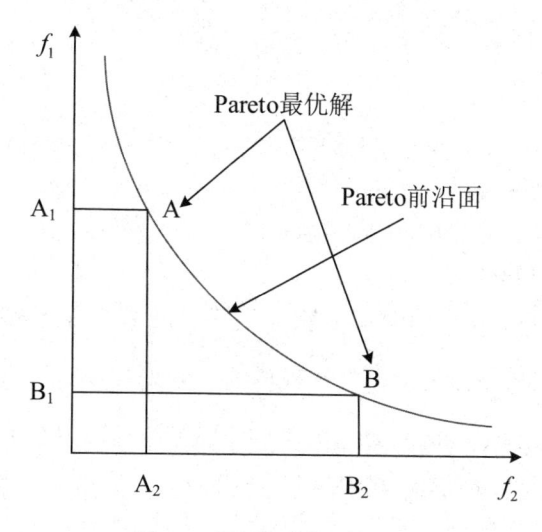

图 3.4 双目标优化问题图解

综上，多目标优化问题相关定义主要包括：

定义 1：决策空间上的可行集：

$D = \{X | g_i(X) \leq 0, X \in \mathbf{R}^n, i = 1, 2, \cdots, p\}$ 称为 MOP 在决策空间上的可行集。

定义 2：目标空间上的可行集：

$F_0 = \{(f_1, f_2, \cdots, f_m) \in \mathbf{R}^n | f_i = f_i(X), i = 1, 2, \cdots, m, X \in D\}$ 称为 MOP 在目标空间上的可行集。

定义 3：Pareto 最优解：

若 $\exists X^* \in \Omega$，Ω 中不存在 X 使得 $\{f_1(X), f_2(X), \cdots, f_m(X)\}$ 优于 $\{f_1(X^{'}), f_2(X^{'}), \cdots, f_m(X^{'})\}$，则 X^* 为决策空间中的一个 Pareto 最优解（非劣解），$\{f_1(X^*), f_2(X^*), \cdots, f_m(X^*)\}$ 为目标空间中的 Pareto 最优解。所有 Pareto 最优解对应的目标函数值所形成的区域构成了 Pareto 前沿或均衡面。

3.5.2.2 流域三生空间数量结构优化

基于流域空间正义内涵，流域三生空间数量结构优化时遵循"生态 - 生活 - 生产"效益兼顾的原则进行。进而，根据流域空间正义测度指标体系，确定流域

三生空间数量结构优化的目标函数：流域生态系统服务供给总值最大，流域居民可支配收入最大，流域国内生产总值最大，分别表示为

$$\begin{cases} \text{Max ESV} = \text{Max } f_1 \\ \qquad = \text{esv}_1 x_1 + \text{esv}_2 x_2 + \text{esv}_3 x_3 + \text{esv}_4 x_4 + \text{esv}_5 x_5 + \text{esv}_6 x_6 + \text{esv}_7 x_7 \\ \text{Max INC} = \text{Max } f_2 \\ \qquad = \text{inc}_1 x_1 + \text{inc}_5 x_5 + \text{inc}_6 x_6 \\ \text{Max GDP} = \text{Max } f_3 \\ \qquad = \text{gdp}_1 x_1 + \text{gdp}_2 x_2 + \text{gdp}_3 x_3 + \text{gdp}_4 x_4 + \text{gdp}_5 x_5 + \text{gdp}_6 x_6 + \text{gdp}_7 x_7 \end{cases}$$

其中：x_1，x_2，x_3，x_4，x_5，x_6，x_7 为流域耕地、林地、草地、湿地、居住地、工业用地及未利用地面积，km^2；esv_n 为单位面积土地利用生态系统服务供给价值，元/km^2；inc_n 为单位面积土地利用居民可支配收入，元/km^2；gdp_i 为单位面积土地利用 GDP 产出值，元/km^2。

进而，根据设定的流域发展情景特征，对流域各土地利用面积设定波动区间，即确定约束函数。流域土地利用面积的波动区间取决于：①设定发展情景下的流域土地利用转移概率矩阵；②不同土地利用类型对实现流域空间正义的贡献特征。

设定发展情景下的流域土地利用转移概率矩阵是用来确定土地利用数量结构波动阈值的。该矩阵是在历史转移概率矩阵基础之上根据情景特征修正而来。因此，本书引入流域土地利用转移概率修正系数 μ，来更新设定流域发展情景下的土地利用转移概率矩阵。

（1）经济高速发展情景下流域土地利用转移概率矩阵 D_1。经济高速发展情景下，为保证经济效益的持续高速产出，D_1 中，生产空间（耕地、工业用地）、生活空间（居住地）向生态空间（林地、草地、湿地）的转移概率为 D_0 相应的 0.5 倍，即 $\mu=0.5$；生态空间向生产、生活空间的转移概率则为 D_0 相应的 2 倍，即 $\mu=2$；生产空间内，工业用地向居住地、耕地的转移概率为 D_0 相应的 0.5 倍，即 $\mu=0.5$；而耕地、居住地向工业用地的转移概率为 D_0 相应的 2 倍，即 $\mu=2$；其余转移概率不变。

（2）限制经济发展情景 S3 下流域土地利用转移概率矩阵 D_2。限制经济发展情景下，为一定程度限制经济的盲目增长，生产、生活空间将被适当压缩，因此

D_2 中，生产空间（耕地、工业用地）、生活空间（居住地）向生态空间（林地、草地、湿地）的修正转移概率为 D_0 相应的 1.5 倍，即 $\mu=1.5$；生态空间向生产、生活空间的修正转移概率则为 D_0 相应的 0.5 倍，即 $\mu=0.5$；其余转移概率均不变。

（3）最严格生态保护情景 S4 下流域土地利用转移概率矩阵 D_3。最严格生态保护情景下，为进一步提升流域生态效益，相对限制经济发展情景，决策主体对土地利用的配置最大限度地倾向于生态优先的原则。因此，D_3 中，生产空间（耕地、工业用地）、生活空间（居住地）向生态空间（林地、草地、湿地）的修正转移概率提升为 D_0 相应的 2 倍，即 $\mu=2$；生态空间向生产、生活空间的修正转移概率则严格降低为 0，即 $\mu=0$；其余转移概率不变。

在此基础上，通过对不同土地利用类型在实现流域空间正义过程中的贡献特征的分析，来最终确定设定流域发展情景下各土地利用面积的约束条件。

（1）流域空间总面积不变：

$$\sum_{n=1}^{7} x_n = S_{\text{tot}}$$

其中：S_{tot} 为基准期流域空间总面积，km²；x_n 为流域各土地利用面积，km²。

（2）非负约束，所有决策变量代表流域各土地利用类型的面积，因此，取值均为非负数，即

$$x_n \geq 0 \ (n=1,2,3,4,5,6,7)$$

其中，x_n 为流域各土地利用面积，km²。

（3）耕地：考虑到我国流域发展实际，耕地面积长期处于缩减阶段。但是，耕地对流域农业生产起到基础保障作用，须保证基本的耕地保有量，例如永久基本农田。因此，本书设定流域发展情景下流域耕地面积约束条件，如表 3.11 所示。

表 3.11 设定流域发展情景下流域耕地面积约束条件

情景	约束条件	描述
S2	$X(\text{S1},1)<X(\text{S2},1)<X(D_1,1)$	$X(D_1,1)$ 为根据 D_1 计算得到的耕地面积阈值；$X(\text{S1},1)$ 为 S1 下耕地面积；$X(\text{S2},1)$ 为 S2 下耕地面积

续表

情景	约束条件	描述
S3	$X(D_2, 1) < X(S3, 1) < X(S1, 1)$	$X(D_2,1)$ 为根据 D_2 计算得到的耕地面积阈值；$X(S1, 1)$ 为S1下耕地面积；$X(S3, 1)$ 为S3下耕地面积
S4	$X(D_3, 1) < X(S4, 1) < X(S3, 1)$	$X(D_3,1)$ 为根据 D_3 计算得到的耕地面积阈值；$X(S3, 1)$ 为S3下耕地面积；$X(S4, 1)$ 为S4下耕地面积

（4）林地：林地是国家重要的自然资源和战略资源，是森林赖以生存与发展的根基，在保障木材及林产品供给、维护国土生态安全中占有核心地位，在应对全球气候变化中具有特殊作用，流域亟须合理扩大林地规模。因此，本书设定土地利用情景下流域林地面积约束条件，如表3.12所示。

表3.12 设定流域发展情景下流域林地面积约束条件

情景	约束条件	描述
S2	$X(D_1, 2) < X(S2, 2) < X(S1, 2)$	$X(D_1,2)$ 为根据 D_1 计算得到的林地面积阈值；$X(S1, 2)$ 为S1下林地面积；$X(S2, 2)$ 为S2下林地面积
S3	$X(D_2, 2) < X(S3, 2)$	$X(D_2,2)$ 为根据 D_2 计算得到的林地面积阈值；$X(S3, 2)$ 为S3下林地面积
S4	$X(D_3, 2) < X(S4, 2)$	$X(D_3,2)$ 为根据 D_3 计算得到的林地面积阈值；$X(S4, 2)$ 为S4下林地面积

（5）草地：草地对流域生态安全起着关键作用，具有涵养水源、净化径流及保持土壤等生态功能。伴随农业耕种结构调整或建设用地侵占等原因，流域内草地面积波动频繁，这对流域生态安全造成了影响。因此，本书设定土地利用情景下流域草地面积约束条件，如表3.13所示。

表 3.13　设定流域发展情景下流域草地面积约束条件

情景	约束条件	描述
S2	$X(D_1, 3)<X(S2, 3)<X(S1, 3)$	$X(D_1,3)$ 为根据 D_1 计算得到的草地面积阈值；$X(S1, 3)$ 为 S1 下草地面积；$X(S2, 3)$ 为 S2 下草地面积
S3	$X(D_2, 3)<X(S3, 3)$	$X(D_2,3)$ 为根据 D_2 计算得到的草地面积阈值；$X(S3, 3)$ 为 S3 下草地面积
S4	$X(D_3, 3)<X(S4, 3)$	$X(D_3,3)$ 为根据 D_3 计算得到的草地面积阈值；$X(S4, 3)$ 为 S4 下草地面积

（6）湿地：湿地是流域中生态功能最为丰富的空间，它既有调蓄水源、调节气候、净化水质、保持生物多样性及维持生态循环等生态功能，也具有为生产活动提供能源等原料的生产功能，同时还发挥提供旅游、景观欣赏等精神文化的功能。而湿地面积萎缩现象在全球范围内都日趋显著，湿地脆弱性对人类社会的影响越发严重。因此，本书设定土地利用情景下流域湿地面积约束条件，如表 3.14 所示。

表 3.14　设定流域发展情景下流域湿地面积约束条件

情景	约束条件	描述
S2	$X(D_1, 4)<X(S2, 4)<X(S1, 4)$	$X(D_1,4)$ 为根据 D_1 计算得到的湿地面积阈值；$X(S1, 4)$ 为 S1 下湿地面积；$X(S2, 4)$ 为 S2 下湿地面积
S3	$X(D_2, 4)<X(S3, 4)$	$X(D_2,4)$ 为根据 D_2 计算得到的湿地面积阈值；$X(S3, 4)$ 为 S3 下湿地面积
S4	$X(D_3, 4)<X(S4, 4)$	$X(D_3,4)$ 为根据 D_3 计算得到的湿地面积阈值；$X(S4, 4)$ 为 S4 下湿地面积

（7）居住地：居住地满足了流域人口居住及生活的基本需要。伴随着人口规模扩张、人口政策改革及城镇化的不断推进，对居住地的需求迅速且持续的增

大。然而，居住地的扩张也必然对流域经济及生态效益提出更高的要求，易出现赤字现象。因此，本书设定土地利用情景下流域居住地面积约束条件，如表 3.15 所示。

表 3.15　设定流域发展情景下流域居住地面积约束条件

情　景	约束条件	描　述
S2	$X(S1,5)<X(S2,5)<X(D_1,5)$	$X(D_1,5)$ 为根据 D_1 计算得到的居住地面积阈值；$X(S1,5)$ 为 S1 下居住地面积；$X(S2,5)$ 为 S2 下居住地面积
S3	$X(D_2,5)<X(S3,5)<X(S1,5)$	$X(D_2,5)$ 为根据 D_2 计算得到的居住地面积阈值；$X(S1,5)$ 为 S1 下居住地面积；$X(S3,5)$ 为 S3 下居住地面积
S4	$X(D_3,5)<X(S4,5)<X(S3,5)$	$X(D_3,5)$ 为根据 D_3 计算得到的居住地面积阈值；$X(S4,5)$ 为 S4 下居住地面积；$X(S3,5)$ 为 S3 下居住地面积

（8）工业用地：工业用地承载了流域工业生产活动，是流域经济效益输出的关键来源。但是目前，我国多数流域内较多存在县域经济、块状经济发展模式，导致工业用地分布零散，利用方式粗放，产业集聚水平低，这使得工业用地空间资源持续紧张，矛盾凸显。笔者认为，未来工业用地面积势必在一定程度上有所增长，但须朝着节约、集约方向发展。因此，本书设定土地利用情景下流域工业用地面积约束条件，如表 3.16 所示。

表 3.16　设定流域发展情景下流域工业用地面积约束条件

情景	约束条件	描述
S2	$X(S1,6)<X(S2,6)<X(D_1,6)$	$X(D_1,6)$ 为根据 D_1 计算得到的工业用地面积阈值；$X(S1,6)$ 为 S1 下工业用地面积；$X(S2,6)$ 为 S2 下工业用地面积
S3	$X(D_2,6)<X(S3,6)<X(S1,6)$	$X(D_2,6)$ 为根据 D_2 计算得到的工业用地面积阈值；$X(S1,6)$ 为 S1 下工业用地面积；$X(S3,6)$ 为 S3 下工业用地面积

续表

情景	约束条件	描述
S4	$X(D_3, 6) < X(S4, 6) < X(S3, 6)$	$X(D_3, 6)$ 为根据 D_3 计算得到的工业用地面积阈值；$X(S4, 6)$ 为 S4 下工业用地面积；$X(S3, 6)$ 为 S3 下工业用地面积

（9）未利用地：流域空间资源的稀缺性已然突出，本书认为，流域空间格局的优化应本着充分利用有限流域空间以创造尽可能多的人类福祉的原则。本书设定流域发展情景下流域未利用地面积变化均为 0。

3.5.2.3 基于多目标遗传算法的流域三生空间数量结构优化实现

遗传算法（genetic algorithm，GA）是由美国密歇根大学（University of Michigan）的 J.Holland 教授于 1975 年提出的模拟生物在自然环境中的遗传和进化过程而形成的一种自适应全局搜索算法。遗传算法通过模拟达尔文"优胜劣汰，适者生存"的原理及利好的结构，通过模拟孟德尔遗传变异理论在迭代过程中保持已有的结构，同时寻找更好的结构。遗传算法的应用已经从单目标优化问题逐渐转移到更为复杂的多目标优化问题中。1995 年，Srinivas 和 Deb 提出非支配排序遗传算法（non-dominated sorting genetic algorithm，NSGA）。2002 年，在 NSGA 的基础上，Deb 等针对其缺陷进行了改进，提出了 NSGA-Ⅱ算法，即带精英策略的非支配排序遗传算法，新算法的创新点主要包括：①提出一种基于分级的快速非支配排序方法，使得算法的复杂程度降低；②提出拥挤度（Crowding distance）和拥挤度比较算子，这样就避免了人为指定共享半径的适应度共享策略，而且经过非支配排序后采用拥挤度比较算子对个体优胜劣汰，使种群中的个体能均匀扩展到整个 Pareto 域，并保持种群的多样性避免局部收敛；③采用精英保留策略，将父代种群与其子代种群一起排序竞争从而得到下一代种群，这样就可以保证下一代的个体更加优良。NSGA-Ⅱ的运算速度和鲁棒性得到了很大的提升，并保证了非劣最优解的均匀分布。已有的实验研究证明 NSGA-Ⅱ显示了较好的运算性能。基于 NSGA-Ⅱ算法的土地利用数量结构多目标优化流程如下：

（1）编码（encoding）。把一个问题的解从解空间中的表现型通过某种转换规则转换成遗传算法能够处理的搜索空间基因型称为编码。在 NSGA-Ⅱ算法的运行过程中，它不对所求解的问题的实际决策变量直接进行操作，而是对表示解的个体编码施加遗传运算。NSGA-Ⅱ算法通过对个体（individual）进行编码操作，不断搜索出适应度较高的个体，并在种群中逐渐增加其数量，最终寻求出问题的最优解集。流域三生空间数量结构多目标优化中的表现型变量为各土地利用的面积，从表现型到基因型的映射即为土地利用数量结构的编码过程。编码方法除了决定个体的染色体排列形式之外，它还决定了个体从搜索空间的基因型变化到解空间的表现型时的解码方法，编码方法也影响到遗传算子的运算方法。实数编码是用实数来表达个体的基因值，在基因型空间和表现型空间中是一致的，特别适合在遗传算法中表示范围较大的数，且对染色体的描述具有精确性。因此，本书选用实数编码方法，以每一组土地利用数量结构方案构成每一条染色体。本书共选取了7种土地利用类型，则染色体上的基因个数就是7，其中土地利用类型的序号就是染色体的基因位，表示各土地利用面积的数值即为基因值。因此，本书中NSGA-Ⅱ算法的染色体结构如表3.17所示。

表3.17 流域三生空间数量结构优化的NSGA-Ⅱ算法染色体结构

染色体	耕地	林地	草地	湿地	居住地	工业用地	未利用地
x_i	x_1	x_2	x_3	x_4	x_5	x_6	x_7

（2）种群初始化。NSGA-Ⅱ算法使用实数编码方式，产生的N个土地利用数量结构方案作为N个初始父代种群（Population）。结合算法的优异性，同时为提高规划的弹性，初始种群规模设置为100，初始种群的产生借助随机数公式，初始种群中的每个个体基因位上的值是按照以下公式生成的：

$$x_n = d \times [\max(x_n) - \min(x_n)] + \min(x_n)$$
$$d = \text{rand}(\ )$$

其中，rand( )表示随机初始化。

（3）快速非支配排序方法。适应度函数（fitness function）是遗传算法运行过程中选择个体的依据，就等同于自然选择过程中优胜劣汰的判断依据。NSGA-Ⅱ算法个体的适应度并不是直接由目标函数决定的，而是由非支配等级和拥挤度来决定的。快速非支配排序的思路为：对于种群A，种群中每个个体a赋

予两个参数 p 和 q，p 为个体 a 所支配个体的集合，q 为支配个体 a 的个体数量。所谓"支配"，如果个体 a 至少有一个对应目标函数值优于个体 b，且个体 a 的所有对应目标函数值都不劣于个体 b，则个体 a 支配个体 b，表示为 $a \prec b$。算法搜索种群中所有 $q=0$ 的个体，归入集合 H，相应的非支配序等级（rank）为 1，即第一前端（front）。对于集合 H 中的个体 h，考察其支配集合 p，若其中个体的被支配序值 $q-1=0$，则将该个体归入集合 Q，进而对集合 Q 进行分级和非支配序赋予。重复运算，直到所有的个体都被分级，其计算复杂度为 $O(mN^2)$，m 为目标函数个数，N 为种群大小。非支配排序的伪代码为以下内容。

```
sort (A)
for each a ∈ A
        p = ∅; q = 0
    for each b ∈ P
            if a ≺ b
                p = p ∪ {b}
            else q = q + 1
            if q = 0
                n_rank = 1;
                H = H ∪ {a}
n = 1
H ≠ ∅; Q = ∅
for each  a ∈ H
    for each  b ∈ p
            q = q - 1
            if q = 0
            b_rank = i + 1; Q = Q ∪ {b}
i = i + 1
H = Q
```

为了保持解群体的多样性，在遗传过程的代际交替过程中，一般把分布较为分散且具有良好表现型的个体作为优良个体保存下来参与后代遗传。拥挤度就是用来衡量具有以上优良特性个体的标准。运算中，拥挤度是指种群中给定个体 a 周围的个体密度，用 D_a 表示，它指出了在个体 a 周围包含个体 a 本身但不包含其他个体的最小的长方形（见图3.5）。

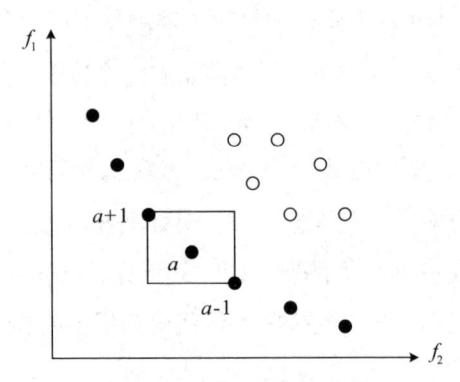

图 3.5　个体 a 的拥挤度示意

本书共设定6个目标函数，因此个体的拥挤距离计算公式为

$$D_i = D_i + [f(i+1),m] - [f(i-1),m]$$

其中，$[f(i),m]$ 为个体 i 第 m 个目标函数值，$m=1$，2，3，4，5，6。

通过非支配序和拥挤度的运算，可定义个体优劣比较的比较算子：设个体 i 和个体 j 的非支配序值分别为 R_i、R_j，拥挤度分别为 D_i、D_j，当 $R_i<R_j$，或 $R_i=R_j$，且 $D_i>D_j$ 时，个体 i 优于个体 j，记为 $i \prec_{\text{NSGA-II}} j$。

（4）精英策略

为了加快种群进化的速度，提高最终Pareto前沿的质量，需要确保父代种群中的优良个体保留到下一代之中，即精英策略，具体步骤为以下3点。

①将种群大小为 N 的父代种群 P 和子代种群 Q 合并成种群大小为 $2N$ 的种群 R；

②对合并形成的种群 R 进行非支配排序分层，得到每个个体的非支配序值，并按个体所在非支配层进行拥挤度计算；

③按照种群 R 中每个个体的非支配序值进行择优选择，当被选择的个体总数达到设定种群大小 N 时，形成新的父代种群 R'，以此循环。

（5）遗传操作。

①选择算子（selection）。在生物的遗传和自然进化过程中，对生存环境适应程度较高的物种将有更多的机会遗传到下一代，而对生存环境适应程度较低的物种遗传到下一代的机会就相对较少。遗传算法中的选择算子是用来确定如何从

亲代种群中按某种方法选取哪些个体遗传到下一代种群中的"优胜劣汰"操作。NSGA-Ⅱ算法采取二元锦标赛选择（binary tournament selection）每次从种群中随机选取一对个体，两个个体通过上文③中比较算子进行竞争，获胜的个体进入交配池（mating pool）以产生后代。

②交叉算子（crossover）。在生物的自然进化过程中，两个同源染色体通过交配而重组，形成新的染色体，从而产生新的个体或物种。遗传算法中的交叉运算，是指对两个相互配对的染色体按某种方式相互交换其部分基因，从而形成两个新的个体。它决定了遗传算法的全局搜索能力。NSGA-Ⅱ算法每次从交配池中随机选择两个个体，即为父代个体，采用模拟二进制交叉（simulated binary crossover，SBX）算子，产生两个新的子代个体。

③变异算子（mutation）。在生物的遗传和自然进化过程中，其细胞分裂复制环节有可能会因为某些偶然因素的影响而产生一些复制差错，这样就会导致生物的某些基因发生某种变异，从而产生出新的染色体，表现出新的生物性状。遗传算法中的变异运算，是指将个体染色体编码串中某些基因座上的基因值用该基因座的其他等位基因来替换，从而形成一个新的个体。它决定了遗传算法的局部搜索能力。NSGA-Ⅱ算法的变异算子根据均值为零的多项式概率分布在父代个体附近产生子代。

（6）算法终止条件判断。算法终止与否决定于设定的最大迭代代数，当种群迭代代数达到设定值时，则将遗传进化过程中所得到的 Pareto 最优解集输出，并终止运算，得到一系列 Pareto 最优土地利用数量结构方案。

（7）NSGA-Ⅱ算法的主程序。本书利用 Matlab 自带的 gamultiobj 函数实现 NSGA-Ⅱ算法，gamultiobj 函数是基于 NSGA-Ⅱ改进的一种多目标优化算法（a variant of NSGA-Ⅱ）。gamultiobj 函数在 NSGA-Ⅱ算法基础之上设定最优前端个体系数（pareto fraction，PF），PF 为最优前端中的个体在种群中所占的比例，即最优前端个体数 =min（$PF \times N$，前端中现存的个体数），最优前端个体系数的取值范围为 0～1，PF 的设置能对 NSGA-Ⅱ算法优化效率的提升发挥关键作用。

整个流程如图 3.6 所示。

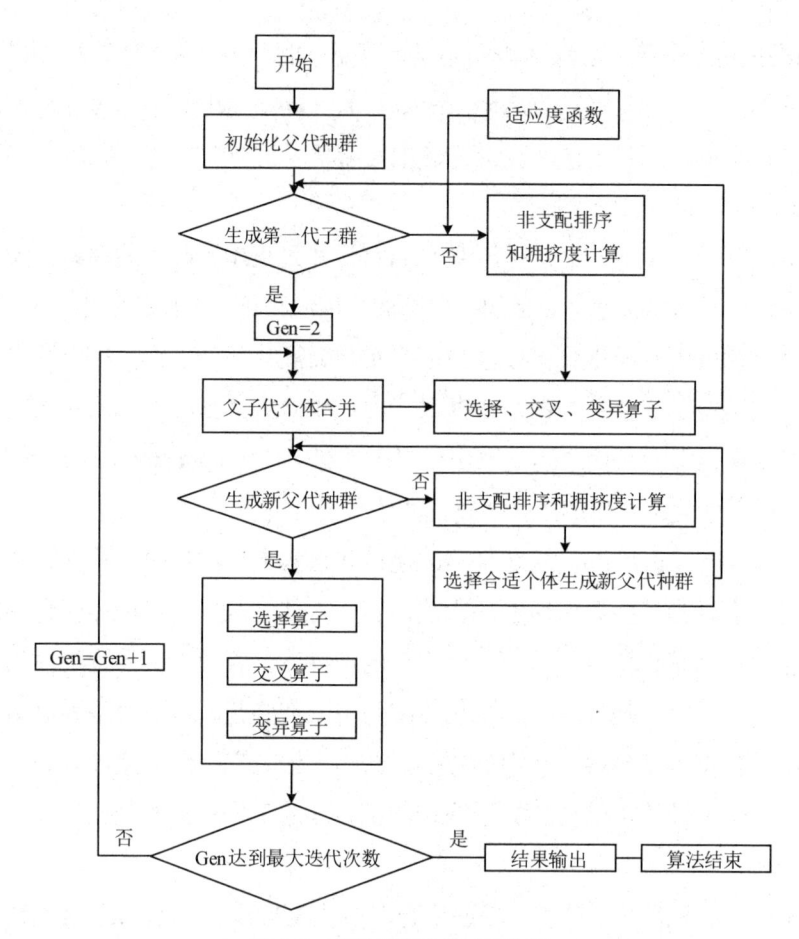

图 3.6　多目标遗传算法流程图

3.5.2.4 流域三生空间数量结构最优配置方案遴选

通过上述多目标遗传算法，可求得经济高速发展情景、限制经济发展情景及最严格生态保护情景下的流域三生空间数量结构优化的 Pareto 解集，各 Pareto 解集中均包含若干 Pareto 解（解的数目由算法参数决定）。对于诸多 Pareto 解，本书鉴于前文提出的流域空间正义测度递阶层级指标体系，设定：流域人均生态系统服务总值、流域生态系统服务供需匹配度、流域人口密度、流域人均可支配收入、流域人均国内生产总值、流域单位能耗 GDP 产出值，共 6 个遴选标准，构成遴选标准函数：

$$\begin{cases} \text{ESV}_{per} = \sum_{n=1}^{7} \text{esv}_{s,n} x_n / \sum_{n=1}^{7} \text{pop}_n x_n \\ \text{SDI} = (\sum_{n=1}^{7} \text{esv}_{s,n} x_n - \sum_{n=1}^{7} \text{esv}_{d,n} x_n) / (\sum_{n=1}^{7} \text{esv}_{s,n} x_n + \sum_{n=1}^{7} \text{esv}_{d,n} x_n) \\ \rho_{pop} = \sum_{n=1}^{7} \text{pop}_n x_n / \sum_{n=1}^{7} x_n \\ \text{INC}_{per} = \sum_{n=1}^{7} \text{inc}_n x_n / \sum_{n=1}^{7} \text{pop}_n x_n \\ \text{GDP}_{per} = \sum_{n=1}^{7} \text{gdp}_n x_n / \sum_{n=1}^{7} \text{pop}_n x_n \\ \text{GDP}_{energy} = \sum_{n=1}^{7} \text{gdp}_n x_n / \sum_{n=1}^{7} \text{eng}_n x_n \end{cases}$$

其中，x_n 为流域土地利用类型 n 总面积 km²；ESV_{per} 为人均生态系统服务供给总值；$\text{esv}_{s,n}$ 为单位面积土地利用类型 n 产生的生态系统服务供给总值；SDI 为流域生态系统服务供需匹配度；$\text{esv}_{d,n}$ 为单位面积土地利用类型 n 对应的生态系统服务需求总值；ρ_{pop} 为流域人口密度；pop_n 为单位面积土地利用类型 n 承载的人口数量；INC_{per} 为流域人均可支配收入；inc_n 为单位面积土地利用类型产出的居民可支配收入；GDP_{per} 为流域人均国内生产总值；gdp_n 为单位面积土地利用类型 n 产出国内生产总值；GDP_{energy} 为流域单位能耗 GDP 输出值；eng_n 为单位面积土地利用类型 n 能源消耗量。

通过对上述遴选标准线性加权比较，将各 Pareto 解进行优劣排序，以确定流域三生空间数量结构最优配置方案。

3.6 基于 CLUE-S 模型的流域三生空间分布格局模拟

在确定设定流域发展情景下的最优流域土地利用数量结构基础之上，本书基于 CLUE-S 模型进行流域三生空间分布格局模拟。

3.6.1 CLUE-S 模型简述

CLUE（the conversion of land use and its effects）模型是荷兰瓦赫宁根大学

（University of Wageningen, Netherlands）的学者提出的用于较大尺度上（洲际和国家级）土地利用变化和空间配置研究的模型，目标是用以经验地定量模拟土地覆被空间分布与其影响因素之间的关系。对于较小区域由于分辨率的关系CLUE模型模拟精度就较低。因此Verburg等人对CLUE模型进行了改进和完善，构建了CLUE-S模型（the conversion of land use and its effects at small regional extent）。CLUE-S模型相比CLUE模型而言在小区域具有更高的精度，适合于小尺度土地利用情景模拟，尤其是对于小流域土地利用优化配置效果较为明显。CLUE-S模型的运算主要基于两个假设：①一个地区的土地利用变化受该地区的土地利用需求驱动；②地区的土地利用分布格局总是和土地需求及该地区的自然环境和社会经济状况处于动态的平衡之中。具体而言，CLUE-S模型基于系统理论，以栅格为基本单元，分析基准年土地利用空间格局与各驱动因子之间的关系，结合逐年土地利用类型面积需求，通过设置相应的土地利用类型转移规则，分别计算模拟年份研究区域单位栅格中各土地利用类型的出现概率。并以概率最高准则决策该栅格单元的土地利用类型，进而模拟研究区目标年的土地利用空间格局。

3.6.2 基于CLUE-S模型的流域三生空间分布格局模拟流程

3.6.2.1 土地利用空间格局转换规则

土地利用分布格局模拟须根据研究区域实际设定不同土地利用之间的转换规则如下。

（1）土地利用空间格局转换限制。转换限制是指受制于自然环境条件或是土地利用规划政策无法转换的区域设定，例如，自然保护区、基本农田保护区、水源保护区等。本书中，为使模拟结果尽可能多地涵盖不同分布方案，设定研究区域全范围均可发生土地利用空间格局转换。

（2）土地利用空间格局转换次序。土地利用转换次序设置是指通过定义转移矩阵来限定各土地利用之间是否可以发生转变，设定0和1两个数值，分别代表能发生转换（1）和不能发生转换（0）两种情形。在本书中，三类土地政策情景下所有土地利用类型之间均可相互转化。

（3）土地利用空间格局转换弹性。土地利用转换弹性（ELAS）表示不同土地利用之间的转换稳定程度，主要依据包括研究区域土地利用历史期变化情况、规划期土地利用政策及专家知识。按照不同的土地利用类型的稳定性，转换弹性系数 ELAS 在 [0，1] 范围内波动，一般按照以下两种情况设定：ELAS 设定为 0，针对的是非常容易转变的地类。比如，临近城区的农业用地，在城镇化发展的过程中，较为容易地转变为建设用地或者工厂用地；ELAS 设定为 1，针对的是极其不容易转变的地类。ELAS 值的具体设定须根据实证研究对象实际进行设定。

3.6.2.2 土地利用分布格局驱动因子选取及其回归拟合

（1）驱动因子选取原则。土地利用空间格局的驱动因子可分为自然驱动因子、区位驱动因子和社会经济驱动因子。遵循表表 3.18 原则进行驱动因子选取。

表 3.18 土地利用空间格局驱动因子选取原则

原则	简述
数据可获得	驱动因子的选取必须以数据可获得性为前提。主要可包括统计年鉴、公开的卫星遥感数据、文献经验数据及实地考察等。同时也方便对数据的可靠性进行必要的核实
驱动可量化	考虑到定量运算的需要，所选的驱动因子应是可量化的
数据异质性	所选的驱动因子需要在研究流域空间内具有一定的差异性，以体现不同驱动因子对土地利用空间分布格局的驱动作用
数据尺度性	数据的尺度包括时间尺度和空间尺度，所选驱动因子必须保证尺度一致性。时间尺度的一致性可避免数据的缺失，保证在研究年份中有相同的驱动因子数据资料。空间尺度的一致性可保证相同驱动因子的统计尺度、空间分辨率、坐标体系等的相同
影响显著性	根据研究流域土地利用与自然生态系统及社会经济系统间的耦合关系实际情况，来选取对土地利用空间格局影响显著的驱动因子，才能保障模拟结果的精度和可靠性
全面性	土地利用格局及演变是自然和社会多重影响的结果，因此，驱动因子的选取应全面囊括自然生态、区位和社会经济层面因子

（2）土地利用分布格局驱动因子。根据上述选取原则，本书选取共 12 个驱动因子，如表 3.19 所示。

表 3.19　土地利用空间格局驱动因子

驱动类型	驱动因子	描　述
自然生态驱动	高程	通过数字高程数据提取每个栅格中心的高程值
	坡度	每个栅格的切平面与水平地面的夹角
	年均降雨量	经气象站点年均降雨量插值得到栅格中心降雨量
	年均气温	经气象站点年均气温插值得到栅格中心气温值
区位驱动	距国道的距离	每个栅格中心到最近国道的距离
	距省道的距离	每个栅格中心到最近省道的距离
	距高速公路的距离	每个栅格中心到最近高速公路的距离
	距主要铁道的距离	每个栅格中心到最近铁道的距离
	距主要水域的距离	每个栅格中心到最近水域的距离
社会经济驱动	人均国内生产总值	每个栅格上的年国内生产总值
	人口密度	每个栅格上的年末常住人口数
	人均可支配收入	每个栅格上的城镇居民人均可支配收入

CLUE-S 模型采用 Binary Logistic 回归模型对土地利用空间分布特征进行计算分析：

$$\ln\left(\frac{P_i}{1-P_i}\right) = \beta_0 + \beta_1 x_1 + \beta_2 x_2 + \cdots + \beta_n x_n$$

其中：P_i 为单位栅格可能出现土地类型 i 的概率；β_0 为回归模型的常数项；x_n 为土地利用空间格局驱动因子；β_n 为各驱动因子对应的回归系数；n 为土地利用空间格局驱动因子个数。

对于 Binary Logistic 回归结果可以用 Pontius 提出的 ROC（relative operating characteristics）曲线来进行检验，曲线的横坐标和纵坐标分别是（1-特异性）和灵敏度，曲线以下面积（area under curve，AUC）表示通过回归方程计算得到的各土地利用概率空间分布与真实分布的相似一致程度。AUC 的计算公式如下：

$$\mathrm{AUC} = \frac{1}{n_n n_a} \sum_{j=1}^{n_n} \sum_{i=1}^{n_a} \xi(x_{ai}, x_{nj})$$

$$\xi(x_{ai}, x_{nj}) = \begin{cases} 1 & x_{ai} > x_{nj} \\ 0.5 & x_{ai} = x_{nj} \\ 0 & x_{ai} < x_{nj} \end{cases}$$

其中：x_{ai} 是异常组里 n_a 个观察值之一；x_{nj} 是异常组里 n_n 个观察值之一；观察值较大为异常。

AUC 值取值介于 0.5~1 之间，值越接近于 1，说明通过回归方程计算得到的各土地利用类型概率空间分布与真实分布越一致，即土地利用空间分布概率拟合度越好，反之则越差。AUC 值等于 0.5 时拟合度最差，此时该土地利用类型空间概率分布与真实空间分布完全不一致。AUC 值等于 1，则表示拟合度最好，该土地利用类型空间概率分布与真实空间分布完全一致。通常情况下，AUC 值大于 0.7 时，可认为所选驱动因子对土地利用空间分布具有良好的解释能力。

3.6.2.3 土地利用空间分布概率计算

土地利用空间分布优化的模拟是综合前文土地利用数量结构优化、土地利用空间格局转换规则、土地利用空间分布概率，利用 CLUE-S 模型平台，通过多次迭代，实现土地利用空间分布的优化。土地利用空间分布总概率计算公式如下：

$$\mathrm{TPROP}_{i,k} = P_{i,k} + \mathrm{ELAS}_k + \mathrm{ITER}_k$$

其中，$\mathrm{TPROP}_{i,k}$ 是 k 类土地利用在单位栅格 i 上的总概率；$P_{i,k}$ 是 Binary Logistic 回归得到的 k 类土地利用在单位栅格 i 上的空间分布概率；ELAS_k 是设定的 k 类土地利用的 ELAS 值；ITER_k 是设定的迭代变量值。

基于公式，土地利用的空间分配过程如下：首先对不同土地利用类型赋予相应的迭代变量 ITER_k，按照每一栅格单元上各土地利用类型分布的总概率

TPROP$_{i,k}$ 值从大到小对单位栅格进行土地利用的初次分配；将初次分配结果与土地利用数量结构优化结果进行对比，若初次分配面积小于土地需求面积则增大迭代变量 ITER$_k$，反之则减小 ITER$_k$，以此类推进行后续分配，直到分配结果与土地利用数量结构优化结果匹配。

3.6.3 基于 CLUE-S 模型的流域三生空间分布格局模拟实现

CLUE-S 模型运行所需的输入数据如表 3.20 所示。

表 3.20　CLUE-S 模型输入数据

文件名	类　型	文件描述
cov_all.0	ASCII	基准期土地利用类型编码
demand.in*	txt	各土地利用类型在模拟期的逐年需求量
region_park*.fil	ASCII	标识出土地利用转移限制性区域
allow.txt	txt	标识出可转移及不可转移土地利用类型
sclgr*.fil	ASCII	各土地利用空间分布驱动因子
alloc.reg	txt	各土地利用 Binary Logistic 回归分析结果
main.1	txt	模拟主要参数设置

（1）main.1 文件主要参数的设置如表 3.21 所示。

表 3.21　main 文件参数设定

参数序号	参数描述	参数格式
1	土地利用类型数量	整数型
2	土地利用优化区块数	整数型
3	回归方程中驱动力最大自变量数	整数型

续表

参数序号	参数描述	参数格式
4	总驱动因子个数	整数型
5	栅格行数	整数型
6	栅格列数	整数型
7	栅格面积	浮点型
8	原点 X 坐标	浮点型
9	原点 Y 坐标	浮点型
10	土地利用类型编码	整数型
11	土地利用类型转换弹性系数编码	浮点型
12	迭代变量系数	浮点型
13	模拟的起止年份	整数型
14	动态变化解释因子数及编码	整数型
15	输出文件选择	0，1，-2 或 2
16	特定区域回归选项	0，1 或 2
17	土地利用历史初值	0，1 或 2
18	邻近区域选择计算	0，1 或 2
19	区域特定优先值	整数型

（2）alloc.reg 文件为土地利用空间分布 Binary Logistic 回归结果的参数输入，主要内容如下。

行 1：土地利用类型的数字编码；

行 2：土地利用类型的回归方程常量；

行 3：土地利用类型回归方程的解释因子数和解释因子编码；

其余行按照上述格式重复其余土地利用类型的信息。

（3）region*.fil 为区域约束文件。

该文件包含一个矩形点阵，揭示土地利用结构发生变化的区域，而被限定的约束区域则不发生土地利用结构变化。其中，"0"表示可以转化的栅格，"–9999"表示该区域没有数据，"–9998"表示对该栅格的土地利用类型进行约束。

（4）demand.in* 为需求情景假设文件。

该文件包括每一年被模拟的土地利用需求。第一行确定了该文件中土地利用数量结构的需求年数，这至少应包括模拟的需求年数，之后每一年包括每一种土地利用类型每年需求的面积，土地利用类型的顺序应和主要参数文件的顺序一致，如表 3.22 所示。本书中规划期土地利用数量需求数据即来源于利用多目标遗传算法所得到的土地利用数量结构最优方案。

表 3.22 流域土地利用需求文件

模拟年份	土地利用						
	耕地	林地	草地	湿地	居住地	工业用地	未利用地
基准期	$X_{a,0}$	$X_{f,0}$	$X_{g,0}$	$X_{w,0}$	$X_{l,0}$	$X_{c,0}$	$X_{u,0}$
模拟第一年	$X_{a,1}$	$X_{f,1}$	$X_{g,1}$	$X_{w,1}$	$X_{l,1}$	$X_{c,1}$	$X_{u,1}$
模拟第二年	$X_{a,2}$	$X_{f,2}$	$X_{g,2}$	$X_{w,2}$	$X_{l,2}$	$X_{c,2}$	$X_{u,2}$
⋮	⋮	⋮	⋮	⋮	⋮	⋮	⋮
模拟第 n 年	$X_{a,n}$	$X_{f,n}$	$X_{g,n}$	$X_{w,n}$	$X_{l,n}$	$X_{c,n}$	$X_{u,n}$

（5）cov_all.0 为初始土地利用结构信息文件。

利用该文件确定土地利用分布格局的初始配置，即基准期状态。该文件通过 Arcgis 工具将土地利用栅格数据转换成 ASCII 文件而生成。

（6）sclgr*.fil 为驱动因子文件。

驱动因子涉及自然生态、区位及社会经济三方面，共 12 个。

（7）allow.txt 为土地利用转换文件。

该文件用于编辑土地利用的转化矩阵，即土地利用空间格局转换次序，确定可转化的土地利用类型，"1"代表可转化，"0"代表不可转化。

通过 CLUE-S 模型的运行，可实现设定土地利用情景下的流域土地利用分布格局模拟。

第4章 太湖流域——杭嘉湖区域空间正义测度及调控案例研究

杭嘉湖区域位于太湖流域南部，区位、人才及资源禀赋等优势为社会经济的快速发展提供了强大动力，逐渐成为长江经济带中的重要增长极。然而，随着瞩目成就的取得，杭嘉湖区域政策背景、产业结构、水事水情、生态环境等均发生了显著的变化，流域空间结构随之频繁变化。然而，综合规划不力，生态保护不实，导致流域发展的背后隐藏尖锐矛盾，杭嘉湖区域空间配置与利用的弊端愈发显现，流域居民福祉遭受到潜在威胁。在新时代高质量发展指引下杭嘉湖区域"两个高水平建设"以"生态优先，绿色发展"为核心理念和战略定位。在区域规划中统筹优化生态保护红线、城镇开发边界、永久基本农田等，综合考虑国土空间的保护、开发与利用，构建绿色、高质量、可持续的流域空间格局，这就要求杭嘉湖区域探索以实现流域空间正义为目标的流域空间管理新模式。本章旨在系统审视杭嘉湖区域发展现状，从三生空间调控的视角探索提升流域发展质量的有效路径。利用前文提出的理论与方法体系，本章进行了流域空间正义测度和空间调控的案例研究，从实践的角度论证其合理性、可行性和有效性，以期为杭嘉湖区域发展提供决策支撑。

4.1 研究区域概况

4.1.1 太湖流域概况

太湖流域地处长江三角洲的南翼，北抵长江，东临东海，南濒钱塘江，西以天目山、茅山为界。流域面积为 36 895 km^2，行政区划分属江苏、浙江、上海和安徽三省一市。

第4章 太湖流域——杭嘉湖区域空间正义测度及调控案例研究

太湖流域地形呈碟状。流域西部为山区，属天目山及茅山山区，中间为平原河网和以太湖为中心的洼地及湖泊，北、东、南三边受长江和杭州湾泥沙堆积影响，地势高亢，形成碟边。地貌分为山地丘陵及平原，西部山丘区约占流域面积的20%，山区高程一般为200～500 m，丘陵高程一般为12～32 m；中东部广大平原区分为中部平原区、沿江滨海高亢平原区和太湖湖区，中部平原区高程一般在5 m以下，沿江滨海高亢平原地面高程为5.0～12.0 m，太湖湖底平均高程约1.0 m。

太湖流域属亚热带季风气候区，四季分明，雨水丰沛，热量充裕。年平均气温14.9～16.2 ℃，气温分布特点为南高北低，年日照时数1 870～2 225 h。多年平均降雨量1 177 mm，其中约60%集中在5—9月的汛期。多年平均水面蒸发量为822 mm，多年平均天然年径流量160.1亿 m³，流域多年平均水资源总量为176.0亿 m³，其中地表水资源量为160.1亿 m³，地下水资源量为53.1亿 m³。

太湖流域是长江水系最下游的支流水系，河网如织，湖泊星罗棋布，湖水总面积约5 551 km²。流域湖泊以太湖为中心，形成西部洮滆湖群、南部西湖群、东部淀泖湖群和北部阳澄湖群。流域内河道总长约12×10⁴ km，河网密度3.3 km/km²。流域上游水系主要为西部山丘区独立水系，包括苕溪水系、南河水系及洮滆水系，下游主要为平原河网水系，包括东部黄浦江水系、北部沿长江水系和东南部沿长江口、杭州湾水系。江南运河（京杭大运河）贯穿流域腹地及下游诸水系，起着水量调节和承转作用。

太湖流域位于长江三角洲区域的核心地区，是我国经济最发达、大中城市最密集的地区之一，地理位置和战略优势突出。流域内分布有特大城市上海、大中城市杭州、苏州、无锡、常州、镇江、嘉兴、湖州及迅速发展的众多小城市和建制镇，已形成等级齐全、群体结构日趋合理的城镇体系。2020年，太湖流域人口约6 775万人，人口密度达到1 831人/km²，地区生产总值约99 978亿元，占全国的9.8%，人均生产总值约14.8万元，为全国平均水平的2.1倍，流域内上海、苏州、无锡的常住人口城镇化率达84%。

4.1.2 杭嘉湖区域的自然概况

杭嘉湖区域的行政范围包括了杭州市辖区大部分（22.14%）、嘉兴市（31.46%）和湖州市（46.40%）的全部，总面积约为1.27×10⁴ km²。区域位于长江经济带东端、太湖流域南部、浙江省北部，西靠天目山，东接黄浦江，北滨太湖，南濒钱塘江杭州湾。根据《太湖流域综合规划（2012—2030年）》的划定，杭嘉湖区域涵盖太湖流域的"浙西区"和"杭嘉湖区"，杭嘉湖平原是浙江省最大的堆积平原。"浙西区"包括苕溪流域和长兴平原，属太湖流域上游区，分布有较大面积的丘陵。"杭嘉湖区"又称"杭嘉湖东部平原"，属太湖流域下游区，地势平坦、河流纵横，河网平均密度约为 12.7 km/km^2，是典型的平原水网地区。杭嘉湖区域的水系格局主要由京杭大运河、苕溪及长兴滨湖平原组成，水流最终汇入太湖、黄浦江和杭州湾。杭嘉湖区域地处亚热带季风气候区，温和湿润，四季分明，雨热充沛。多年平均降水量约为 1 380 mm，多年平均气温约为 16.8 ℃，平均相对湿度约为 76%。

4.1.3 杭嘉湖区域社会经济概况

杭嘉湖区域定位为城镇密集的生态经济区，其中，杭嘉湖东部平原是浙江省粮、蚕、油、淡水鱼的主要生产、养殖基地，素有"鱼米之乡、丝绸之府"之称，同时工业、服务业发展迅速，受国家战略区域——长三角的辐射，已成为太湖流域经济最发达地区之一，在长江经济带中也逐渐占据重要区位。近年来，区域人口与生产总值均呈现出快速增长态势（图4.1）。2020年，杭嘉湖区域常住人口约918.8万人，约占太湖流域的14%，城镇人口占比超过60%，区域国内生产总值约22 217.5万元，主导产业为第三产业，第一、二、三产业比例约为1.5∶34.5∶64，固定资产投资总额为9 710.49万元，财政总收入为4 935.2万元。可见，杭嘉湖区域社会经济发展水平较高。

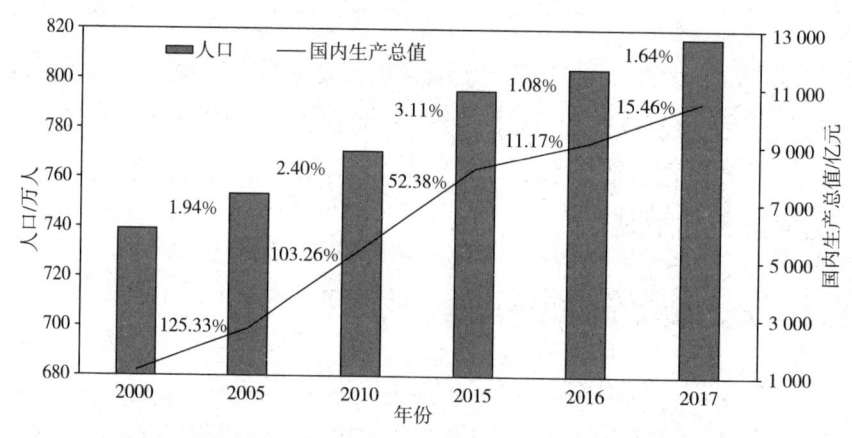

图4.1 杭嘉湖区域人口、国内生产总值走势图（2000—2017年）

4.1.4 杭嘉湖区域空间时空演变分析

本书分别运用吉布斯-马丁（Gibbs-Martin）多样化指数和信息熵（information entropy）模型计算得到杭嘉湖区域土地利用多样化指数 GMI 和信息熵值 H，从土地利用多样性及土地利用转移两方面来分析杭嘉湖区域空间时空演变特征，结果如表 4.1 所示。可以看出，杭嘉湖区域的土地利用多样化指数多年来稳定在 0.6 左右且逐步增长，表明杭嘉湖区域土地利用类型的丰富程度较高，这样的空间格局为流域发展和生态安全创造了良好的基础条件。与此同时，流域土地利用的信息熵值也在逐年递增，表明杭嘉湖区域土地利用的有序性有所降低，流域空间格局的稳定性有所下降。

表 4.1 杭嘉湖区域土地利用多样化指数与信息熵值（1990—2015 年）

指数	1990	1995	2000	2005	2010	2015
GMI	0.578 5	0.588 9	0.591 7	0.621 9	0.630 6	0.634 5
H	1.053 9	1.084 6	1.079 8	1.140 6	1.157 2	1.161 3

利用 ArcGIS10.2 软件的制表工具构建杭嘉湖区域 1990—2015 年每间隔五年的土地利用转移矩阵（表 4.2），以具体分析流域空间格局的变化情况。

表 4.2 杭嘉湖区域土地利用转移矩阵（1990—2015 年）

年份		1995							
	土地利用	耕地	林地	草地	湿地	居住地	工业用地	未利用地	合计
1990	耕地	5 319	680	31	217	784	10	0	7 041
	林地	596	3 092	173	21	43	5	2	3 932
	草地	18	76	35	1	0	1	0	131
	湿地	254	24	2	82	34	1	0	397

续表

年份									
1990	居住地	752	65	0	45	222	4	0	1 088
	工业用地	14	4	0	0	5	2	0	25
	未利用地	1	3	0	0	0	0	0	4
	合计	6 954	3 944	241	366	1 088	23	2	12 618

年份	2000								
1995	耕地	5 590	461	13	198	683	21	0	6 966
	林地	468	3 354	60	16	39	9	2	3 948
	草地	23	154	62	1	2	0	0	242
	湿地	167	14	0	152	30	3	0	366
	居住地	704	27	3	19	333	3	0	1 089
	工业用地	11	6	0	0	0	6	0	23
	未利用地	0	1	0	0	0	0	1	2
	合计	6 963	4 017	138	386	1 087	42	3	12 636

年份	2005								
2000	耕地	6 479	3	0	70	336	77	0	6 965
	林地	12	4 006	0	2	6	15	1	4 042
	草地	0	0	130	0	4	3	1	138
	湿地	17	0	2	360	7	2	0	388
	居住地	0	0	0	0	1 087	0	0	1 087

第4章 太湖流域——杭嘉湖区域空间正义测度及调控案例研究

续表

2000	工业用地	1	0	0	0	4	41	0	46
	未利用地	0	0	0	0	0	1	2	3
	合计	6 509	4 009	132	432	1 444	139	4	12 669
年份					2010				
2005	耕地	6 360	9	0	7	76	57	0	6 509
	林地	0	3 995	1	6	0	7	0	4 009
	草地	0	0	131	0	0	1	0	132
	湿地	0	0	0	432	0	0	0	432
	居住地	0	0	0	0	1 443	1	0	1 444
	工业用地	0	0	0	0	0	139	0	139
	未利用地	0	0	0	0	0	0	4	4
	合计	6 360	4 004	132	445	1 519	205	4	12 669
年份					2015				
2010	耕地	6 057	2	1	19	213	68	0	6 360
	林地	2	3 976	2	0	13	11	0	4 004
	草地	0	0	131	0	0	1	0	132
	湿地	6	0	11	417	3	8	0	445
	居住地	31	0	0	1	1 486	1	0	1 519
	工业用地	8	3	3	1	1	188	1	205

续表

2010	未利用地	0	0	0	1	0	0	3	4
	合计	6 104	3 981	148	439	1 716	277	4	12 669

可见，杭嘉湖区域空间格局总体保持一致，以东苕溪为大致界线，西南部为生态空间（林地、草地、湿地）聚集区，而东部则为生活（居住地）与生产空间（耕地、工业用地）聚集区。流域内耕地、林地和居住地多年平均占比分别约52.72%、31.56%、10.48%，为杭嘉湖区域内最主要的土地利用类型，对杭嘉湖区域空间的构成与分布起到了决定性作用。从局部视角来看，流域土地利用数量结构和分布格局均发生着不同程度的变化，主要集中在耕地和居住地两个类型上。具体而言，耕地主要聚集于杭嘉湖东部平原，以嘉兴市为主，是流域农业生产空间的主要组成，为商品粮基地的形成提供了关键基础。杭嘉湖区域耕地总面积在1990—2015年间处于逐年下降的趋势，从1990年的7 041 km^{2}减少为2015年的6 104 km^2，年均减少37.48 km^2。主要原因是耕地向居住地转化，有17.81%的耕地转化成居住地，另有8.52%则是响应退耕还林政策。受人口规模和城镇化进程双重影响，杭嘉湖区域内的居住地从1990年的1 088 km^{2}剧增到2015年的1 716 km^2，增比达到57.72%，主要是由耕地（73.14%）、林地（3.67%）和湿地（2.86%）转化而来，表现为杭州、嘉兴及湖州三市的城镇规模明显扩张。林地大面积位于苕溪流域的丘陵地带，少量林地被开发活动占用，但随着森林资源价值的体现，退耕还林、植树造林等计划被逐步实施，流域林地总面积仍维持在4 000 km^{2}左右。湿地分布较为分散，符合杭嘉湖区域水网交织的特点，1990—2015年间，湿地面积整体增长（1.58%）。工业用地虽然占比不大，但是为满足流域经济增长的需要，多年来迅猛增长，尤其是2000年以来，2015年工业用地规模达到了2000年的6倍。草地（约占1.22%）和未利用地（约占0.03%）面积占比微小且变动不大。对比五个间隔变化发现，2000—2005年间的土地利用变化强度相对显著，其余时间段内的变化强度相当。综上所述，杭嘉湖区域自然生态空间规模整体保持较好，但分布上呈现明显的西偏特征。耕地、居住地、工业用地演变较为剧烈且频繁，说明流域多年来的空间管理矛盾集中在生活空间与生产空间的"外部竞争"，以及农业生产空间与工业生产空间的"内部竞争"。

4.1.5 杭嘉湖区域空间面临的主要问题

20世纪末，杭嘉湖区域以农业生产空间和森林生态空间为主，资源环境容量较充足。伴随城镇化的推进，人口的增长与迁移，加上开发建设的需要，使得工业生产空间和居民生活空间迅速扩张。快速但粗放的发展过程逐渐暴露问题，资源环境承载力与生态足迹需求之间的平衡逐渐被打破。杭嘉湖区域空间及其管理面临严峻挑战。主要可归纳为以下四个方面。

（1）服务于居民生活和工业生产的建设用地扩张迅猛，一方面导致资源消耗居高不下，资源短缺现象开始显现。就水资源而言，水是基础性的自然资源和战略性的经济资源，是流域可持续发展的重要保证。近年来，杭嘉湖区域内工业和城市生活用水量大幅增长，城镇供水面临着量和质的双重压力，资源性缺水和工程性缺水并存，而平原河网地区还存在明显的水质型缺水现象，流域每年水资源缺口已逾50亿 m³，地处平原腹地的余杭、嘉兴等地表现尤为突出。流域总体上已呈现显著的水资源供需矛盾，直接影响和制约当地社会经济的发展。另一方面，生活、生产活动所产生的环境负外部性效应也愈发明显。例如，为保障和促进地区经济发展，嘉兴等平原地区大量开采地下水，造成地面沉降；区域大部分城市河道工业废水、生活污水和农业面源污染引起水质恶化；极端天气下强降水与不透水路面带来的城市洪涝隐患；过度开发、开垦导致水土流失；能源消耗和人口规模的扩大带来大量 CO_2、SO_2、NO_x 等排放，使得流域空气中污染物含量远远超过了大气自净能力和输送能力，导致流域空气质量不容乐观，多处于中度以上污染状态；城市热岛效应带来危害。

（2）生活、生产空间对生态空间的侵占和切割导致生态系统的退化，而流域对生态系统服务的需求显然在提升，因而存在生态赤字风险。虽然杭嘉湖区域生态空间的总面积保持稳定，但却存在显著的时空轮转。这就打破了原先平衡的生态循环，导致生态系统功能的发挥受阻，进而使得生态系统服务供给格局与人类福祉需求相矛盾。

（3）流域空间利用效率差异大，区域间资源及能源投入产出矛盾突出。如表4.3所示，流域内三市的单位土地面积 GDP 分别达到了 1.04 亿元 /km²（嘉兴）、0.76 亿元 /km²（杭州）、0.42（湖州）亿元 /km²，而三市的人均水资源量排序却恰恰相反；人口分布方面，杭州、嘉兴两市空间所承载的人口压力远大于湖州；

生活空间方面，三市人均住房面积均低于国家平均值（40.8 m²/人），杭州、嘉兴两市道路拥挤程度显著大于湖州市；生态空间方面，社会经济发展水平较高的杭州、嘉兴两市的人均公园绿地面积低于目标值 15 m²/人，而建成区绿化覆盖率也与湖州市有着比较大的差距。

表4.3 杭嘉湖区域空间利用情况

地区	单位面积GDP（亿元/km²）	人均水资源量（m³/人）	国土面积占比（%）	人口密度（人/km²）	人均道路（m²/人）	人均住房面积（m²/人）	人均公园绿地（m²/人）	建成区绿化覆盖率（%）
杭州	0.76	1054	0.22	839.29	12.49	36.4	14.59	40.43
嘉兴	1.10	766	0.32	895.40	18.32	39.1	14.05	43.44
湖州	0.42	1376	0.46	453.39	26.03	33.1	16.58	48.33

注：本书讨论的杭州、嘉兴和湖州三市范围及其统计数据均指位于杭嘉湖区域范围内的三市范围，即杭州市（上城区、下城区、西湖区、拱墅区、余杭区、临安区、富阳区），嘉兴市与湖州市则全部涵盖。

（4）缺乏有效的调控流域空间结构与分布的管理机制。杭嘉湖区域当前的管理主要以水利规划和环境治理规划为主，例如《杭嘉湖区域水利综合规划》《太湖流域水环境综合治理总体方案》等，尚未有区域尺度下的三生空间管理政策规划。虽然各市县区施行有相应的土地利用规划，但现有的土地利用规划多是政府部门单一制定的粗线条制度，对流域空间调控而言不具备有效性。因此，杭嘉湖区域空间管理面临的关键难题就是如何构建一套切实有效的流域空间调控体系。

综上所述，杭嘉湖区域三生空间发展处于不平衡、不充分状态，人类活动与生态循环的分裂对立状态凸显，威胁流域高质量发展的潜在因素愈发复杂，流域空间亟待优化调控。流域发展要以保护自然生态为前提、以水土资源承载能力和环境容量为基础进行有限有序开发，以实现流域三生空间协同高质量发展。而杭嘉湖区域目前尚不具备以流域三生综合效益最优为目标的空间调控方案，因此，将流域空间正义测度及其调控理论与方法应用于杭嘉湖区域实际，以案例研究来论证其合理性、可行性和有效性，以期为区域空间调控提供策略支撑。

4.2 杭嘉湖区域空间正义测度

4.2.1 数据来源

杭嘉湖区域案例研究的基准期为2015年，根据流域空间正义的测度需求，本书收集与整理的数据主要包括了杭嘉湖区域2015年土地利用、气象要素、地形地貌、植被分布与属性、水文特征等自然数据，以及资源能源消耗、主要污染物排放与处理、国际/国家自然生态相关标准等社会经济方面的面板数据。为满足空间计量要求，本书对部分数据进行了空间化处理。因此，本书涉及的具体数据如表4.4所示。

表 4.4 杭嘉湖区域空间正义测度输入数据

数 据	类 型	数据来源	数据描述
土地利用分布图	栅格	中科院资源环境数据云平台	包括耕地、林地、草地、湿地、居住地、工业用地和未利用地
高程	栅格	地理空间数据云	对SRTM原始高程数据进行裁剪得到流域高程图
年降雨量分布图	栅格	中国气象数据共享网	对国家气象站点的年降雨监测数据进行克里金空间插值得到流域降雨图
年潜在蒸散分布图	栅格	MODIS-GEP	对全球尺度蒸发散分布图进行裁剪得到流域潜在蒸散分布图
土壤分布图	栅格	中科院南京土壤研究所数据	1∶1000000中国土壤数据库
径流系数分布图	栅格	检索已有文献	利用相关研究文献数据进行径流系数赋值
流域行政区划图	矢量	中科院资源环境数据云平台	包含流域乡镇级、区县级及省市级行政区划图
植物可利用水量	栅格	检索已有文献	利用1∶1000000中国土壤数据库数据，根据周文佐等方法计算得出

续表

数　　据	类　型	数据来源	数据描述
根系深度分布图	栅格	中科院南京土壤研究所数据	利用1:1000000中国土壤数据库数据，提取不同土壤类型的根系深度
降雨侵蚀力	栅格	检索已有文献	基于国家气象站点年降雨监测数据，根据章文波等提出的方法计算
土壤抗侵蚀力	栅格	检索已有文献	基于1:1000000中国土壤数据库数据，根据曹祥会等提出的方法计算
人口密度分布	栅格	中科院资源环境数据云平台	对全国人口密度分布原始数据进行裁剪得到流域人口密度分布图
国内生产总值分布	栅格	中科院资源环境数据云平台	对全国GDP分布原始数据进行裁剪得到流域GDP分布图
人均需水量	栅格	研究区统计年鉴	根据研究区人口密度和用水数据进行空间展布
污水排放标准	栅格	国家标准值	参考我国《城镇污水处理厂污染物排放标准》（GB18918-2002）确定
人均公园绿地目标	栅格	研究区规划文件	按规划目标值，利用ArcGIS平台克里金空间插值制作成图
允许土壤流失量	栅格	国际标准值	按国际标准值，利用ArcGIS平台克里金空间插值制作成图
居民可支配收入	栅格	研究区统计年鉴	根据研究区城乡居民可支配收入和人口数据进行空间展布

注：SRTM（shuttle radar topography mission），即航天飞机雷达地形测绘任务。是美国太空总署（NASA）和国防部国家测绘局（NIMA）及德国与意大利航天机构共同合作完成测量的地球表面地形数据集；MODIS-GEP（moderate-resolution imaging spectroradiometer-global evapotranspiration project）为中分辨率成像光谱仪所完成的全球蒸散数据测量数据集。

利用InVEST模型进行的杭嘉湖区域生态系统服务评估还需要设置生物物理属性表（biophysical table），如表4.5所示，各参数均是参考InVEST模型运行手册及国内外相关研究，并结合杭嘉湖区域实地调研成果调整获得。

表 4.5 生物物理属性表

LULC	lulccode	Kc	root_depth	usle_c	usle_p	sedret_eff	load_n	eff_n	load_p	eff_p	LULC_veg	crit_len_n	crit_len_n
耕地	1	0.60	700	0.200	0.15	0.25	35.000	0.40	5.000	0.40	1	25	25
林地	2	1.00	7 000	0.003	1.00	0.50	5.000	0.70	0.500	0.70	1	300	300
草地	3	0.85	1 000	0.010	1.00	0.40	10.000	0.55	0.800	0.55	1	150	150
湿地	4	1.00	1 000	0	0	0.80	0.001	0.05	0.001	0.05	1	150	150
居住地	5	0.30	500	0	0	0.05	20.000	0.05	0.400	0.05	0	10	10
工业用地	6	0.30	500	0	0	0.05	20.000	0.05	0.400	0.05	0	10	10
未利用地	7	0.20	10	1.000	1.00	0.02	12.000	0	0.600	0	0	10	10

注：Kc 为植被蒸散系数；root_depth 为植被最大根系深度，mm；usle_c 为植被覆盖与管理因子；usle_p 为水土保持措施因子；sedret_eff 为最大土壤截留系数；load_n 为原始氮负荷量，kg/（hm²·a）；load_p 为原始磷负荷量，kg/（hm²·a）；eff_n 为最大氮截留系数；eff_p 为最大磷截留系数；LULC_vegetation 为有无植被覆盖标识，1 代表植被覆盖，0 则代表其他。

在杭嘉湖区域生态系统服务价值评估时，综合已有研究和流域实际，本书选取相应的定价方法，如表 4.6 所示。

表 4.6 杭嘉湖区域生态系统服务定价参数

生态系统服务	定价方式	定价参考	单价
水源涵养服务	影子工程法	水库建设单位库容投资	6.11 元/吨
水质净化服务	污染治理成本法	氮、磷净化处理费用标准	氮净化：1.5 元/kg；磷净化：2.5 元/kg
休憩娱乐服务	影子工程法	单位面积公园绿地建设成本	5 元/m²
水土保持服务	影子工程法	挖取单位面积土方费用	12.6 元/t

4.2.2 杭嘉湖区域空间正义指标评估

4.2.2.1 生态效益层指标评估（C1~C3）

对杭嘉湖区域水源涵养服务、水质净化服务、休憩娱乐服务及水土保持服务的供需价值进行评估，并利用 ArcGIS 软件的 Zonal（分区）工具按杭嘉湖区域内行政区划（杭州市区、余杭区、临安区、富阳区、嘉兴市区、嘉善县、平湖市、海盐县、桐乡市、海宁市、湖州市区、长兴县、安吉县及德清县）进行统计汇总。综上，得到杭嘉湖区域人均生态系统服务供给总值、生态系统服务供需匹配度及生态系统服务空间均衡度的评估结果，如表 4.7 所示。

表 4.7 杭嘉湖区域空间正义生态效益准则层指标评估结果

市县区	人均生态系统服务供给总值（元/人）	供需匹配度	空间均衡度
杭州市区	1 505.07	0.01	5.52
余杭区	6 084.28	0.52	10.45
临安区	3 1452.97	0.57	26.36
富阳区	14 901.06	0.65	27.81
嘉兴市区	3 586.26	0.10	18.28
嘉善县	4 242.10	-0.08	28.63
平湖市	3 560.78	0.00	17.83
海盐县	4 233.35	0.12	18.51
桐乡市	3 345.97	0.13	15.44
海宁市	3 439.38	0.13	21.14
湖州市区	5 654.21	0.27	13.40

第4章 太湖流域——杭嘉湖区域空间正义测度及调控案例研究

续表

市县区	人均生态系统服务供给总值（元/人）	供需匹配度	空间均衡度
长兴县	9 492.86	0.32	18.73
安吉县	19 231.12	0.58	24.67
德清县	9 347.83	0.25	13.30
流域	6467.02	0.31	10.12

从评估结果可以看出：①生态系统服务供给侧方面，位于杭嘉湖区域西南部市县区人均生态系统服务供给总值较高，属于流域生态系统服务热点区域；②需求侧方面，受城镇化和人口集聚特征的影响，杭州、嘉兴、湖州市区的生态系统服务需求量显著高于其他地区；③区域生态系统服务供需匹配状态良好，而从单项生态系统服务来看，水源涵养、水质净化及休憩娱乐服务在发达城市区域多处于生态赤字状态，水土保持服务则基本实现供需平衡；④空间均衡度方面，西南部市县区及嘉善县生态系统服务分布较均匀，其余地区存在不同程度的空间非均衡现象。综上，2015年，杭嘉湖区域生态效益整体表现出西南部山林区域优于东部平原地区、乡镇区域优于城市区域的特征，且发达城市区域的生态系统服务供需不匹配和空间非均衡现象较为显著。

4.2.2.2 生活效益层指标评估（C4~C6）

基于2015年统计年鉴数据，杭嘉湖区域空间正义生活效益层下指标评估结果如表4.8所示。可见，杭嘉湖区域整体人口密度较大，多数地区超过了浙江省平均人口密度（525人/km²），以杭州市区（2 010人/km²）尤为突出。流域人均可支配收入位于[30 051,41 190]区间范围内波动，表现出杭州、嘉兴、湖州三市递减排列。各市县区的居民可支配收入空间分布特征各异，流域整体存在明显的收入空间分配不均现象。

表4.8 杭嘉湖区域空间正义生活效益准则层指标评估结果

市县区	人口密度（人/km²）	人均可支配收入（元/人）	居民可支配收入空间均衡度
杭州市区	2 010	41 190	3.56
余杭区	679	40 599	3.22
临安区	169	37 358	12.05
富阳区	369	31 780	38.12
嘉兴市区	889	34 818	12.98
嘉善县	695	38 826	14.58
平湖市	849	39 109	12.50
海盐县	798	40 197	26.71
桐乡市	991	38 672	16.90
海宁市	975	40 197	16.49
湖州市区	699	33 717	12.56
长兴县	427	30 051	20.52
安吉县	246	34 014	10.52
德清县	472	31 911	24.19
流域	619	36 733	2.30

4.2.2.3 生产效益层指标评估（C7～C9）

基于2015年统计年鉴数据，杭嘉湖区域空间正义生产效益层下指标评估结果如表4.9所示。可见：①杭州市与嘉兴市经济发展水平整体优于湖州市，其中，杭州市区人均国内生产总值具备明显优势；②单位耗能 GDP 产出值方面，各市县区的差异主要受产业结构影响，在 [15 000,35 000] 区间范围内波动，工业能源消耗的行业集聚现象明显的湖州市表现突出；③嘉兴市的 GDP 空间均衡度略优于杭州、湖州两市。

表 4.9　杭嘉湖区域空间正义生产效益准则层指标评估结果

市县区	人均国内生产总值（元/人）	单位耗能 GDP 产出（元/吨标准煤）	GDP 空间均衡度
杭州市区	235 107.01	23 256	4.74
余杭区	130 371.83	25 000	5.04
临安区	88 320.74	22 222	7.77
富阳区	96 593.80	12 346	25.49
嘉兴市区	99 950.64	27 571	10.94
嘉善县	109 183.74	34 624	11.06
平湖市	98 401.63	17 819	13.56
海盐县	101 182.03	26 836	28.30
桐乡市	94 792.42	24 220	11.79
海宁市	103 644.20	36 463	12.99
湖州市区	83 751.73	44 268	7.75
长兴县	73 445.07	15 312	8.59
安吉县	65 295.26	39 795	9.26
德清县	89 736.45	27 165	6.48
流域	105 484.77	25 898	5.84

4.2.3 杭嘉湖区域空间正义指数测度

首先使用 AHP 法计算准则层对于目标层的主观权重值和指标层对于准则层的主观权重值，并进行一致性检验，结果如表 4.10 至表 4.13 所示。

表 4.10　准则层对于目标层的判断矩阵及权重计算结果

	B1	B2	B3	W	CI	CR	
B1	1	2	5	0.581 55			
B2	1/2	1	3	0.309 00	0.001 85	0.003 18	CR<0.1，通过一致性检验
B3	1/5	1/3	1	0.109 45			

表 4.11　生态效益准则层指标的判断矩阵及权重计算结果

	C1	C2	C3	W	CI	CR	
C1	1	3	4	0.625 01			
C2	1/3	1	2	0.238 49	0.009 15	0.015 77	CR<0.1，通过一致性检验
C3	1/4	0.5	1	0.136 50			

表 4.12　生活效益准则层指标的判断矩阵及权重计算结果

	C4	C5	C6	W	CI	CR	
C4	1	2	3	0.539 61			
C5	1/2	1	2	0.296 96	0.004 60	0.007 93	CR<0.1，通过一致性检验
C6	1/3	1/2	1	0.163 42			

第4章 太湖流域——杭嘉湖区域空间正义测度及调控案例研究

表 4.13 生产效益准则层指标的判断矩阵及权重计算结果

	C7	C8	C9	W	CI	CR	
C7	1	3	2	0.527 84			
C8	1/3	1	1/3	0.139 65	0.026 81	0.046 23	CR<0.1，通过一致性检验
C9	1/2	3	1	0.332 52			

进而得到指标层（C1~C9）对于目标层（流域空间正义）的主观权重，如表4.14所示。

表 4.14 指标层对于目标层的主观权重

指标	C1	C2	C3	C4	C5	C6	C7	C8	C9
权重	0.363 5	0.138 7	0.079 4	0.166 7	0.091 8	0.050 5	0.057 8	0.015 3	0.036 4

继而，将前文指标评估结果整理汇总，构成杭嘉湖区域空间正义测度的原始矩阵 M_0，其中，C1代表流域人均生态系统服务总值；C2代表流域生态系统服务供需匹配度；C3代表流域生态系统服务空间均衡度；C4代表流域人口密度；C5代表流域人均可支配收入；C6代表流域居民可支配收入空间均衡度；C7代表流域人均GDP；C8代表流域单位耗能GDP产出值；C9代表流域GDP空间均衡度，具体如表4.15所示。

表 4.15 杭嘉湖区域空间正义测度原始矩阵（M_0）

市县区	C1	C2	C3	C4	C5	C6	C7	C8	C9
杭州市区	1 505.07	0.01	5.52	2 010	41 190	3.56	235 107.01	23 256	4.74
余杭区	6 084.28	0.52	10.45	679	40 599	3.22	130 371.83	25 000	5.04
临安区	31 452.97	0.57	26.36	169	37 358	12.05	88 320.74	22 222	7.77
富阳区	14 901.06	0.65	27.81	369	31 780	38.12	96 593.8	12 346	25.49

续表

市县区	C1	C2	C3	C4	C5	C6	C7	C8	C9
嘉兴市区	3 586.26	0.10	18.28	889	34 818	12.98	99 950.64	27 571	10.94
嘉善县	4 242.10	-0.08	28.63	695	38 826	14.58	109 183.74	34 624	11.06
平湖市	3 560.78	0.01	17.83	849	39 109	12.50	98 401.63	17 819	13.56
海盐县	4 233.35	0.12	18.51	798	40 197	26.71	101 182.03	26 836	28.3
桐乡市	3 345.97	0.13	15.44	991	38 672	16.90	94 792.42	24 220	11.79
海宁市	3 439.38	0.13	21.14	975	40 197	16.49	103 644.2	36 463	12.99
湖州市区	5 654.21	0.27	13.4	699	33 717	12.56	83 751.73	44 268	7.75
长兴县	9 492.86	0.32	18.73	427	30 051	20.52	73 445.07	15 312	8.59
安吉县	19 231.12	0.58	24.67	246	34 014	10.52	65 295.26	39 795	9.26
德清县	9 347.83	0.25	13.3	472	31 911	24.19	89 736.45	27 165	6.48
流域	6 467.02	0.31	10.12	619	36 733	2.3	105 484.77	25 898	5.84

对原始矩阵进行标准化，得到标准化矩阵 M_{std}，如表 4.16 所示。

表 4.16 杭嘉湖区域空间正义测度标准化矩阵（M_{std}）

市县区	C1	C2	C3	C4	C5	C6	C7	C8	C9
杭州市区	0.001	0.120	0.001	1.000	1.000	0.040	1.000	0.340	0.001
余杭区	0.150	0.820	0.210	0.280	0.950	0.030	0.380	0.400	0.010
临安区	1.000	0.890	0.900	0.001	0.660	0.270	0.140	0.310	0.130
富阳区	0.450	1.000	0.960	0.110	0.160	1.000	0.180	0.001	0.880

续表

市县区	C1	C2	C3	C4	C5	C6	C7	C8	C9
嘉兴市区	0.070	0.250	0.550	0.390	0.430	0.300	0.200	0.480	0.260
嘉善县	0.090	0.001	1.000	0.290	0.790	0.340	0.260	0.700	0.270
平湖市	0.070	0.110	0.530	0.370	0.810	0.280	0.190	0.170	0.370
海盐县	0.090	0.270	0.560	0.340	0.910	0.680	0.210	0.450	1.000
桐乡市	0.060	0.290	0.430	0.450	0.770	0.410	0.170	0.370	0.300
海宁市	0.060	0.290	0.680	0.440	0.910	0.400	0.230	0.760	0.350
湖州市区	0.140	0.480	0.340	0.290	0.330	0.290	0.110	1.000	0.130
长兴县	0.270	0.550	0.570	0.140	0.001	0.510	0.050	0.090	0.160
安吉县	0.590	0.900	0.830	0.040	0.360	0.230	0.001	0.860	0.190
德清县	0.260	0.450	0.340	0.160	0.170	0.610	0.140	0.460	0.070
流域	0.170	0.530	0.200	0.240	0.600	0.0010	0.240	0.420	0.050

在此基础上，利用熵值法得到指标（C1~C9）的客观权重，如表4.17所示。

表4.17 指标层对于目标层的客观权重

指标	C1	C2	C3	C4	C5	C6	C7	C8	C9
权重	0.185 1	0.092 5	0.064 8	0.103 6	0.070 2	0.108 0	0.127 5	0.076 0	0.172 3

利用第3.3.4节中模型得到主客观权重的加权系数分别为：$\eta = 0.54$，$\varphi = 0.46$，进而计算得到杭嘉湖区域空间正义指标的主客观综合权重值，如表4.18所示。

表 4.18　指标层对于空间正义目标的主客观综合权重

指标	C1	C2	C3	C4	C5	C6	C7	C8	C9
权重	0.281 4	0.117 4	0.072 7	0.137 7	0.081 8	0.076 9	0.089 9	0.043 2	0.098 9

最终，本书计算得到 2015 年杭嘉湖区域空间正义综合指数（见图 4.42）。可见，杭嘉湖区域各市县区的空间正义指数位于 [0.263 8,0.564 4] 区间内，其中，临安区、富阳区、安吉县、海盐县属于中等空间正义区域，其余市县区均属于一般空间正义区域。流域整体空间正义指数为 0.250 8，处于一般水平。因此，本书认为杭嘉湖区域三生空间配置与分布存在调控的必要性。

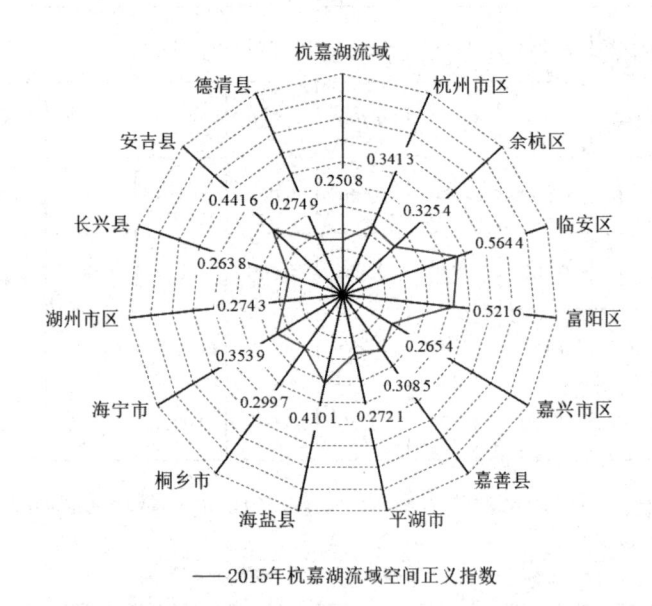

图 4.2　杭嘉湖区域空间正义测度结果（2015 年）

4.3　杭嘉湖区域空间调控实证分析

以 2015 年为基准期，本书对模拟期杭嘉湖区域空间在设定的趋势发展情景（S1）、经济高速发展情景（S2）、限制经济发展情景（S3）和最严格生态保护情景（S4）下进行调控。

4.3.1 杭嘉湖区域三生空间数量结构优化

4.3.1.1 决策变量初始值设置

决策变量初始值即为杭嘉湖区域基准期土地利用面积配置,如表4.19所示。

表4.19 决策变量初始值设置

所属空间	变量	土地利用类型	初始值(km^2)
生产空间	x_1	耕地	6 104
生态空间	x_2	林地	3 981
生态空间	x_3	草地	148
生态空间	x_4	湿地	439
生活空间	x_5	居住地	1 716
生产空间	x_6	工业用地	277
未利用空间	x_7	未利用地	4
合计			12 669

4.3.1.2 目标函数构建

(1)决策变量贡献率确定。

根据基准期杭嘉湖区域空间正义测度结果,提取得到决策变量对流域空间正义的贡献率,如表4.20所示。

表4.20 决策变量贡献率

指标	耕地	林地	草地	湿地	居住地	工业用地
生态系统服务供给总值(10^6元$/km^2$)	3.93	5.52	5.33	2.60	1.52	0.94

续表

指标	耕地	林地	草地	湿地	居住地	工业用地
生态系统服务需求总值（10⁶元/km²）	1.86	1.30	1.04	1.46	4.79	4.17
人口承载规模（人/km²）	597.00	274.00	218.00	510.00	1 431.00	1 420.00
居民可支配收入总值（万元/km²）	1 654.00	-	-	-	9 416.00	9 187.00
国内生产总值（10⁶元/km²）	58.59	28.85	17.22	56.49	167.41	144.02
能源消耗（吨标准煤/km²）	-	-	-	-	14 449.00	25 772.00

注：鉴于居民收入创造以农业、工业及服务业生产活动为主，本书将可支配收入的贡献来源归纳为流域耕地、居住地和工业用地；鉴于能源消耗主要产生于第二、三产业及居民生活，因此，本书将能源消耗归纳为由流域居住地和工业用地产生。且本书假设未利用地对流域空间正义无贡献。

（2）优化目标函数构建

基于决策变量贡献率，根据第 3 章提出的模型，构建杭嘉湖区域三生空间数量结构优化的多目标函数，即

$$\begin{cases} \text{Max ESV} = \text{Max } f_1 = 3.93x_1 + 5.52x_2 + 5.33x_3 + 2.6x_4 + 1.52x_5 + 0.94x_6 \\ \text{Max GDP} = \text{Max } f_2 = 58.59x_1 + 28.85x_2 + 17.72x_3 + 56.49x_4 + 167.41x_5 + 144.02x_6 \\ \text{Max INC} = \text{Max } f_3 = 16.54x_1 + 94.16x_5 + 91.87x_6 \end{cases}$$

其中，x_1、x_2、x_3、x_4、x_5、x_6 为杭嘉湖区域耕地、林地、草地、湿地、居住地、工业用地总面积，km²。

4.3.1.3 约束条件确定

基于基准期杭嘉湖区域三生空间数量结构，根据第 3 章提出的土地利用转移概率矩阵修正方法及约束阈值确定规则，得到设定的流域发展情景下三生空间数量结构约束条件如下。

（1）趋势发展情景。

趋势发展情景下，杭嘉湖区域三生空间数量结构按照历史转移规律演化。利

第4章 太湖流域——杭嘉湖区域空间正义测度及调控案例研究

用杭嘉湖区域（1990—2015年）土地利用转移矩阵，得到杭嘉湖区域土地利用马尔可夫转移概率矩阵 D_0，如表4.21所示。

表4.21 杭嘉湖区域土地利用马尔科夫转移概率矩阵

	耕地	林地	草地	湿地	居住地	工业用地	未利用地
耕　地	0.952 4	0.000 3	0.000 2	0.003 0	0.033 5	0.010 7	0.000 0
林　地	0.000 5	0.993 0	0.000 5	0.000 0	0.003 2	0.002 7	0.000 0
草　地	0.000 0	0.000 0	0.992 4	0.000 0	0.000 0	0.007 6	0.000 0
湿　地	0.013 5	0.000 0	0.024 7	0.937 1	0.006 7	0.018 0	0.000 0
居住地	0.020 4	0.000 0	0.000 0	0.000 7	0.978 3	0.000 7	0.000 0
工业用地	0.039 0	0.014 6	0.014 6	0.004 9	0.004 9	0.917 1	0.004 9
未利用地	0.000 0	0.000 0	0.000 0	0.250 0	0.000 0	0.000 0	0.750 0

由此确定趋势发展情景下杭嘉湖区域三生空间数量结构的约束条件，该约束条件为确定值，如表4.22所示。

表4.22 趋势发展情景下杭嘉湖区域三生空间数量结构约束

	生产空间	生态空间	生态空间	生态空间	生活空间	生产空间	未利用空间
土地利用	耕地	林地	草地	湿地	居住地	工业用地	未利用地
面积（km²）	5 867	3 959	165	433	1 900	340	4

（2）经济高速发展情景。

经济高速发展情景下，杭嘉湖区域三生空间数量结构的约束条件由修正转移概率矩阵 D_1 确定，D_1 由 D_0 修正而来。具体而言，为保证经济的持续高速发展，D_1 中，生产空间（耕地、工业用地）及生活空间（居住地）向生态空间（林地、草地、湿地）的修正转移概率为 D_0 相应的0.5倍，即 $\mu=0.5$；生态空间向生产、生活空间的修正转移概率则为 D_0 相应的 2 倍, 即 $\mu=2$; 生产空间内, 工业用地向居住地、耕地的修正转移概率为 D_0 相应的 0.5 倍, 即 $\mu=0.5$, 而耕地、居住地向工业用地的修正转移概率为 D_0 相应的 2 倍, 即 $\mu=2$; 其余转移概率不变。由此可得到经济高速发展情景下杭嘉湖区域土地利用的修正转移概率矩阵 D_1, 如表 4.23 所示。

表 4.23　经济高速发展情景下杭嘉湖区域土地利用修正转移概率矩阵

	耕地	林地	草地	湿地	居住地	工业用地	未利用地
耕地	0.943 4	0.000 2	0.000 1	0.001 5	0.033 5	0.021 4	0.000 0
林地	0.001 0	0.986 5	0.000 5	0.0000	0.0065	0.0055	0.0000
草地	0.000 0	0.000 0	0.984 8	0.0000	0.0000	0.0152	0.0000
湿地	0.027 0	0.000 0	0.024 7	0.898 9	0.013 5	0.036 0	0.000 0
居住地	0.020 4	0.000 0	0.000 0	0.000 3	0.977 9	0.001 3	0.000 0
工业用地	0.019 5	0.007 3	0.007 3	0.002 4	0.002 4	0.956 1	0.004 9
未利用地	0.000 0	0.000 0	0.000 0	0.250 0	0.000 0	0.000 0	0.750 0

继而, 确定经济高速发展情景下杭嘉湖区域三生空间数量结构约束条件, 如表 4.24 所示。

表 4.24　经济高速发展情景下杭嘉湖区域三生空间数量结构约束

三生空间分类	土地利用 (km²)	约束条件 (km²)
生产空间	耕地 (x_1)	5 867<x_1<6 104
生态空间	林地 (x_2)	3 930<x_2<3 959
生态空间	草地 (x_3)	161<x_3<165

续表

三生空间分类	土地利用（km²）	约束条件（km²）
生态空间	湿地（x_4）	406<x_4<433
生活空间	居住地（x_5）	1 900<x_5<1 915
生产空间	工业用地（x_6）	340<x_6<438
未利用空间	未利用地（x_7）	x_7=4
	总面积合计（S_{tot}）	S_{tot}=12 669
	非负约束（x_n）	x_n≥0

（3）限制经济发展情景。

限制经济发展情景下，杭嘉湖区域三生空间数量结构的约束条件由修正转移概率矩阵 D_2 确定，D_2 由 D_0 修正而来。具体而言，为在一定程度限制经济的盲目快速增长，生产、生活空间将被适当压缩，因此 D_2 中，生产（耕地、工业用地）、生活空间（居住地）向生态空间（林地、草地、湿地）的修正转移概率为 D_0 相应的 1.5 倍，即 μ=1.5；生态空间向生产、生活空间的修正转移概率则为 D_0 相应的 0.5 倍，即 μ=0.5；其余转移概率均不变。由此可得到限制经济发展情景下杭嘉湖区域土地利用的修正转移概率矩阵 D_2，如表 4.25 所示。

表 4.25 限制经济发展情景下杭嘉湖区域土地利用修正转移概率矩阵

	耕地	林地	草地	湿地	居住地	工业用地	未利用地
耕地	0.950 6	0.000 5	0.000 2	0.004 5	0.033 5	0.010 7	0.000 0
林地	0.000 2	0.996 3	0.000 5	0.000 0	0.001 6	0.001 4	0.000 0
草地	0.000 0	0.000 0	0.996 2	0.000 0	0.000 0	0.003 8	0.000 0
湿地	0.006 7	0.000 0	0.024 7	0.956 2	0.003 4	0.009 0	0.000 0

续表

	耕 地	林 地	草 地	湿 地	居住地	工业用地	未利用地
居住地	0.020 4	0.000 0	0.000 0	0.001 0	0.977 9	0.000 7	0.000 0
工业用地	0.009 8	0.022 0	0.022 0	0.007 3	0.004 9	0.929 3	0.004 9
未利用地	0.000 0	0.000 0	0.000 0	0.250 0	0.000 0	0.000 0	0.750 0

继而,确定限制经济发展情景下杭嘉湖区域三生空间数量结构约束条件,如表 4.26 所示。

表 4.26　限制经济发展情景下杭嘉湖区域三生空间数量结构约束

三生空间分类	土地利用（km²）	约束条件（km²）
生产空间	耕地（x_1）	$5\,844 < x_1 < 5\,867$
生态空间	林地（x_2）	$3\,975 < x_2$
生态空间	草地（x_3）	$168 < x_3$
生态空间	湿地（x_4）	$452 < x_4$
生活空间	居住地（x_5）	$1\,893 < x_5 < 1\,900$
生产空间	工业用地（x_6）	$333 < x_6 < 340$
未利用空间	未利用地（x_7）	$x_7 = 4$
总面积合计（S_{tot}）		$S_{tot} = 12\,669$
非负约束（x_n）		$x_n \geq 0$

（4）最严格生态保护情景

最严格生态保护情景下,杭嘉湖区域土地利用数量结构的约束条件由修正转移概率矩阵 D_3 确定,D_3 由 D_0 修正而来。具体而言,为进一步提升流域生态效益，相对于限制经济发展情景 D_3 中，生产（耕地、工业用地）、生活空间（居住地）向生态空间（林地、草地、湿地）的修正转移概率提升为 D_0 相应的 2 倍，即 $\mu=2$；生态空间向生产、生活空间的修正转移概率则严格降低为 0，即 $\mu=0$；其余转移概率不变。由此可得到最严格生态保护情景下杭嘉湖区域土地利用的修正转移概率矩阵 D_3，如表 4.27 所示。

表 4.27　最严格生态保护情景下杭嘉湖区域土地利用修正转移概率矩阵

	耕地	林地	草地	湿地	居住地	工业用地	未利用地
耕地	0.948 9	0.000 6	0.000 3	0.006 0	0.033 5	0.010 7	0.000 0
林地	0.000 0	0.999 5	0.000 5	0.000 0	0.000 0	0.000 0	0.000 0
草地	0.000 0	0.000 0	1.000 0	0.000 0	0.000 0	0.000 0	0.000 0
湿地	0.000 0	0.000 0	0.024 7	0.975 3	0.000 0	0.000 0	0.000 0
居住地	0.020 4	0.000 0	0.000 0	0.001 3	0.978 3	0.000 0	0.000 0
工业用地	0.019 5	0.029 3	0.029 3	0.009 8	0.004 9	0.902 4	0.004 9
未利用地	0.000 0	0.000 0	0.000 0	0.250 0	0.000 0	0.000 0	0.750 0

继而，确定最严格生态保护情景下杭嘉湖区域三生空间数量结构约束条件，如表 4.28 所示。

表 4.28　最严格生态保护情景下杭嘉湖区域三生空间数量结构约束

三生空间分类	土地利用（km²）	约束条件（km²）
生产空间	耕地（x_1）	$5\ 832<x_1<5\ 844$
生态空间	林地（x_2）	$3\ 991<x_2$
生态空间	草地（x_3）	$171<x_3$
生态空间	湿地（x_4）	$471<x_4$

续表

三生空间分类	土地利用（km²）	约束条件（km²）
生活空间	居住地（x_5）	$1\,885<x_5<1\,893$
生产空间	工业用地（x_6）	$315<x_6<333$
未利用空间	未利用地（x_7）	$x_7=4$
总面积合计（S_{tot}）		$S_{tot}=12\,669$
非负约束（x_n）		$x_n\geqslant 0$

4.3.1.4 算法实现

本书利用 Mtalab 平台，基于多目标遗传算法（NSGA-Ⅱ）来实现 S2，S3，S4 情景下杭嘉湖区域三生空间数量结构优化，适应度函数即为目标函数，决策变量限制即为约束条件，算法主要参数设置如表 4.29 所示。

表 4.29 杭嘉湖区域三生空间数量结构优化的 NSGA-Ⅱ 算法参数设置

种群规模	交叉概率	变异概率	迭代次数	最优前端个体系数
200	0.2	0.3	200	0.35

经算法运行，本书分别得到经济高速发展情景、限制经济发展情景、最严格生态保护情景下杭嘉湖区域三生空间数量结构优化的三个 Pareto 解集，进而根据遴选函数，对解集中的 Pareto 解进行优劣排序，得到设定发展情景下杭嘉湖区域三生空间数量结构最优配置方案，结果如表 4.30 所示。

表 4.30 杭嘉湖区域三生空间数量结构最优配置

	耕地	林地	草地	湿地	居住地	工业用地	未利用地
基准期（2015 年）	6 104	3 981	148	439	1 716	277	4
趋势发展情景	5 867	3 959	165	433	1 900	340	4

续表

	耕地	林地	草地	湿地	居住地	工业用地	未利用地
经济高速发展情景	5 870	3 934	158	411	1 901	391	4
限制经济发展情景	5 844	3 975	168	452	1 894	331	4
最严格生态保护情景	5 832	3 991	171	473	1 885	313	4

4.3.2 杭嘉湖区域三生空间分布格局模拟

4.3.2.1 输入数据

根据第4章模型方法及CLUE-S模型运行数据要求，本书根据杭嘉湖区域基准期现状，搜集、整理、制作了相应的输入数据，主要包括以下内容。

（1）cov_all.0文件：该文件是利用杭嘉湖区域基准期土地利用栅格数据转换而成的ASCII格式文件。

（2）demand.in*文件：根据前文杭嘉湖区域三生空间数量结构模拟结果得到设定流域发展情景下各土地利用的需求数据，按照CLUE-S模型要求制作成TXT格式文件，分别命名为demand.in1、demand.in2、demand.in3、demand.in4。

（3）region_park*.fil文件：用于标识出杭嘉湖区域土地利用转换受限的区域，包含0和-9998两种数据，0值代表的区域是可以进行土地利用转换的无限制区域，而-9998值则代表不可转换的限制性区域。因杭嘉湖区域中所有区域均可进行土地利用转换，故全部赋值为0。

（4）allow.txt文件：用于标识出杭嘉湖区域土地利用之间的可转换性，包含0和1两种数据，0值代表两种土地利用之间可转换，而1值则代表不可转换。在设定流域发展情景下，杭嘉湖区域土地利用类型之间均可进行转换，故allow.txt文件的内容为6行6列、元素均为1的矩阵。

（5）sclgr*.fil文件：结合杭嘉湖区域基准期现状，得到12个驱动因子空间分布情况，并将其转换得到相应的ASCII格式文件，命名为sclgr0.fil～sclgr11.fil。

（6）alloc.reg文件：基于SPSS（Statistical Package for the Social Sciences）

软件，对本书中的6类土地利用分布格局与12个驱动因子分别进行 Binary Logistic 回归分析，7类土地利用编码为（0，1）形式的因变量，各驱动因子的数值则为自变量。计算获得各驱动因子对应 β 系数，如表4.31所示。利用 ROC 曲线对 Binary Logistic 回归结果进行检验，可知，6类土地利用的 Binary Logistic 回归的 AUC 值位于 [0.785, 0.954] 区间范围内，说明所选的12个驱动因子对杭嘉湖区域土地利用分布格局具有了较强的解释性，回归结果较为可信。

表4.31 杭嘉湖区域土地利用分驱动因子 Binary Logistic 回归结果

编号	耕地	林地	草地	湿地	居住地	工业用地	未利用地
0	-0.019 996	0.007 327	0.006 655	-0.042 195	-0.020 49	-	0.011145
1	-0.243 584	0.475 956	-	-	-0.613 016	-	-
2	-	-	-	-	-	-	-
3	-	0.082 249	-	0.163 679	-	-	-
4	-	-	-	-	-	-0.000 062	-0.000 282
5	0.000 043	-	-	-	-0.000 069	-	-
6	-	0.000 035	-	-	0.000 08	-0.000 13	-
7	-	-0.000 056	-	-	-	-	-
8	0.000 064	0.000 081	-	-	-0.000 202	-	-
9	-0.000 088	0.000 248	-0.000 622	-0.000 43	0.000 328	-	-
10	-	-0.006 548	0.002 739	-	-	-	-
11	0.000 003	0.000 004	-	0.000 01	-0.000 006	-	-
C	2.377 687	-17.654 445	-10.696 503	-26.269 647	17.283 477	17.014 772	-4.980 603

注："—"代表该驱动因子回归分析结果不显著，故排除其对相应土地利用类型的影响；C 指常数。

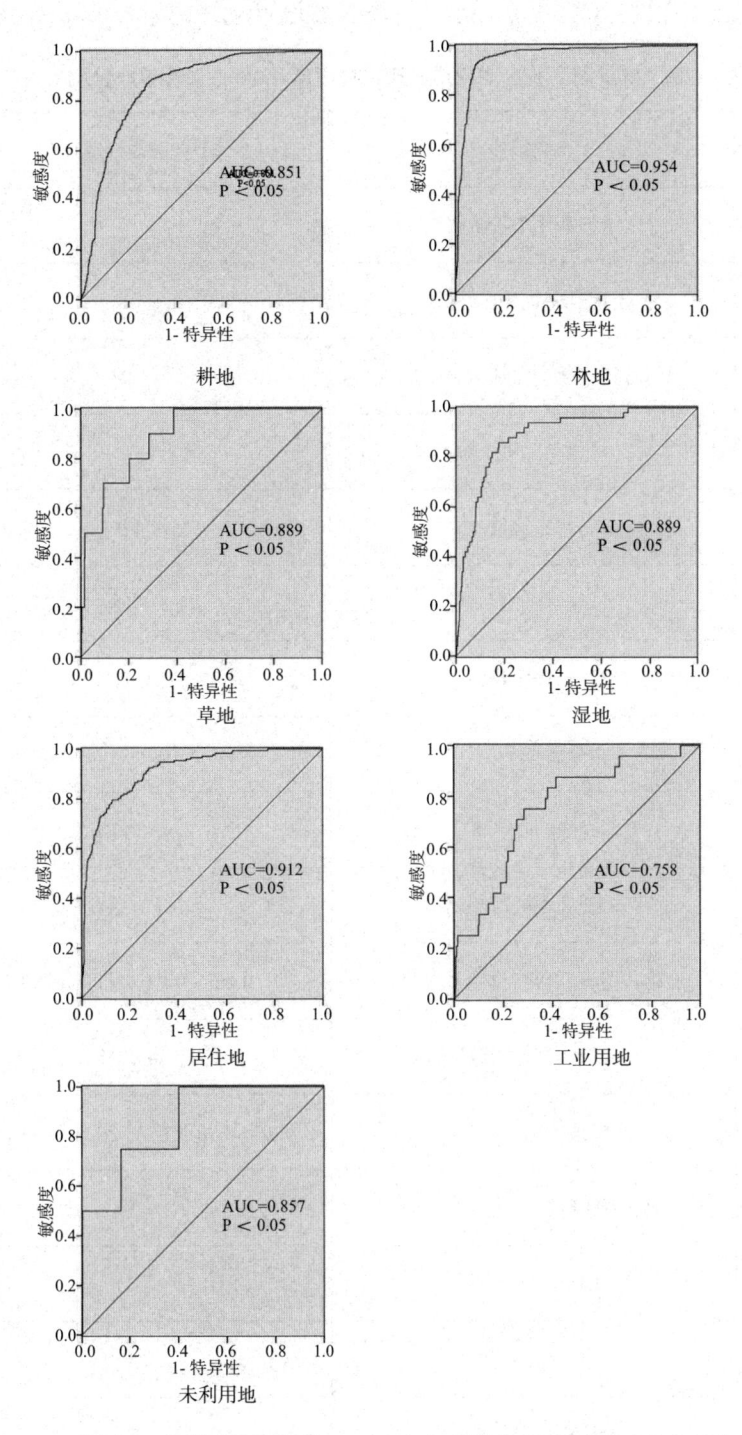

第 4 章 太湖流域——杭嘉湖区域空间正义测度及调控案例研究

耕地 AUC=0.851 P<0.05

林地 AUC=0.954 P<0.05

草地 AUC=0.889 P<0.05

湿地 AUC=0.889 P<0.05

居住地 AUC=0.912 P<0.05

工业用地 AUC=0.758 P<0.05

未利用地 AUC=0.857 P<0.05

图 4.3 流域土地利用 Binary Logistic 回归的 ROC 检验（$P<0.05$）

（7）main.1 文件：CLUE-S 模型的主要参数设置文件，如表 4.32 所示。

表 4.32 杭嘉湖区域土地利用分布格局模拟 main.1 文件参数设定

参数序号	参数描述	参数设置
1	土地利用类型数量	7
2	土地利用优化区块数	1
3	回归方程中驱动力最大自变量数	9
4	总驱动因子个数	12
5	栅格行数	130
6	栅格列数	188
7	栅格面积	1
8	原点 X 坐标	5 343 114.215 5
9	原点 Y 坐标	3 278 380.196 3
10	土地利用类型编码	0 1 2 3 4 5 6
11	土地利用类型转换弹性系数编码	0.6 0.7 0.5 0.95 0.85 0.8 0.4
12	迭代变量系数	0 0.3 1
13	模拟的起止年份	2015（基准期），2020（模拟期）
14	动态变化解释因子数及编码	0
15	输出文件选择	1
16	特定流域回归选项	0
17	土地利用历史初值	1 2

第 4 章　太湖流域——杭嘉湖区域空间正义测度及调控案例研究

续表

参数序号	参数描述	参数设置
18	邻近流域选择计算	0
19	流域特定优先值	0

4.3.2.2 模拟结果

通过 CLUE-S 模型的运行（图 4.4），本书分别得到趋势发展情景、经济高速发展情景、限制经济发展情景及最严格生态保护情景下的杭嘉湖区域三生空间分布格局模拟结果，并利用 ArcGIS 平台对其进行空间可视化。

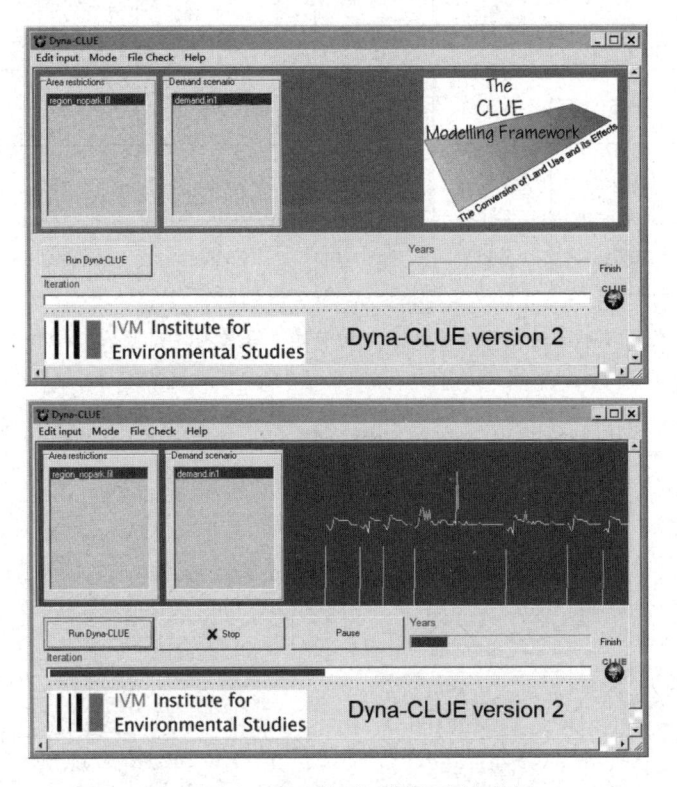

图 4.4　CLUE-S 模型初始界面及运行图

4.3.2.3 设定发展情景下杭嘉湖区域空间正义测度

根据设定发展情景下杭嘉湖区域三生空间配置与分布，对杭嘉湖区域进行流域空间正义"再测度"。值得注意的是，流域空间调控的核心是利用三生空间优化重构手段来改善空间正义水平，因此，在空间正义水平再测度时，假设杭嘉湖区域地形、水文、气候特征不变，从而突出从三生空间本身出发对杭嘉湖区域空间进行调控管理的实际意义。再测度过程中涉及的不同流域发展情景下社会经济指标变化率参考浙江省、杭州市、嘉兴市及湖州市《中华人民共和国国民经济和社会发展第十三个五年规划纲要》，并结合设定流域发展情景特征来确定，如表4.33所示。

表4.33 设定发展情景下社会经济要素变化率

情景	人均公园绿地增长率	人均用水增长率	人口增长率	居民可支配收入增长率	GDP增长率	能源消耗增长率
S1	5%	−3.88%	4.0%	90%	7.0%	3.4%
S2	3%	−3.00%	5.0%	100%	8.0%	3.8%
S3	8%	−4.50%	3.5%	80%	6.5%	3.3%
S4	10%	−5.00%	3.0%	75%	6.0%	2.5%

注：本书假设不同土地利用对应的人口增长率、居民可支配收入、GDP及能源消耗增长率相同。

利用第3章提出的流域空间正义测度模型，得到设定发展情景下杭嘉湖区域空间正义再测度结果（见图4.5）。

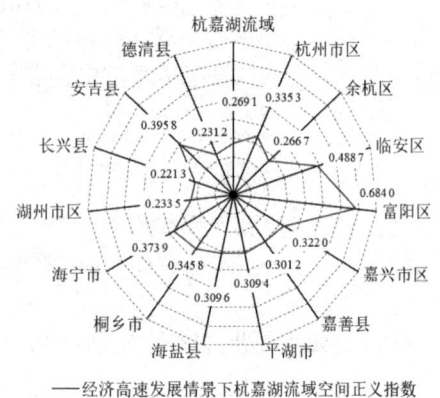

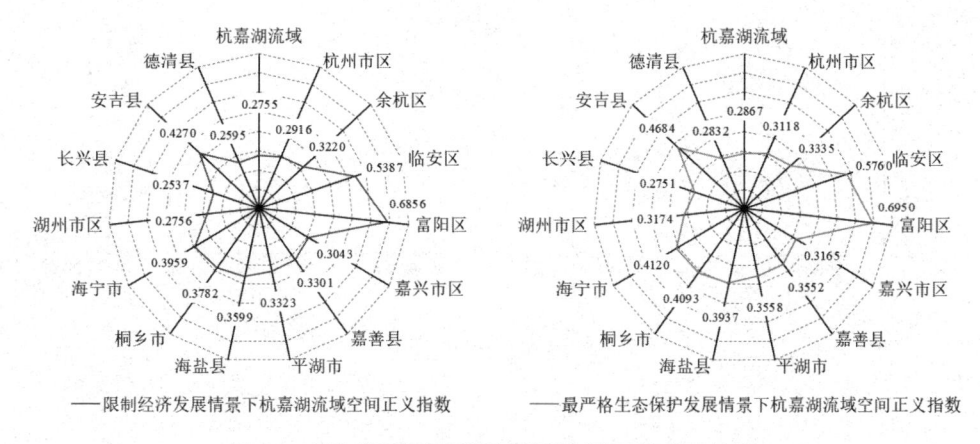

第4章 太湖流域——杭嘉湖区域空间正义测度及调控案例研究

图 4.5 设定发展情景下杭嘉湖区域空间正义测度结果

4.3.3 杭嘉湖区域空间调控结果分析及策略

对比基准期及四个流域发展情景下的流域空间正义水平演变特征，可以明显地看出不同调控方案对流域空间起着截然不同的作用。

首先，从整体来看，空间正义水平呈现以下高低排序：最严格生态保护情景（S4）＞限制经济发展情景（S3）＞基准期（2015）＞趋势发展情景（S1）＞经济高速发展情景（S2）。这表明，①杭嘉湖区域按当前趋势发展下去，空间正义水平将会降低，区域存在发展质量下降的风险；②若在区域发展规划上依旧倾向优先满足经济发展，那极有可能造成区域空间正义的更进一步缺失，是为绝对不可取；③反观，限制经济发展这一调控策略能遏制区域空间正义水平下降的不利局面；④而在区域空间调控中纳入最严格生态保护策略则能较大程度地提高区域空间正义水平，对区域发展质量具有显著的正向推动作用。

进而本书分别提取设定区域发展情景下三生空间的比例，将其与对应的空间正义指数进行关联分析（图 4.6）。可以看出，生态空间占比与流域空间正义指数存在正相关关系，而生活空间与生产空间的扩张则对流域空间正义水平存在不同程度的抑制作用。这为杭嘉湖区域未来三生空间规划提供了"大方向"，即合理增加流域内生态空间的占比，限制生活、生产空间的扩张。

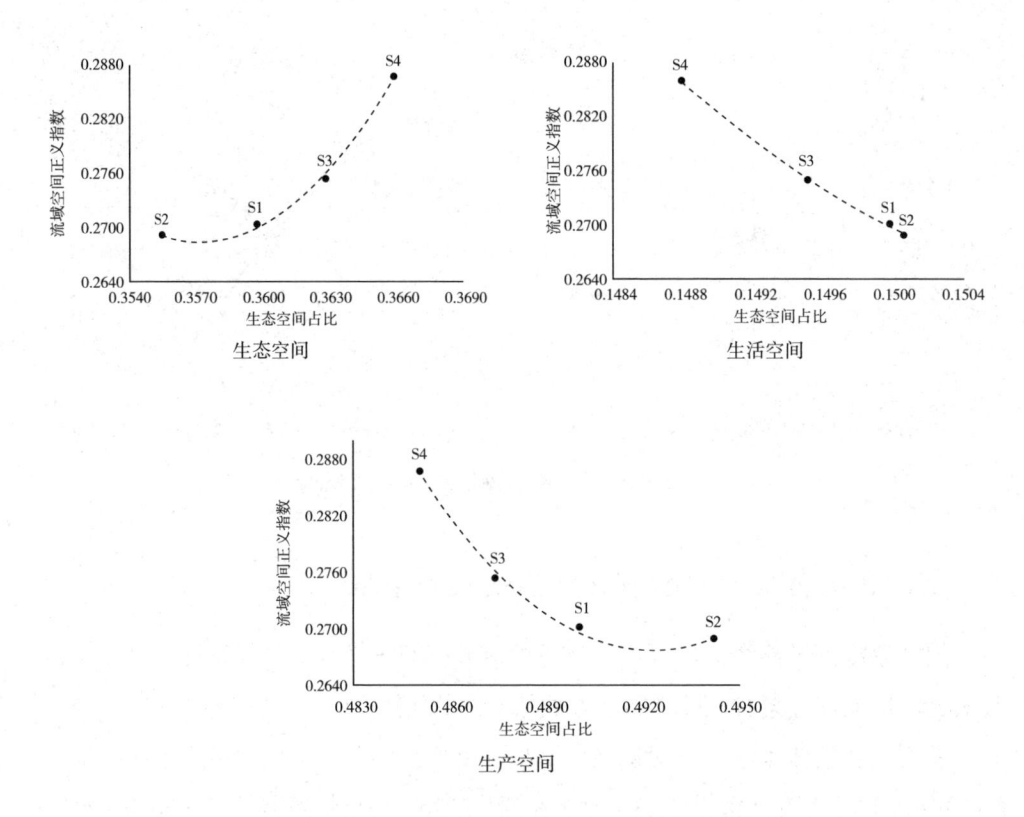

图 4.6　杭嘉湖区域空间正义指数与三生空间关联分析

其次，从局部来看，不同市县区的空间正义水平对设定发展情景的响应也不尽相同（图4.7）。①杭州市区、余杭区、临安区、海盐县、湖州市区、长兴县、安吉县及德清县均只有在最严格生态保护情景下才实现了空间正义水平的提升，可归纳为生态敏感区域，该类区域的生态保护行为对空间正义水平的高低起着关键作用。上述区域又可分为两类，杭州市区、余杭区、临安区、海盐县、湖州市区属于经济主导区，该类区域生活及生产空间的效益产出优异，而其生态空间占比过低，生态环节的政策制定薄弱，提供的生态效益难以满足高人口密度、高资源消耗及高污染排放所带来的高需求，最严格生态保护情景为该类区域有效弥补了供需差距，使得空间正义水平得到提升。而长兴县、安吉县及德清县，地处西南部山林地带，生态禀赋出众，该类地区空间正义的实现受生态空间的配置与利用状况主导，最严格生态保护情景使其生态优势得到最大化的发挥；②富阳区、嘉兴市区、嘉善县、平湖市、桐乡市及海宁市原本就具备了流域空间正义水平向上的趋势（从趋势发展情景 S1 看出），说明该类区域三生空间规划相对合理，发

第 4 章　太湖流域——杭嘉湖区域空间正义测度及调控案例研究

展的基础较好。从实际来看，该类区域处于经济发达地区（杭州、上海）的辐射圈内，社会经济发展驱动力强，且产业结构特征明显（富阳区以高新技术为主，嘉兴地区则以粮食、轻工业为主），这为区域生活、生产空间效益输出奠定了基础。与此同时，该类区域人口分布相对平均，生态空间与生活、生产空间冲突相对缓和，因此使得该类区域具备了较好的发展趋势。不可忽视的是，不同发展情景决定了该类区域空间正义水平提升幅度的不同，按 S2、S1、S3、S4 依次增大，这表明拓展生态空间对该类区域同样具有正向作用。因此，对于该类区域，应在保持现有发展态势的基础上，尽可能地落实生态保护策略，加快提升其空间正义水平。

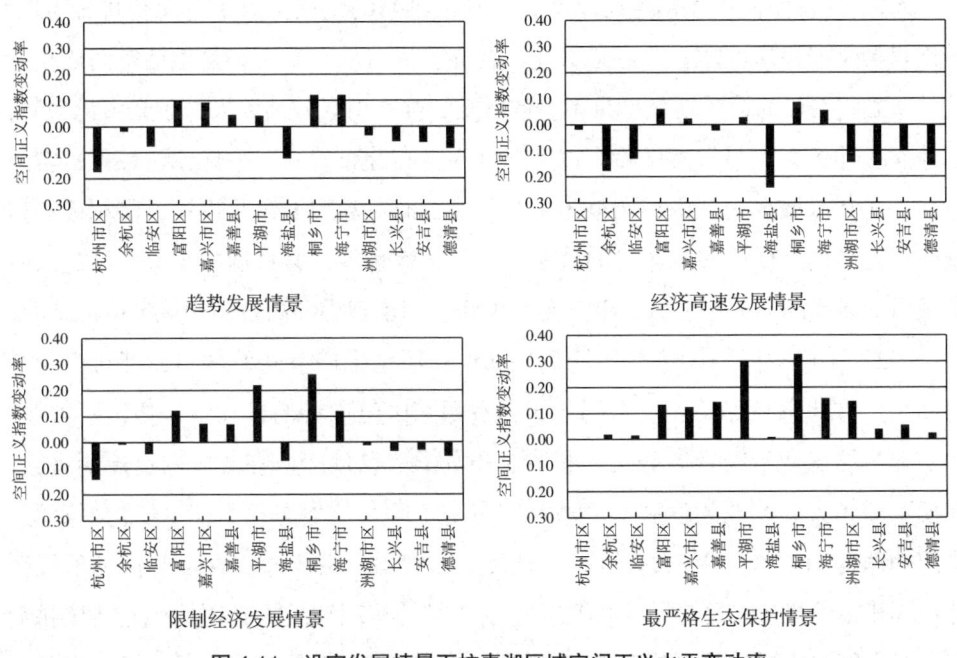

图 4.11　设定发展情景下杭嘉湖区域空间正义水平变动率

根据以上分析可发现，流域空间的有限性与人类需求的无限性之间的矛盾，要求杭嘉湖区域必须通过统筹三生空间格局，来调整三生空间开发利用方式，实现流域空间正义。杭嘉湖区域发展已经相对成熟，但是在经济产出和生活水平提高的同时，潜藏的风险也逐渐暴露。从前文对杭嘉湖区域空间调控的模拟可以看出，区域整体及多数区域的空间正义水平在当前趋势下均将面临下降的风险。因此，本书分别从生态、生活和生产空间的角度对杭嘉湖区域三生空间分布格局与

151

利用方式设计调控策略如下。

（1）生态空间。杭嘉湖区域生态空间集聚在西南部山林区域，该区域空间正义水平受生态效益支配明显，例如安吉、临安及富阳这些中等以上空间正义水平地区。在这些地区，应加快落实最严格生态保护制度，划定生态红线保护现有生态空间，例如，对天目山及苕溪流域等重点生态空间实施保护、修复及限制开发措施。在生态空间严重遭侵占的杭嘉湖三市市区、居住用地、工业用地区域周边应恢复建设林地、湿地、公园绿地等生态空间，可以采取带状、楔形、片状或是廊道等多种形式构建，增强生态系统连通性，从而提升区域生态系统服务功能。

（2）生活空间。生活空间是居民活动最频繁的区域，对于生活空间的利用，最终目标是居民所获取福祉的最大化。首先，人口的空间布局是生活空间优化调整的基础，人口的持续增长已是不争的事实，杭嘉湖区域须以人口承载力为限制，以生态缓冲区为人与自然屏障，以宜居度为空间分布规则，来优化流域人口空间布局，尤其以城乡人口格局调整为主。其次，面对新型城镇化进程，需积极调整城乡二元结构，促进城乡居民的就业、医疗与教育等公共资源的平等，以此来限制城市生活空间的无序扩张，提升乡村生活空间承载力，高效利用区域生活空间。

（3）生产空间。无论是环境负外部性，还是生产空间的分布，都与产业结构和生产方式息息相关。杭嘉湖区域在资源和区位优势的推动下，传统的农业、化工业、纺织业延续发展势头，制造业和电子信息化产业在流域内也逐渐兴起，规模不断扩大。产业的发展给流域空间带来了巨大的生态压力，主要包括资源、能源的消耗和废水、废气的排放。"既要金山银山，又要绿水青山"正是顶层设计在湖州市的衍生产物，杭嘉湖区域空间正义的实现和维护必须从产业结构和生产方式角度着手寻找符合绿色发展理念的改革线路。因此，杭嘉湖区域应协调生产空间与非生产空间的比例关系，将产业向资源环境承载能力强的区域转移，同时推进产业结构的转型升级，调节生产空间内部要素的比例关系，淘汰原有的粗放生产方式，提倡集约高效的生产模式，从源头上减少环境负外部性的输出，实现绿色发展。

4.4 杭嘉湖区域绿色发展政策建议

案例研究对杭嘉湖区域基准期空间正义水平进行了测度，并利用三生空间优化重构手段在设定情景下模拟了区域三生空间的调控，结合研究结果和实际，本书就杭嘉湖区域空间管理和发展实践提出以下几点对策和建议。

4.4.1 促进区域三生空间协同管理

流域三生空间绝非独立的个体，而是紧密关联的生命共同体，孤立化的管理不仅难以改善各空间发展状况，也易造成三生效益的冲突。生态空间是生产和生活空间功能发挥的基础。流域决策主体应当清醒地认识到生态系统的改善可以提高人类生活水平与生产能力，因而生活与生产空间的发展绝不能以牺牲生态空间为代价，相反，越要追求社会经济的发展，就越需严格保护生态环境，维护生态空间秩序。生活空间是流域居民活动最为密集和频繁的区域，生产空间则是创造物质经济基础的核心区域，两者的互动、反馈和联系是三生空间中最为紧密的，在最严格生态保护制度的前提下，生产生活空间被科学限制，唯有推行节约、集约用地，形成生活、生产用地的高效自组织趋势，才能促进三生空间整体的协同管理。与此同时，从国情实际出发，就流域三生空间管理而言，每一个空间都存在相应的管控制度、规划或条例等。不同的规划尺度、技术标准、管控对象、法律地位、执行部门等导致管理实践的低效甚至是失效。现今我们意识到，国民经济与社会发展规划、土地利用总体规划、城乡规划、生态环境保护规划等规划的"多规合一"是空间规划体系变革的大趋势，"多规合一"的重要任务是协调各类规划，解决彼此在空间上的冲突问题，实现"一本规划、一张蓝图"。因此，对于杭嘉湖区域而言，本书认为可从以下几个方面逐步推进"多规合一"的新型流域三生空间管控模式：①确立空间规划为基础核心，为流域其余方面规划的制定提供科学依据；②由自然资源部会同相关部门负责构建统一的国土空间规划技术标准体系，修订完善国土资源现状调查和国土空间规划用地分类标准，制定各级各类国土空间规划编制办法和技术规程；③兼顾底线思维与弹性思维，提升规划的可行性与成效性；④由自然资源厅统一领导，国土、住建、水利、林业及农业等部门配合，统筹生态、生活及生产"三生空间"管理，避免多头治理。综上，厘清流域三生空间互动关系，结合"多规合一"空间治理模式，促进流域三生空间协同管理。

4.4.2 建立空间正义测度长效机制

高质量发展已经成为我国谋划经济工作的根本指针，而以空间正义为目标正是杭嘉湖区域可持续高质量发展的可行路径。因此，杭嘉湖区域应从生态系统服务评估、居民生活水平评估、经济发展水平评估三方面落实系统完善的流域空间正义测度机制，对杭嘉湖区域发展质量起到科学的监控作用。由于当前对流域空间发展质量的评估工作尚未普及，配套的鼓励与保障机制就十分有必要。配套保障机制旨在提升全流域对流域空间正义的科学认知，并推动流域空间正义测度工作的落实。具体包含3方面保障：①制定政府引导下的常规化流域空间正义测度机制，使之成为流域综合规划的参考依据，以增强流域空间正义测度的规范性和价值性；②利用大数据、物联网、区块链、元宇宙等先进数智信息技术，建立覆盖"生态－生活－生产"三生空间的信息采集平台和结果可视化系统以支撑流域空间正义测度工作的进行，增强流域空间正义测度的可行性和应用性；③将流域空间正义水平作为政绩考核的重要指标，以增强流域空间正义测度的积极性和延续性；④深入推进流域空间正义测度研究，根据研究进展、政策条件和实践经验，优化调整测度框架。综上，重视流域发展质量评估，从测度和保障两个层面建立流域空间正义测度长效机制，为流域管理决策提供科学依据。

4.4.3 创新区域生态绿色一体化发展战略

从杭嘉湖区域空间正义测度结果中可发现，区域内各市县区的三生空间比例不同，资源禀赋条件也存在显著的时空异质性，这导致了不同区域间空间正义水平的差异。这一点恰巧反映出流域内不同区域具备各自的功能优势，因此，合作共赢、一体化发展将是杭嘉湖区域的最佳选择。解构透析空间正义指数，杭嘉湖区域推进区域一体化发展，需综合考虑区域内各市的自然资源、生态环境、历史文化、经济发展和社会条件等因素，确保生态保护、资源利用和经济社会的和谐可持续发展。例如，流域西部区域（包括长兴、安吉）以生态系统服务供给为优势，沿太湖南岸地区（包括湖州市区）则以交通区位优势综合发展沿湖经济板块，流域中部以杭州江北市区为核心的区域（包括余杭）则以二"三产效益"、高生活水平为优势，而流域东部区域（包括嘉兴市辖区）则以农业生产效益为优势，那么，相应区域范围内的市县区可以：①明确区域定位，充分发挥各自区域绝对优势，实现区域发展的存量最大化；②发挥比较优势，形成合作互动、优势互补、互利共赢、共同发展的格局，实现区域发展成果流量的最佳分配。例如流域东部区域的粮食产出可以弥补杭州及沿湖的一产短板，而流域西部优质的自然生态条件可为其余区域提供包括水源在内的生态系统服务。此外，在区域内城市间可建立生态走廊，连接各城市的绿地、湿地和自然保护区，既为生物多样性延伸栖息通道，也为公众提供连通性更好的游憩景观格局。综上，通过存量与流量两个层面的区域协同发展，实现流域空间效益输出的优化配置，有助于流域空间正义水平的提升。

4.4.4 完善区域绿色发展的法治保障体系

全面依法治国的基本方略正推动生态环境保护被纳入法治化轨道，杭嘉湖区域配套的生态保护、国土规划、产业准入等相关法制建设已初见成效，但仍存在部分有法难依和无法可依的缺陷。区域绿色发展需要用最严格制度、最严密法治来形成有效的约束力。绿色发展的法治化意味着在法律框架内推进和保障可持续发展，确保环境保护、资源节约和社会责任融入各个层面的决策和实践中。因此，可在杭嘉湖区域，①探索建立符合区域特点的绿色发展法律法规，设立专门的争议解决机构或程序，鼓励和支持调解、仲裁和谈判等非诉讼解决方式；②探索制定国土空间开发保护法，对流域空间开发利用进行全程监督，对流域空间正义水平产生正向和负向影响的行为或主体制定相应的激励及惩罚政策，以普及规范的流域空间利用行为；③应在公众群体间宣传生态理性概念，鼓励公众成为生态理性人，杭嘉湖区域空间正义的实现和维护需要广大公众由经济理性向生态理性转变；④政府应主导构建公众参与流域生态保护与空间管理的民主监督决策机制，以充分发挥公众的能动作用，确保法律的公正、公开和透明执行。

第5章 太湖流域——苏州生态产品价值实现路径案例研究

5.1 空间正义视域下的生态产品价值实现

5.1.1 空间正义的生态内涵

恩格斯曾说:"我们每走一步都要记住:我们决不像征服者统治异族人那样支配自然界,决不像站在自然界之外的人似的去支配自然界。"[1]空间生产和规划的过程会带来环境污染、生态退化、资源枯竭等问题,并进一步引发生态安全风险、生态产品配置不公等现象。空间实际是社会空间和自然空间的复合统一体,空间资源既是社会资源,也是生态资源,空间正义不仅体现在人与人之间,也体现在人类与自然之间的平衡和协调。因此,空间正义除了保障人类平等享有生产、生活权益,更要关注生态环境的安全和可持续。空间正义的内涵要有生态维度的内涵,以满足人与自然和谐共生的愿景。

空间生产的基础是原始的自然生态空间,人类通过对其开发利用进而生成满足需求的空间形式和空间产品。自然空间(山林、平原、河流、湖泊等)生态环境条件的优劣是影响空间生产水平和质量的重要因素,城市繁荣发展的程度与自然生态环境密切相关,正义的空间生产应该是对自然生态空间的合理开发与利用,从而保障空间生产持续良性的进行以满足人们不断增长和提升的空间需求。

空间产品和空间资源兼具社会属性和生态属性,绿地、公园、湖泊等生态空间资源的合理分配是空间正义的应有之义。在这一维度,我们关注的是自然资源环境在不同区域内不同群体间的配置问题,尤其是在生态系统持续恶化的趋势下,发展与保护行为间的矛盾日益凸显,保护主体与受益主体间的利益公平亟待平衡。

---

[1] 恩格斯. 自然辩证法 [M]. 北京: 空军政治宣传部, 2018.

因此，空间正义的生态内涵在于区域空间内差异主体间生态要素在量和质两个层面上的合理分配，以此解决不同空间尺度下的生态环境资源分配失衡和生态利益冲突问题。

空间及其附着的功能服务成为终端主体的消费对象，生产、生活和生态"三生空间"是人类需求的核心框架。在消费过程中，受人口、气候条件、生产力、需求偏好等因素的驱动，三生空间随之相互转化，对生态空间可能产生两个层面的影响：一是生态空间质量下降。生产和生活活动中对自然环境的污染和对生态结构的破坏使得生态空间功能退化、服务价值降低；二是生态空间规模缩减。盲目的经济发展和粗放的空间扩展将侵占有限的生态空间，不仅造成代内生态安全危机，更阻碍代际生态可持续的实现。空间消费正义主张以公正、合理、适度的价值原则规范人们的空间消费行为和活动，变革人们的消费理念，实现空间消费与人自身、自然环境及他人与社会的和谐发展。因此，空间正义的生态内涵在于调节空间消费需求与有限的生态空间资源之间的矛盾。

5.1.2 生态产品价值与空间正义的耦合关联分析

"草木植成，国之富也"，良好的生态本身蕴含着经济社会价值，是最普惠的民生福祉。生态产品价值的实现体现了以生态环境"含绿量"提升经济发展"含金量"的"蝶变"过程，是贯彻落实习近平生态文明思想的重要举措、践行"绿水青山就是金山银山"理念的关键路径。

"两山"理念深刻精辟地指出"良好的生态环境是最公平的公共产品，是最普惠的民生福祉"，把改善人民群众的生存环境作为民生工作的着力点和努力方向，力求最大限度地提供惠及全体公民的生态福利，明确界定政府是提供环境公共产品的责任主体，确保可持续的环境公平与正义。生态产品价值实现的目标不止于生态价值向经济、社会价值的转化，而是要在可持续规模下推进全民福祉提升，发挥生态产品作为要素参与分配、再分配的作用，可持续规模、公平分配、有效配置是生态产品价值实现的三个重要目标。

生态产品的价值在于它们的生产和使用都尊重并促进自然生态系统的健康安全和可持续性，对空间正义的实现具有积极的影响：①环境正义。生态产品的生产和使用均强调对生态系统的尊重和保护，可减少环境污染和破坏，提升环境质量。②资源正义。生态产品价值的实现过程中注重产品服务的公平分配和可持续利用，避免因资源争夺导致冲突。③文化正义。生态产品价值实现可作为传播属地、传统文化和普及生态产品价值理论的有力工具。④社会正义。生态产品价值实现机制的构建和运行，有助于宣传绿色可持续发展理念，提升公众对生态系统重要性的认知。同时，生态产品价值实现是共同富裕、乡村振兴等国家战略的动力支撑。

5.2 我国生态产品价值实现现状

5.2.1 我国生态产品价值实现进展

2005年的8月15日，时任浙江省委书记的习近平同志来到了浙江余村进行调研。习近平同志说："绿水青山就是金山银山。我们过去讲既要绿水青山，又要金山银山，实际上绿水青山就是金山银山。""两山"理论是习近平生态文明思想的核心组成部分，有力地阐述了自然环境保护和社会经济发展之间的辩证统一关系，保护自然环境、留住绿水青山就是保护了促进地方经济健康发展的能力，改善生态环境质量就是提升了地区的生产力，能够有力地推进社会经济可持续发展。自党的十八大报告提出"要增强生态产品的生产能力"以来，生态产品价值实现理念逐渐走进大众视野，并成为践行习近平生态文明思想与"两山"理念的重要举措。

据测算，2015—2020年，我国生态系统生产总值（gross ecosystem product，GEP）由70.6万亿元增长到82.2万亿元。生态要素转变为生产要素的需求日益旺盛，将生态产品价值实现作为一种新的经济增长点已经成为各级政府推动经济社会发展全面绿色转型的重要突破口。2021年，中办、国办印发的《关于建立健全生态产品价值实现机制的意见》（简称"两办意见"）正式将生态产品价值核算列为我国全面推进的重要基础性工作，地方各级政府在国家要求基础上普遍开展价值核算工作，取得了初步成效。

目前，我国的生态产品价值实现大致可分为三个阶段：萌芽起步阶段、努力探索阶段、全面发力阶段。

思想萌芽阶段（20世纪80年代—2010年）：1980年，我国开始生态产品价值实现的早期探索，集中关注生态保护补偿问题。国家层面的生态保护补偿始于三北防护林工程，并在1979年的《中华人民共和国环境保护法（试行）》中提出了"污染者付费"的理念，尝试建立中国特色的生态保护补偿制度。1996年在《国务院关于环境保护若干问题的决定》中提出要建立并完善有偿使用自然资源和恢复生态环境的经济补偿机制。国家"十一五"发展纲要中也正式提出了"谁开发谁保护、谁受益谁补偿"的基本原则，并在后续的《中华人民共和国水污染防治法》《中华人民共和国水土保持法》等文件中予以巩固。2008年中央财政出台了国家重点生态功能区转移支付政策。《生态文明体制改革总体方案》中明确指出："探索建立多元化补偿机制，逐步增加对重点生态功能区转移支付，完善生态保护成效与资金分配挂钩的激励约束机制。制定横向生态补偿机制办法，以地方补偿为主，中央财政给予支持。鼓励各地区开展生态补偿试点，继续推进新安江水环境补偿试点，推动在京津冀水源涵养区、广西广东九洲江、福建广东汀江—韩江等开展跨地区生态补偿试点，在长江流域水环境敏感地区探索开展流域生态补偿试点"。这一阶段对生态保护补偿问题进行了广泛的研究和实践，生态保护补偿政策范围从单一的森林生态保护补偿扩展到流域生态保护补偿、矿产资源开发生态保护补偿、生物多样性保护补偿等多领域。

起步探索阶段（2010—2015年）：2010年，国务院印发的《全国主体功能区规划》中首次提出"生态产品"概念，将其定义为清新空气、宜人气候等具有生态功能的自然要素，并指出生态产品对可持续发展的重要意义。2012年，党的十八大报告中提出："要实施重大生态修复工程，增强生态产品生产能力。"2015年"十三五"规划中提到为人民提供更多的优质生态产品。

快速发展阶段（2016—2020年）：2016年，在国家生态文明试验区（福建）实施方案中，提出福建要建设生态产品价值实现的先行区，首次在国家级文件中提出了生态产品价值实现概念；2017年，中共中央国务院出台了关于完善主体功能区战略和制度的若干意见，要求建立健全生态产品价值实现机制；同年，党的十九大报告也提出要提供更多优质生态产品以满足人民日益增长的优美生态环境需要；2018年，在深入推动长江经济带发展座谈会上，习近平总书记明确提出要探索政府主导、企业和社会各界参与、市场化运作、可持续的生态产品价值实现路径，明晰生态产品价值实现的多元参与主体。我国开始推行生态产品价值实现机制试点，探索政府主导、企业和社会各界参与、市场化运作、可持续的生态产品价值实现路径。2019年，中央财经委员会第五次会议提出要在长江流域开展生态产品价值实现机制试点。2020年，习近平总书记在全面推动长江经济带发展座谈会上的讲话中，指出要加快建立生态产品价值实现机制，让保护、修复生态环境获得合理回报，让破坏生态环境付出相应代价。

"双碳"（即碳达峰与碳中和的简称）战略下的全面推进阶段（2021年至今）：2021年中央财经委员会第九次会议指出：实现碳达峰、碳中和是一场系统性的经济社会变革，要把碳达峰、碳中和纳入生态文明建设整体布局。同年，中办、国办出台了关于建立健全生态产品价值实现机制的意见，提出要建立利益导向机制，探索生态产品价值实现路径，推进生态产业化和产业生态化，构建完善的生态产品价值实现机制，为实现美丽中国建设目标提供有力支撑。同时，国家"十四五"规划纲要，也提出了要建立生态产品价值实现机制。2020—2023年，自然资源部陆续发布三批《生态产品价值实现典型案例》，开展了"绿水青山就是金山银山"实践创新基地建设项目，先后命名5批137个"绿水青山就是金山银山"实践创新基地；同时推进了6个省级和2个地级市在内的"6+2"生态产品价值实现试验区试点创建。2021年7月12日发布了《"绿水青山就是金山银山"实践模式与典型案例（第一批）》，将生态产品价值实现模式初步总结成生态修复、生态农业、生态旅游、生态工业、"生态+"复合产业、生态市场、生态金融、生态补偿等8种模式。这一阶段中，我国不断探索和完善生态产品价值实现相关机制，推动机制协调发展，统筹地区协同，整体有序地推动生态产品价值实现。2022年10月，党的二十大报告强调"建立生态产品价值实现机制，完善生态保护补偿制度。"11月，《长三角生态绿色一体化发展示范区建立健全生态产品价值实现机制实施方案》印发，强调加快探索建立生态产品调查监测机制、生态产品价值评价机制、生态产品价值实现全链条工作体系。可以看出，生态产品价值实现由地方试点、流域区域探索进入全国全面铺开阶段。同时各级政府通过机制体制创新促进生态产品价值实现的制度供给，形成了中央与地方协同推进生态产品价值实现的良好局面。

截至目前我国的生态产品价值实现相关政策脉络梳理如表5.1所示。

第5章 太湖流域——苏州生态产品价值实现路径案例研究

表 5.1 我国生态产品价值实现相关政策梳理（部分）

时间/年	会议/事件/文件	政策主题
2005	时任浙江省委书记的习近平同志在浙江余村考察	提出"绿水青山就是金山银山"的"两山"理念
2010	《全国主体功能区规划》	提出了"生态产品"的概念，清新空气、清洁水源、宜人气候等生态产品的需求"，将生态产品与农产品、工业品和服务产品列为人类生活所必需的、可消费的产品，重点生态功能区是生态产品生产的主要产区
2012	党的十八大	"要增强生态产品的生产能力"
2016	《国家生态文明试验区（福建）实施方案》	提出建设"生态产品价值实现的先行区"目标，这是生态产品理念发展的一个重要标志，表明我国对生态产品的要求由提高生产能力上升为实现经济价值
2016	《关于健全生态保护补偿机制的意见》	要求建立多元化生态保护补偿机制，提出"以生态产品产出能力为基础，加快建立生态保护补偿标准体系"，将生态补偿作为生态产品价值实现的重要方式
2017	党的十九大	提供更多优质生态产品以满足人民日益增长的优美生态环境需要；将"增强绿水青山就是金山银山的意识"写入党章
2018	习近平总书记在深入推动长江经济带发展座谈会	明确要求长江经济带要开展生态产品价值实现机制试点，探索政府主导、企业和社会各界参与、市场化运作、可持续的生态产品价值实现路径
2018	习近平总书记在全国生态环境保护大会	要加快建立健全以产业生态化和生态产业化为主体的生态经济体系
2018	《中共中央国务院关于实施乡村振兴战略的意见》	将乡村生态优势转化为发展生态经济的优势，提供更多更好的绿色生态产品和服务，促进生态和经济良性循环
2018	《建立市场化、多元化生态保护补偿机制行动计划》	鼓励有条件的地区开展生态系统服务价值核算试点，试点成功后全面推广
2019	《关于支持浙江丽水开展生态产品价值实现机制试点的意见》	丽水市开展 GEP 核算，全国首个生态产品价值实现试点城市
2020	《2020年新型城镇化建设和城乡融合发展重点任务》	在长江流域开展生态产品价值实现机制试点

161

续表

时间/年	会议/事件/文件	政策主题
2020	《中共中央关于制定国民经济和社会发展第十四个五年规划的建议和二〇三五年远景目标的建议》	健全自然资源资产权制度和法律法规，加强自然资源调查评价监测和确权登记，建立生态产品价值实现机制，完善市场化、多元化生态补偿
2021	《关于建立健全生态产品价值实现机制的意见》	从顶层设计层面对生态产品价值实现做出规划
2021	《关于全面推动长江经济带发展财税支持政策的方案》	积极利用世界银行、亚洲开发银行等国际金融组织和外国政府贷款，支持开展生态环境系统性保护修复、污染治理与生态环境监测、绿色发展示范、生态产品价值实现工程等项目
2022	《江苏省建立健全生态产品价值实现机制实施方案》	统筹推动生态保护和经济发展，建立健全生态产品价值实现机制，走出"生态优先，绿色发展"的新路径
2022	党的二十大	就"建立生态产品价值实现机制，完善生态保护补偿制度"作出部署

5.2.2 我国生态产品价值实现的典型案例

5.2.2.1 福建省南平市"森林生态银行"

1. 南平市"森林生态银行"建设策略

福建省南平市自然资源丰富、生态环境优美，森林覆盖率达到78.29%，林木蓄积量占福建全省的三分之一，被誉为"地球同纬度生态环境最好的地区"之一。但长期以来，南平市经济发展相对滞后，"生态高地"与"经济洼地"矛盾突出。2003年以来，集体林权制度改革的推进和"均山到户"政策的实施激发了林农积极性，同时也导致了林权的分散，南平市76%以上的山林林权处于"碎片化"状态，农民人均林地近10 000m^2，森林资源难以聚合、资源资产难以变现、社会化资本难以引进等问题凸显。

为了有效破解生态资源的价值实现难题，南平市从2018年开始，选择林业资源丰富但分散化程度高的顺昌县开展"森林生态银行"试点。

2. 主要经验

一是政府主导，系统设计和建立"森林生态银行"运行机制。按照"政府主导、农户参与、市场运作、企业主体"的原则,由顺昌县国有林场控股、8个基层国有林场参股,成立福建省绿昌林业资源运营有限公司,注册资金3000万元,作为顺昌"森林生态银行"的市场化运营主体。公司下设数据信息管理、资产评估收储等"两中心"和林木经营、托管、金融服务等"三公司",前者提供数据和技术支撑,后者负责对资源进行收储、托管、经营和提升。同时,整合县林业局资源站、国有林场伐区调查设计队和基层林场护林队伍等力量,有序开展资源管护、资源评估、改造提升、项目设计、经营开发、林权变更等工作。

二是全面摸清县域森林资源底数。对全县林地分布、森林质量、保护等级、林地权属等进行调查摸底,并进行确权登记,明确产权主体,划清产权界线,形成全县林地"一张网、一张图、一个库"数据库管理模式。通过核心编码对森林资源进行全生命周期的动态监管,实时掌握林木质量、数量及分布情况,实现林业资源数据的集中式管理与服务。

三是推进森林资源流转,实现资源资产化。鼓励林农在平等自愿和不改变林地所有权的前提下,将碎片化的森林资源经营权和使用权集中流转至"森林生态银行",由后者通过科学抚育、集约经营、发展林下经济等措施,实施集中储备和规模整治,转换成权属清晰、集中连片的优质"资产包"。为保障林农利益和个性化需求,"森林生态银行"共推出了入股、托管、租赁、赎买四种流转方式:①有共同经营意愿的,以一个轮伐期的林地承包经营权和林木资产作价入股,林农变股东,共享发展收益;②无力管理也不愿共同经营的,可将林地、林木委托经营,按月支付管理费用(贫困户不需支付),林木采伐后获得相应收益;③有闲置林地(主要是采伐迹地)的,可租赁一个轮伐期的林地承包经营权以获得租金回报。希望将资产变现的,可按照顺昌县商品林赎买实施方案的要求,将林木所有权和林地承包经营权流转给生态银行,林农获得资产转让收益。同时,"森林生态银行"与南平市融桥担保公司共同成立了顺昌县绿昌林业融资担保公司,为有融资需求的林业企业、集体或林农提供林权抵押担保服务,担保后的贷款利率比一般项目的利率下降近50%,通过市场化融资和专业化运营,解决了森林资源流转和收储过程中的资金需求。

四是开展规模化、专业化和产业化开发运营,实现生态资本增值收益。实施国家储备林质量精准提升工程,采取改主伐为择伐、改单层林为复层异龄林、改单一针叶林为针阔混交林、改一般用材林为特种乡土珍稀用材林的"四改"措施，优化林分结构，增加林木蓄积，促进森林资源、资产质量和价值的提升。引进并实施 FSC 国际森林认证，规范传统林区经营管理，为森林加工产品出口欧美市场提供支持。积极发展木材经营、竹木加工、林下经济、森林康养等"林业+"产业，建设杉木林、油茶、毛竹、林下中药、花卉苗木、森林康养等 6 大基地，推动林业产业多元化发展。采取"管理与运营相分离"的模式，将交通条件、生态环境良好的林场、基地作为旅游休闲区，运营权整体出租给专业化运营公司，提升森林资源资产的复合效益。开发林业碳汇产品，探索"社会化生态补偿"模式，通过市场化销售单株林木、竹林碳汇等方式实现生态产品价值。

3. 典型成效

一是搭建了资源向资产和资本转化的平台。"森林生态银行"通过建立自然资源运营管理平台，对零散的生态资源进行整合和提升，并引入社会资本和专业运营商，从而将资源转变成资产和资本，使生态产品有了价值实现的基础和渠道。试点以来，顺昌"森林生态银行"已导入林地面积 42.4 km^2，其中股份合作、林地租赁经营面积 8.4 km^2，赎买商品林面积 34 km^2，盘活了大量分散的森林资源。

二是提高了资源价值和生态产品的供给能力。通过科学管护和规模化、专业化经营，森林资源质量、资产价值和森林生态系统承载能力不断提高，林木蓄积量年均增加 18 m^3/hm^2 以上，特别是杉木林的每公顷蓄积量达到了 240~285 m^3，是全国平均水平的 3 倍；森林生态系统的涵养水源、净化空气等服务功能不断提升，南平市主要水系的水质全部为Ⅲ类以上，空气质量优良天数比例为 99.1%，PM$_{2.5}$ 平均浓度为 24 ug/m^3。通过"森林生态银行"的集约经营，出材量比林农分散经营提高 25% 左右，部分林区每公顷林地的产值增加 3 万元以上，单产价值是普通山林的 4 倍以上。

三是打通了生态产品价值实现的渠道。通过对接市场、资本和产业，先后启动了华润医药综合体、板式家具进出口产业园、西坑旅游康养等产业项目，推动生态产业化。积极对接国际需求，将 181.3 km^2 林地、10 km^2 毛竹纳入 FSC 国际森林认证范围，为企业产品出口欧美市场提供支持。成功交易了福建省第一笔林业碳汇项目，首期 15.55 万 t 碳汇量成交金额 288.3 万元，自主策划和实施了福建省第一个竹林碳汇项目，创新多主体、市场化的生态产品价值实现机制，实现了森林生态"颜值"、林业发展"素质"、林农生活"品质"共同提升。

5.2.2.2 福建省南平市光泽县"水美经济"

1. 光泽县水生态产品价值实现思路

光泽县位于福建省西北部、武夷山脉北段、闽江上游富屯溪源头，是国家级生态县、国家生态文明建设示范县。全县水资源丰富，总量达42.99亿 m^3，人均水资源占有量2.6万 m^3，是全国平均水平的12倍、全省的7倍。全县有大、小溪河111条，高家、霞洋等多座优质水库，可开发温泉点2处、地下矿泉水点14处。

光泽县的水资源量大质优，而过去仅用于农业灌溉、小水电开发和居民饮用，水生态产品所蕴藏的生态价值和巨大潜力远不止于此。为了在守护绿水青山的前提下，从根本上改变水资源分散、开发规模小、效益低的制约，光泽县积极发展"水美经济"，通过植树造林、产业调整、污染治理，精心绘制全域水美生态图景，涵养优质水资源。搭建"水生态银行"运营平台，对水资源生产要素进行市场化配置，引入社会化资本，积极发展包装水、绿色种植和养殖、涉水休闲康养等生态产业。通过创新绿水维护补偿考核等制度，将生态保护效益和资源优势转化为切实的经济效益，有效地实现了水生态产品价值。

2. 主要经验

一是摸清资源家底，绘制水生态产品"基础地图"。对辖区内水资源情况进行调查，将全县所有涉水工程、可开发利用的水资源按功能分类，绘制水资源"一张图"。通过调查评价，系统掌握全县河流水系、水文气象、水资源、水环境状况、水能资源、水生态系统等情况，形成水安全、水环境、水生态、水文化、水管理5个方面的现状评价，制定水资源综合利用方案。

二是涵养优质水源，提高水生态产品供给能力。积极推进武夷山国家公园体制试点，主动将251.2 km^2国土面积划入武夷山国家公园核心区，加强武夷山自然保护区水源保护力度，使保护区域的自然生态系统成为均衡水量、涵养优质水源的"不动产"。加强以城乡水系为网络的自然生态廊道建设，实施"水美城市"建设，推进河道清淤整治和河流水系修复，强化自然生态保护和城乡绿色景观建设。保育和修复山区生态环境，严格控制浅山区开发，禁止随意破坏山体、毁坏植被，同时加大造林绿化力度，年培育造林 67 km^2。推进"无废城市"试点，积极探索固体废物源头减量、无害化处置技术，启动 14 个垃圾分类试点村，推行"户分类、村收集、乡转运、县处理"的运行模式，创新建设小型湿垃圾无害化处理设施，将农村湿垃圾经发酵后生产的有机肥用于农业种植，实现农药化肥减量化，推动水质净化和优质水源涵养。

三是搭建运营平台，优化水资源要素配置。组建"水生态银行"，统一开展水资源资产产权流转、市场化运营和开发。在前端，通过公开竞拍、收购、租赁、自行建设等方式，储备与水资源有关的矿业权、水库所有权、水域经营权等，目前已获得矿泉水探矿权 3 宗、涌泉量共 1 674 m^3/d，水库 28 座，其库容 10 577.9 万 m^3，水域面积约 5.33 km^2。在中端，以特许经营方式授权"水生态银行"开展河道清淤整治、河岸生态修复等水环境治理项目，利用清淤富余物生产建筑用砂并达到投入产出平衡，实现水环境市场化修复。在后端，加强与科研单位的合作，对水资源偏硅酸含量、各项限量指标检测鉴定，挖掘一批偏硅酸含量高、富锶水资源，发展包装水、高端种植、绿色养殖、涉水康养旅游等多种生态产业，提升水资源开发利用附加值。

四是引入社会资本，全力打造水生态全产业链。依托"水生态银行"，引入产业投资方和运营商，通过股权合作、委托经营等方式，对水资源进行系统性的产业规划和开发运营，推动形成绿色发展的水生态产品全产业链。实现"卖资源"，依托肖家坑水库等优质水资源，引入对生态环境和水质有高标准要求的现代渔业产业园和山泉水加工项目，发展高端鳗鱼养殖和山泉水加工产业，由"水生态银行"按 0.2 元/m^3 和 365 万 m^3/年标准供应养殖业用水，100 万 m^3/a 标准供应加工山泉水。实现"卖产品"，引入中石油昆仑好客公司开展地下水开发，实施武夷山矿泉水项目，一年销售超 700 万箱，产值超 2 亿元。实现"卖环境"，通过整合高家水库、霞洋水库、北溪河流等优质水资源产权和水域经营权，引进浙江畅游体育产业发展有限公司，建设 3 个库钓基地、5 条溪流垂钓精品线路，积极举办垂钓、越野赛事、生态旅游等活动，建设中国山水休闲垂钓名城。实现"卖高端食品"，积极发展对水源和水质要求较高的茶叶、中药材、白酒等产品，引入丰圣农业、国药集团、承天药业、德顺酒业等知名企业，全县年产西红柿、生菜等生态农产品重量超 4 000 t，现有绿色茶园面积超 20 km^2、中草药种植面积 16 km^2，酿酒企业 5 家，形成了与水资源相关的生态食品产业集群。

五是建设公用品牌，促进水生态价值经济溢价。充分利用武夷山"双世遗"品牌影响力，通过统一质量标准、统一产品检验检测、统一宣传运营，打造"武夷山水"地区公用品牌，突出水资源原产地的生态优势，加强品牌认证和市场营销推介。授权"武夷山"包装水等 23 家企业使用"武夷山水"标识，并向农产品等领域推广拓展。全县现有无公害农产品 17 个、绿色食品 6 个、农产品地理标志 2 个、农产品有机认证 2 个、地理标志证明商标 5 件、中国驰名商标 1 件，有机茶、富硒米、稻花鱼、黄花梨、山茶油等生态食品近年来的销量、销售额年增长均在 20% 以上。

六是创新制度集成，建立健全长效保障机制。建立"绿水"补偿和小流域水环境考核机制，全县共设立 29 个断面监测点位，对落实管护机制、水质达标的对象给予每年 5 万元的"绿水"维护补偿，对辖区内水质下降的乡、村取消补偿并进行约谈，形成责任清晰、激励约束并举的共治局面。建立生态巡查联合执法机制，开展领导干部自然资源资产离任审计，压实乡镇党政领导水资源资产管理和水环境保护责任。推动基准水价研究，重点考虑区域社会经济条件、水资源用途、地理区位等因素，探索制定光泽县基准水价体系，规范资产定价、优化资源配置、显化资产价值，建立水生态产品价值实现的长效机制。

3. 典型成效

一是取得了显著生态效益。经过长期的生态保护和水源涵养，光泽县地表水、集中式饮用水源全年水质达标率均为 100%，是福建省唯一小流域监测水质全部达到国家 II 类以上标准的地方。全年县域空气质量优良天数比例为 100%，其中一级达标天数比例为 68.3%。2015—2019 年，全县森林覆盖率从 78.2% 提高到 81.77%，林木蓄积量从 1 117 万 m^3 提高到 1 366 万 m^3，每年为下游提供了约 29 亿 m^3 的优质水资源。有力维护了区域生物多样性，县域内拥有国家保护树种 13 科 16 属 17 种，陆生野生动物资源种类达到 171 种。

二是增强了生态品牌影响力。借助入选国家生态保护与建设示范区、"中国生态食品名城"和全国唯一县级"无废城市"试点的契机，光泽县通过建立"水生态银行"和"武夷山水"区域公用品牌,搭建了整合资源、优化资产、引入资本的平台,打通了市场化交易的渠道,增强了生态品牌影响力,优质水资源与优质项目实现了精准对接。截至 2020 年 6 月,光泽县共签约生态资源开发项目 24 个,总投资超过 170 亿元,形成了"水美经济"发展新模式。

三是促进了生态产业化。依托优质水资源,全县生态产业加快发展,包装水、酒、生态旅游等产业比重逐年提高。2019 年,全县工业增加值 32.88 亿元,同比增长 8.4%,其中食品制造业同比增长 19.8%,酒、饮料和精制茶制造业增长 14.1%。全县旅游经济保持较快增长,全年共接待游客 124.62 万人次,同比增长 26.1%,旅游总收入 13.17 亿元,同比增长 35.2%。全县形成了总产值约 139 亿元的水生态产品产业集群,共带动 2.1 万人稳定就业,占全县人口总数的 15.2%。

5.2.2.3 浙江省杭州市余杭区青山村"水基金"

1. 青山村"水基金"建立方案

青山村是浙江省杭州市余杭区黄湖镇下辖行政村,人口 2 600 余人,距离杭州市中心 42 km。村内三面环山、气候宜人,森林覆盖率接近 80%,拥有丰富的毛竹资源。青山村附近的龙坞水库建于 1981 年,常年为青山村及周边村庄提供饮用水,水库上游 1.73 km^2 的汇水区内种植了 1.07 km^2 毛竹林。20 世纪 80 年代起,周边出现很多毛竹加工厂,为增加毛竹和竹笋产量并获取更高的经济效益,村民在水库周边的竹林中大量使用化肥和除草剂,造成了水库氮磷超标等面源污染,严重影响了居民饮用水安全。由于水源地周边的山林属于村民承包山或自留山,仅通过宣传教育或单纯管控的方式,生态改善的效果不甚明显。

2014 年开始,生态保护公益组织"大自然保护协会"(The Nature Conservancy,以下简称 TNC)与青山村合作,采用水基金模式开展了小水源地保护项目,通过建立"善水基金"信托、吸引和发展绿色产业、建设自然教育基地等措施,引导多方参与水源地保护并分享收益,逐步解决了龙坞水库及周边水源地的面源污染问题,构建了市场化、多元化、可持续的生态保护补偿机制,实现了生态环境改善、村民生态意识提高、乡村绿色发展等多重目标。

2. 主要经验

一是组建"善水基金"信托,建立多方参与、可持续的生态补偿机制。2015 年,TNC 联合万向信托等合作伙伴,组建了"善水基金"信托并获得 33 万元的资金捐赠，用于支持青山村水源地保护、绿色产业发展等，第一个信托期为2016—2021年。借鉴国际上成熟的水基金运行模式，"善水基金"信托建立了由各利益相关方参与的运行结构和可持续的生态补偿机制，具体做法如下。

（1）当地村民可作为投资人与"善水基金"签署信托合同，将林地承包经营权以财产权信托的方式，委托给"善水基金"集中管理。村民的身份随之发生两重变化：一是从单纯的生产者变为生态保护者，为弥补因为保护生态环境、放弃土地种植所造成的损失，村民每年可以从"善水基金"获得不低于以往毛竹经营收益的生态补偿金；二是作为信托的投资者，签订信托合同的村民可在信托结束后按照份额参与分红。

（2）其他机构、企业或公众个人也可通过投资或者捐赠的形式参与信托。如果选择捐赠，其资产及所获得的分红将被永久存续（相当于公益投资）。如果选择投入资产或资金，都将按照资产评估价或出资额认定其信托份额，最后在信托结束之后按份额参与分红。

（3）组建决策委员会，由委托人代表（村民、企业、个人投资者等）、TNC和受托人代表（万向信托）组成，各方对资金使用、林地管理等重大决策拥有平等的投票权。为保证信托的公益性和所有决策符合生态保护目标，TNC拥有"一票否决权"，作为信托的顾问，负责提供水源地保护模式设计、林地管理的专业化方案，以及评估保护效果、协调和整合公益资源等。项目运行之初，TNC就选派人员在青山村组建团队长期驻点，深入了解当地的自然禀赋、风土人情和生态保护的症结点，实时掌握第一手信息和资料，因地制宜开展项目设计、执行和管理。

（4）成立市场经营主体，"善水基金"2015年出资10万元成立"水酷"公司（后由青山乡村志愿者服务中心等青山自然学校团队作为"善水基金"运营方），作为产业开发和市场运营的主体，收益主要用于支付信托的日常运营费用、村民林地承包经营权的生态补偿金、信托到期后的分红和水源地的日常保护管理费用等，推动形成可持续的生态补偿机制。

二是坚持生态优先，基于自然理念转变生产生活方式。在当地政府和青山村的支持下，"善水基金"信托按规定流转了水源地汇水区内化肥和农药施用最为集中、对水质影响最大的0.33 km^{2}毛竹林地，基本实现了对水库周边全部施肥林地的集中管理，有效控制了农药、化肥使用和农业面源污染。同时，TNC作为信托的科学顾问，充分发挥专业优势，积极推动水源地生态保护，促进村民基于自然理念转变生产生活方式，如每年定期组织志愿者和聘用村民对毛竹林进行人工除草和林下植被恢复，在杜绝使用除草剂的同时，发挥竹林的水源涵养功能。联合杭州等地企业开展环境宣传教育，引入外部合作机构开展垃圾分类、厨余堆肥等活动，提高村民尊重自然、保护自然的意识。

三是因地制宜发展绿色产业，构建水源地保护与乡村绿色发展的长效机制。在开展水源地保护、生态保护补偿的同时，青山村和"善水基金"信托努力探索一种比毛竹林粗放经营获益更高，又对环境友好的绿色产业发展模式，积极培育市场主体，引入各方资源开展多元化项目开发。销售生态农产品方面，水基金运营方积极为青山村春笋等各类农产品扩展销售渠道，青山村的竹笋在不喷洒农药后，产量较以往下降了20%~30%，但其市场价格大幅提高，产品销往沪、杭等城市的企业食堂、餐厅，并建立了长期合作关系。开发文创和传统手工艺品方面，引进传统手工艺保护组织"融设计图书馆"，来自德国的专业设计师将当地传统的手工竹编技艺提升为金属编织技艺，并免费传授给村民；村民编织的"水源保护"等主题的手工艺品在"中国文化展""米兰设计周"等国内外展览展出，并进行市场销售，获得了比同类工艺品高出2倍的利润。发展生态旅游方面，将水源地保护、当地传统文化、低碳生活理念与城市居民对自然的向往连接起来，开发了砍枯竹、监测水质、植物染色等各类生态体验项目；将青山村民培训成为讲解员、生态活动组织者、民宿服务者，增加村民就业机会，带动村民增收。

四是创新共建、共治、共享方式，扩大生态"朋友圈"和影响力。TNC等联合当地政府，在青山村推广"自然好邻居"计划，鼓励村民采用"近自然"的生产、生活和经营方式，为来访者提供绿色农家饭和民宿服务，降低对自然的扰动；对加入"自然好邻居"的农户，在旅游客源导流、物质奖励、优先开展业务合作等方面进行倾斜。吸引"融设计图书馆"将主要展馆和手工艺创意工坊永久搬迁到青山村，将村内已经废弃的小学改造为公众自然教育基地，并开发了数十种特色志愿者服务和自然体验产品，与周边50余所学校和100家企业进行合作，吸引了大量企业员工、杭州市民、国内外学生等社会公众参与生态体验与自然教育，构建了尊重自然、保护自然的共建、共治、共享长效机制。

3. 典型成效

一是生态环境显著改善。通过水源地保护和系统治理，青山村及龙坞水库的水质逐步提升，总磷与溶解氧指标由 2014 年的 III 类或 IV 类提升并稳定在 IV 类水质标准，总氮指标呈下降趋势，水源地内农业面源污染得到有效控制，水质得到明显改善，目前青山村周边山林里已记录到包括白鹇、猪獾、小麂在内的 9 种哺乳动物和 13 种鸟类。当地村民生态环境保护意识明显提高，原有的生产、生活方式逐渐改变，成为生态环境改善的坚定支持者、忠实践行者和最终受益者，并主动向社会公众宣传水源地保护理念，青山村也成为远近闻名的"未来乡村"和"自然生态打卡地"。

二是生态产业初具规模。"善水基金"信托每年平均支付给村民的补偿金约为 172 元/亩（1 亩 =0.0667 hm^2），相比村民自营时提高了 20%，充分保障了村民的财产权利和生态补偿机制的可持续性。同时，水基金运营的直接收入超过 100 万元，为水源地保护项目提供了可持续的资金支持。随着环境的改善，青山村吸引的游客越来越多，给村民带来了经营民宿、销售农产品等致富渠道，目前已有超过 70 户农户加入了"自然好邻居"计划，每年每户增收 1 万元以上，带动 200 余人直接就业。此外，水源地管护、生态活动和文创产品等也为合作农户带来了额外收入，不仅激发了村民的生态保护主体意识，也为自然保护和乡村发展提供了可持续的内生动力。

三是社会影响逐步扩大。青山村从"一滴水"的保护开始，通过调动多方资源并促进利益共享，社会效益和传播影响力不断扩大。2017 年，龙坞水库约 1.73 km^2 的汇水区被杭州市余杭区划定为饮用水水源保护区。青山村作为自然生态保护基地的社会吸引力不断提升，每年组织 200 余次自然体验和志愿者活动，超过 2 000 名志愿者参与青山村公益活动和志愿服务，带动年均访客增加 1 万人以上，吸引了 40 多名全国各地的设计师、环保教育工作者等来到青山村工作和生活，为青山村乡村振兴注入了新的活力。

四是构建了一个由公益组织等社会力量参与的市场化、多元化生态保护补偿机制。借助水基金和各种形式的保护协议，青山村搭建了一个多方参与、共同磋商的开放性协作平台，形成了"保护者受益、利益相关方参与、全社会共建共享"

的多赢局面：农户、企业和个人可以通过投资或捐赠成为信托的委托人，实现自身的经济利益诉求或社会公益诉求；其他村民在获得收益的同时，也逐步改变了传统生产、生活方式；公益组织的参与，保障了实践的公共性和生态保护措施的专业性，实现了"建立水源地长效保护机制"的初衷；在满足生态保护目标的前提下，引入社会资本发展绿色产业，为生态产品的价值实现奠定了基础；社会公众可以参与各类活动，从中得到丰富的自然体验，提升了生态保护意识，最终构建了一个公益组织、政府、村民、企业、社会公众等共同参与的可持续生态保护补偿机制。

5.2.3 我国生态产品价值实现面临的关键瓶颈

作为生态文明建设总体布局的重要构成，加快建立健全生态产品价值实现机制，促进"绿水青山就是金山银山"有效转化已经成为全社会共识。围绕建立健全生态产品价值实现机制，以及加快完善政府主导、企业和社会各界参与、市场化运作、可持续的生态产品价值实现路径的工作要求，中央及地方各级政府不断强化制度建设，完善生态产品监测普查制度、自然资源资产产权制度、生态产品价值核算评价、生态产权交易、生态产品经营、生态补偿等制度保障体系，基本完成生态产品价值实现制度框架构建。但仍必须清醒地认识到，我国建立健全生态产品价值实现机制尚处于起步探索阶段，面临诸多关键瓶颈。

（1）生态产品产权尚不明晰。我国生态产品产权的界定还存有产权边界不清、产权权能缺位、产权安全性和稳定性保障不足及确权登记工作滞后等问题。生态产品流动交易的重要前提是其产权的清晰合法化。生态产品产权制度不完备，将导致生态产品所有权、使用权、租赁权没有法律意义的合法抵押、交易权限，严重阻碍生态产品安全、有效地交易流转。

（2）生态产品价值核算体系尚未成形。科学核算生态产品价值是推动生态产品价值实现的重要基础性工作之一。目前我国生态价值核算中存在的问题主要包括：一是生态产品统计问题。统计制度不健全会导致统计主体不明、责任不清，统计客体、口径和时间不统一，统计报告标准化欠缺，统计检验主体不明等一系列问题，加之投入不足、手段落后、人员素质提高缓慢、对统计工作缺乏有效的检验和监督机制，生态资源统计的质量难以保证。二是生态产品价格问题。生态产品交易市场初步建立，产品定价规则不明确。全成本核算框架系统性不足，价格未能体现个体生态产品之于生态系统运行的综合价值，价格组成尚难有权威结构。三是核算主观性问题。生态产品本身的复杂多样、空间异质性特征、价值多维性，以及产权界定模糊，导致实际生态价值核算过程中主观性较明显，核算结果接受度不一致。

（3）价值实现路径未成体系。我国已从多尺度、多维度探索多元化生态产品价值实现路径，但仍然缺少成熟、可推广普及的模式。生态产品的生产、开发和利用与区域经济发展模式密切相关，且在操作层面需自然资源、生态环境、文化旅游、农业农村等职能部门合作实施。这使得现阶段散点式的实现路径从实施过程到初见成效均存有较明显的个性特征，共性技巧的挖掘难度大。

（4）生态产品价值实现保障机制尚不健全。我国目前的生态产品价值实现主要以政府为主、市场参与为辅，价值实现的自身动力不足。一方面，生态产品利益分配机制尚且滞后，生态产品效益无法流动共享。这方面主要涉及发展与保护主体间的利益分配，以及生态效益与经济、社会效益间的转化与平衡。另一方面，在生态产品价值实现的诸多环节中，生态保护与修复、自然资源有偿使用、自然资源资产产权、生态补偿（包括跨区域生态横向补偿）等缺少全面的法律法规约束监管。

5.3 苏州"社会经济－自然生态"现状与生态产品价值实现进程

苏州是太湖流域内的制造之城、江南水乡、国家历史文化名城、最强地级市，犹如苏绣制品"双面绣"：一面人文鼎盛，一面经济繁荣，既崇文重教又精工重商，在流域内具有显著的地位和影响力：①经济地位。苏州是我国东部沿海的经济中心之一，电子、信息技术、生物医药等高新技术产业领域发展领先。同时借助区位优势，成为国内外贸易的重要枢纽。②文化旅游。苏州是世界著名的古典园林之都，也是吴文化的中心，有着丰富的地方艺术、传统手工艺和民俗。丰富的文艺资源加之旖旎的水乡风光赋予苏州以旅游胜地的标签。③绿色发展引领。苏州长期致力于太湖综合治理，持续实施"水十条""土十条"，着力打响蓝天保卫战,坚持调高、调优、调绿产业结构和能源结构,以生态"含绿量"提升发展"含金量"。

5.3.1 苏州社会经济发展现状

苏州位于长江三角洲中部、太湖流域的几何中心、江苏省东南部,地处东经119°55′~121°20′,北纬30°47′~32°02′,东傍上海,南接浙江,西抱太湖,北依长江,总面积8 657.32 km^2。全市地势低平,境内河流纵横,湖泊众多,太湖水面绝大部分在苏州境内,河流、湖泊、滩涂面积占全市土地面积的34.6%,是著名的江南水乡。苏州属亚热带季风海洋性气候,2022年市区平均气温18.1℃,降水量1 004.2 mm。苏州四季分明,气候温和,雨量充沛,土地肥沃,物产丰富,自然条件优越。

2022年,年末户籍总人口774.7万人,年末常住人口1 291.1万人,常住人口城镇化率82.12%。全市常住居民人均可支配收入70819元、人均消费支出42 889元。全年实现地区生产总值23 958.34亿元,三次产业结构比例为0.8∶48.1∶51.1。按常住人口计算,人均地区生产总值18.60万元。全年实现规模以上工业总产值43 642.7亿元,有效高企数达13 473家,高新技术产业产值22 874.6亿元,占规模以上工业总产值比重达52.4%。全年货物进出口总额25 721.1亿元,年末共有境内外上市公司241家。

5.3.2 苏州自然生态禀赋特征

5.3.2.1 山、林、草资源

1. 园地

苏州市现有园地20 293.03 hm^2,占苏州市总面积的2.35%。从园地种类上看,园地中果园种类最多,为9 716.00 hm^2,占园地47.88%;其次茶园1 963.20 hm^2,占园地9.67%;其他园地8 613.83 hm^2,占园地42.45%。从园地空间分布上来看,苏州市吴中区园地面积最大,占全市园地总面积的36.51%,其次是张家港市,占全市园地总面积的20.03%,姑苏区园地面积最小,占全市园地总面积的0.78%。苏州市各类园地类型和占地面积如表5.2所示。

表 5.2 苏州市各区各类园地面积数据（单位：公顷）

区　域	果　园	茶　园	其他园地	合　计
苏州市	9 716.00	1 963.20	8 613.83	20 293.03
虎丘区	415.46	139.39	1 474.55	2 029.40
相城区	327.17	0.00	286.14	613.31
吴江区	474.84	0.00	917.63	1 392.47
吴中区	5 615.75	1 617.53	176.11	7 409.39
工业园区	29.18	0.00	415.72	444.90
姑苏区	0.79	0.00	156.50	157.29
太仓市	498.74	2.82	913.49	1 415.05
常熟市	710.60	184.78	430.62	1 326.00
张家港市	981.10	18.68	3 064.66	4 064.44
昆山市	662.37	0.00	778.41	1 440.78

2. 林地

苏州市林地总面积为 49 507.39 hm^2，占苏州市总面积 5.72%。苏州市各区域林地面积如表 5.3 所示。从林地种类上看，林地中，乔木林地 13 354.41 hm^2，占林地 26.98%；竹林地 443.96 hm^2，占 0.90%；灌木林地 269.61 hm^2，占 0.54%；其他林地 35 439.41 hm^2，占 71.58%。乔木和竹木在各区均有分配，但灌木仅存在于虎丘区、吴中区、太仓市和昆山市。从区域分布上看，苏州市吴中区和吴江区林地资源丰富，分别占全市林地总面积的 25.44% 和 25.04%，其次为常熟，占全市林地总面积的 15.69%，姑苏区和工业园区林地面积较小，分别占全市总面积的 0.13% 和 0.16%。

表 5.3 苏州市各区各类林地面积数据

单位：hm²

区　域	乔木林地	竹林地	灌木林地	其他林地	合　计
苏州市	13 354.41	443.96	269.61	35 439.41	49 507.39
虎丘区	1 777.02	36.75	138.43	315.15	2 267.35
相城区	1 987.53	1.05	0.00	1 001.21	2 989.79
吴江区	321.24	17.89	0.00	12 056.98	12 396.11
吴中区	6 781.13	206.63	124.78	5 482.93	12 595.47
工业园区	36.51	3.36	0.00	39.66	79.53
姑苏区	7.06	0.18	0.00	56.88	64.12
太仓市	893.03	46.73	0.86	2 584.45	3 525.07
常熟市	767.97	109.43	0.00	6 891.78	7 769.18
张家港市	353.06	17.11	0.00	2 254.86	2 625.03
昆山市	429.86	4.83	5.54	4 755.51	5 195.74

2. 草地

苏州市草地总面积为 11 834.80 hm²，占苏州市总面积的 1.37%。表 5.4 所示为各区域草地分布情况。苏州市草地资源均属于其他草地。从空间分布上看，在各区中苏州市吴江区、昆山市和常熟市其他草地占比较高，其他草地分别占苏州其他草地总面积的 23.68%、15.74% 和 14.76%，姑苏区的其他草地面积最小，为 47.67 hm²，仅占草地总面积的 0.40%。

表 5.4 苏州市各区草地面积数据

单位：hm²

区　域	草　地
苏州市	11 834.80
虎丘区	668.96
相城区	1 327.54
吴江区	2 802.79
吴中区	1 448.87
工业园区	430.82
姑苏区	47.67
太仓市	1 021.97
常熟市	1 746.61
张家港市	476.83
昆山市	1 862.74

5.3.2.2 湖、水、湿地资源

1. 水域

苏州市水域资源主要有河流、湖泊、水库、坑塘和沟渠，各类水域面积共计 346 457.64 hm²，占苏州市总面积的 40.06%。各区域各类水域面积如表 5.5 所示。从水域类型上看，湖泊水面共 213 588.02 hm²，占水域总面积的 61.65%；河流水面共 81 073.09 hm²，占水域总面积的 23.40%；水库水面共 231.64 hm²，占水域总面积的 0.07%；坑塘水面共 48 029.15 hm²，占水域总面积的 13.86%；沟渠总面积 3 535.74 hm²，占水域总面积的 0.96%。从空间分布来看，吴中区水域面积最大，

水域总面积为 163 830.43 hm², 占苏州市总水域面积的 47.29%。姑苏区和工业园区水域面积较小, 分别占总水域面积的 0.05% 和 1.53%。吴中区、吴江区、虎丘区湖泊资源丰富, 太仓市、常熟市和张家港市河流资源丰富。坑塘水面主要集中在吴江区和常熟市及昆山市。

表 5.5 苏州市各区各类水域面积数据

单位: hm²

区 域	河流水面	湖泊水面	水库水面	坑塘水面	沟渠	合 计
苏州市	81 073.09	213 588.02	231.64	48 029.15	3 535.74	346 457.64
虎丘区	517.59	10 968.02	0.00	380.59	39.40	11 905.60
相城区	3 034.88	9 818.43	0.00	4 446.63	54.39	17 354.33
吴江区	7 025.92	22 375.62	0.00	14 084.57	1 125.74	44 611.85
吴中区	2 545.00	155 802.65	0.00	5 150.98	331.80	163 830.43
工业园区	455.10	4 722.29	0.00	108.10	2.48	5 287.97
姑苏区	56.16	0.00	0.00	107.88	0.26	164.30
太仓市	20 067.16	0.00	141.38	3 167.77	246.17	23 622.48
常熟市	21 033.91	2 536.94	90.26	10 177.18	471.10	34 309.39
张家港市	19 723.09	0.00	0.00	2 609.68	853.13	23 185.90
昆山市	6 614.28	7 364.07	0.00	7 795.77	411.27	22 185.39

2. 湿地

湿地是第三次国土调查新增地类, 苏州市内湿地都被划分为内陆滩涂, 总面积 5 249.24 hm², 占苏州市总面积的 0.61%。张家港市的湿地面积最大为 2 064.33 hm², 占苏州市总湿地面积的 39.33%, 其次是常熟市湿地面积

1 328.37 hm², 占苏州市总湿地面积的25.31%, 虎丘区湿地面积较小, 仅占苏州市总湿地面积的0.69% (表5.6)。苏州市湿地资源呈现显著的地理空间区域分异。苏州全市域南北分属长江、太湖两大流域, 地貌基底南北分属长江三角洲平原和太湖古泻湖平原 (其间穿插低山丘陵区)。北部是以长江和入江河流为主的河流湿地, 西南部主要为太湖湿地, 东南部为湖泊密集的湖荡湿地。

表5.6 苏州市各区湿地面积数据

单位: hm²

区域	内陆滩涂	区域	内陆滩涂
苏州市	5 249.24	姑苏区	0.00
虎丘区	36.37	太仓市	345.23
相城区	0.00	常熟市	1328.37
吴江区	411.78	张家港市	2064.33
吴中区	1 063.16	昆山市	0.00
工业园区	0.00		

5.3.2.3 农田资源

苏州市耕地总面积共131 720.07 hm², 占苏州市总面积的15.23%。苏州市各类耕地资源区域分布如表5.7所示。从农田种类上看, 苏州市水田面积共97 880.54 hm², 占苏州市耕地总面积的74.31%; 水浇地面积共29 578.12 hm², 占苏州市耕地总面积的22.45%; 旱地面积共4 261.41 hm², 占苏州市耕地总面积的3.24%。从区域分布上看, 常熟市耕地面积最大, 为33 804.18 hm², 占苏州市耕地总面积的25.66%, 其次是张家港市, 为26 194.42 hm², 占苏州市耕地总面积的19.89%, 姑苏区和工业园区耕地面积较小, 分别占全市耕地总面积的0.07%和0.22%。

表 5.7　苏州市各区耕地各类资源数据

单位：hm²

区　域	水　田	水浇地	旱　地	合　计
苏州市	97 880.54	29 578.12	4 261.41	131 720.07
虎丘区	1 048.22	506.64	228.89	1 783.75
相城区	2 893.98	2 482.95	334.98	5 711.91
吴江区	15 141.95	3 993.10	866.28	20 001.33
吴中区	5 766.30	1 490.60	511.30	7 768.20
工业园区	62.42	146.33	83.91	292.66
姑苏区	3.45	78.72	7.76	89.93
太仓市	17 783.76	3 425.87	417.76	21 627.39
常熟市	23 455.19	9 455.69	893.30	33 804.18
张家港市	21 205.49	4 525.24	463.69	26 194.42
昆山市	10 519.78	3 472.98	453.54	14 446.30

5.3.3 苏州生态产品价值实现的优势基础与突出困境剖析

5.3.3.1 优势基础

一是苏州生态文明建设使命光荣、成绩瞩目。2013 年 3 月，习近平总书记在参加江苏代表团审议时指出，"希望苏州在率先、排头、先行的内涵中，把生态作为一个标准，为江苏乃至全国发展作出新贡献"。十年来，苏州始终坚持"生态优先，绿色发展"，生态文明建设取得了令人瞩目的成就。①生态环境质量持续改善。2021 年，市区 PM$_{2.5}$ 年均浓度为 28 ug/m³，首次迈入"2"字头，排名全省第一；国考断面水质优Ⅲ比例达到86.7%，省考断面水质优Ⅲ比例达到92.5%；太湖连续14年安全度夏；全市生态文明建设群众满意率再创新高，达到92%；在全省污染防治攻坚战综合考核中实现"四连冠"，万元GDP碳排放量"十三五"期间累计下降23.2%。②生态保护与修复扎实推进。重要生态空间保护力度持续加大，为维系区域生物多样性、提升生态系统服务功能提供了坚实的生态网络支撑。主要湿地保护指标均位居全国前列。建成全国首个"国家生态园林城市群"、首批国家生态文明建设示范市。③生态环境治理体系日益健全。综合运用经济、法律、技术等手段，聚焦共享共治，形成政、企、社共治合力。"放管服"改革持续深化，出台企业环境管理服务"苏环十条"，优化审批服务，落实挂钩帮扶，全程跟踪项目，推进开发区环境影响评价区域评估，推广应用环保管家服务平台。监管数字化、信息化水平大幅提升。④生态效益转化机制创新推进。2010年，制定《关于建立生态补偿机制的意见（试行）》，在全国率先建立生态补偿机制。2014年，在全国率先以地方性法规的形式制定了《苏州市生态补偿条例》，2022年5月，苏州市太湖生态岛生态环境损害赔偿示范基地正式运行。2022年8月，苏州首份《常熟市生态系统生产总值（GEP）核算研究报告》发布。2022年9月，苏州印发《苏州市建立健全生态产品价值实现机制实施方案》。明确到2025年，按照试点先行、逐步推开的步骤，初步形成全市生态产品价值实现的制度框架，基本建立具有苏州特色的生态产品价值核算体系与生态产品交易制度。到2035年，全面建立完善的生态产品价值实现机制。市域内的张家港市围绕沿江保护修复和绿色发展，吴中区重点围绕太湖生态系统修复，入选首批生态产品价值实现机制省级试点。可见，苏州生态产品价值实现路径和机制正在持续完善。

二是苏州自然生态禀赋条件优越、潜能巨大。苏州地处太湖流域核心区域，是享誉全国的江南水乡，依山傍水，生态资源禀赋出众。全市共有长江、京杭运河等大小河道2万余条，拥有太湖、阳澄湖等湖泊300多个，河流、湖泊、滩涂面积占全市国土面积的36.6%；全市划定生态空间保护区域113块，面积为3257.97 km^2，占国土空间的37.63%；全市还有大小不等的山体145座，山体资源总面积约159 km^2。全市林地保有量达5613.20 km^2，陆地森林覆盖率上升至30.2%。此外，各类自然保护区、风景名胜区、地质公园、森林公园、湿地公园遍布苏州全域，内陆湖泊湿地面积全省第一，全市自然保护地数量也是全省最多。

2022年，苏州一共记录到鸟类20目64科330种，并首次发现了黄腹山鹪莺、小蝗莺、白头鹎等新记录种。"绿美苏州"的崭新名片正在逐渐形成。

5.3.3.2 突出困境

一是生态产品价值核算体系不完善，全尺度价值核算结果应用不足。尚未出台符合苏州特色的生态产品价值核算标准，核算模型、指标体系、评估流程、数据来源等有待规范统一，现有结果科学性、认可度不足。核算结果应用处于初级阶段，应用场景模糊分散，在政府决策和绩效考核评价领域收效甚微，难以发挥有约束效力的生态利益倒逼或引导作用。

二是生态产品市场化运作机制不健全，生态效益转化不足。生态产品的市场交易体系不够完善，产权的初始分配不均，缺乏完善的产权机制和交易价格机制，缺乏特色的经营模式和科学的收益分配机制，导致市场化程度不高。

三是区域及城乡间发展不平衡、不充分，困境尚存。对标长三角，苏州目前群体收入差距依旧较大，中等收入群体比重不高，综合服务保障体系不够完善。在农村"主战场"，苏州农业生产规模较小并呈下降趋势，农民收入的普惠提升难度大，农业智慧化、数字化程度低，农产品精深加工比重低，流通与营销整合不足，市场竞争能力弱。

5.3.4 苏州生态产品价值实现典型案例

5.3.4.1 江苏省苏州市金庭镇发展"生态农文旅"促进生态产品价值实现案例

苏州市吴中区金庭镇地处太湖中心区域，距离苏州主城区约40 km，拥有中国淡水湖泊中最大的岛屿西山岛，以及84.22 km^{2}的太湖风景名胜区、148 km^{2}的太湖水域和100多处历史文化古迹，是全国唯一的整岛风景名胜保护区，拥有长三角经济圈中极为稀缺的生态环境和自然人文资源。

近年来，金庭镇坚持"生态优先，绿色发展"的理念，按照"环太湖生态文旅带"的全域定位，依托丰富的自然资源资产和深厚的历史文化底蕴，积极实施生态环境综合整治，推动传统农业产业转型升级为绿色发展的生态产业，打造"生态农文旅"模式，实现了经济价值、社会价值、生态价值、历史价值、文化价值的全面提升。具体做法包括以下四点。

一是优化空间布局，做好建设"减法"和生态"加法"。金庭镇融合了生态规划、土地利用总体规划、村庄规划、景区详细规划等各类规划，按照"提升生产能力、扩展生活空间、孕育生态效应"的理念，规划到2024年全镇生产空间规模为128 hm^2，占总面积的1.52%；生活空间规模为1190 hm^2，占比14.14%；生态空间规模为7104 hm^2，占比84.34%，系统优化全镇的生产、生活、生态空间布局。通过以"优化农用地结构保护耕地、优化建设用地空间布局保障发展、优化镇村居住用地布局保障权益"为核心的"三优三保"行动，按照"宜农则农、宜渔则渔、宜林则林、宜耕则耕、宜生态则生态"的原则，通过拆旧复垦、高标准农田建设、生态修复等方式，整治各类低效用地53.2 hm^2，增大了生态空间和农业生产空间，实现了耕地集中连片、建设用地减量提质发展、生态用地比例增加，获得的空间规模、新增建设用地、占补平衡等指标用于全镇公共基础设施建设和吴中区重点开发区域使用，土地增减挂钩收益用于金庭镇生态保护、修复和补齐民生短板。此外，在规划编制和土地资源管理过程中，金庭镇预留了后续发展生态产业所需要的建设用地指标，夯实了生态产品供给和价值实现的基础。

二是聚焦"水陆空"，开展山水林田湖草系统治理。"水"方面，防治与保护"双管齐下"，促进水环境提升。对127条流入太湖的小河实行"河长制"，严格落实主体监管责任，从源头上保护太湖；对太湖沿岸3 km范围内所有养殖池塘进行改造，落实养殖尾水达标排放和循环利用；建立严密的监控体系，实行严格的环保标准，防止水源污染；对宕口底部进行清淤和平整，修建生态驳岸和滚水坝，修复水生态。"陆"方面，以土地综合整治为抓手，推进山水林田湖草系统修复和治理。完成消夏湾近2000 hm^{2}鱼塘整治和农田复垦，建设高标准农田用于发展现代高效农业和农业观光旅游；对镇区西南部的废弃工矿用地开展生态修复，打造景色怡人的"花海"生态园；系统治理受损的矿坑塌陷区，就近引入水系，加强植被抚育，恢复自然生态系统。"空"方面，开展大气环境整治，关停镇区"散乱污"企业，控制畜禽养殖，减少空气污染源；开展国土绿化行动，增加森林覆盖率，改善空气质量。

三是建立生态补偿机制，推动公共性生态产品价值实现。2010年，苏州市制定了《关于建立生态补偿机制的意见（试行）》，在全国率先建立生态补偿机制。

2014年，在全国率先以地方性法规的形式制定了《苏州市生态补偿条例》，推动政府购买公共性生态产品，实现"谁保护、谁受益"模式。2010年至今，通过三次调整补偿范围、补偿标准等政策，实现了镇、村等不同产权主体的权益，金庭镇每年的风景名胜区补偿资金和四分之三的生态公益林补偿资金拨付到镇，用于风景名胜区改造和保护修复、公益林管护、森林防火等支出；水稻田、重要湿地、水源地补偿资金和四分之一的生态公益林补偿资金拨付到村民委员会，主要用于村民的森林、农田等股权固定分红、生态产业发展等支出，极大地激发了镇、村和村民保护生态的积极性。2019年，苏州市选择金庭镇、东山地区开展苏州生态涵养发展实验区建设，将其定位为环太湖地区重要的生态屏障和水源保护地，市、区两级财政在原有生态补偿政策的基础上，2019—2023年共安排专项补助资金20亿元，重点用于上述区域的生态保护修复和基本公共服务。

四是建立"生态农文旅"模式，实现生态产业化经营和市场化价值实现。金庭镇依托特殊的地理区位、丰富的自然资源和深厚的历史文化底蕴，建立"生态农文旅"模式，推动生态产业化经营。打造农业发展新模式，促进"特色农产品变优质商品"。重点围绕洞庭山碧螺春、青种枇杷、水晶石榴等特色农产品，打造金庭镇特色"农产品名片"，将传统历史文化内涵融入特色农产品的宣传销售中，增加产品附加值；通过"互联网＋农产品"销售模式，拓展"特色农产品变优质商品"的转化渠道；与某快递公司签订战略协议，在各个村主要路口设置快递站点，提高鲜果产品运输效率。挖掘"农文旅"产业链，实现"农业劳动变体验活动"。挖掘明月湾、东村2个中国历史文化名村及堂里、植里等6个传统历史村落的文化底蕴，鼓励村民在传统村落中以自有宅基地和果园、茶园、鱼塘等生态载体发展特色民宿、家庭采摘园等，实现从传统餐饮住宿向农业文化体验活动拓展，形成"吃采看游住购"全产业链。提升生态文化内涵，助推"绿色平台变生态品牌"。积极宣传"消夏渔歌""十番锣鼓"等非物质文化遗产，推进全域生态文化旅游，形成了丽舍、香樟小院等一批精品民宿品牌，通过游客的"进入式消费"实现生态产品的增值溢价。

取得的主要成效包括以下三点。

一是绿色发展意识和生态产品供给水平"双提升"。近年来，金庭镇干部群众的绿色发展意识逐渐增强，保护绿水青山、依靠绿水青山，走高质量发展之路，已经成为金庭人的自觉行动，金庭镇的生态空间显著增加，自然生态系统得到全面保护和修复，江南水乡特色、传统历史文化得以传承，生态产品的供给能力显著提升。2019年，金庭镇建设开发强度降低至16.65%，同比降低了13.28个百分点；森林覆盖率增加至71%，全镇地表水水质均达到Ⅱ类以上，空气质量达到国内优质标准；生物多样性逐渐增加，区域内植物种类超过500种，动物种类超过200种，拥有银杏、水杉等多个国家一级、二级保护植物，以及虎纹蛙、鹈鹕、鸳鸯等多种国家、省级保护动物。

二是公共性生态产品和经营性生态产品价值"双显化"。一方面，苏州市建立了针对各类自然生态要素的生态补偿机制，以财政转移支付的方式"采购"公共性生态产品，彰显其内在价值。其中，补偿标准为水稻田420元/亩、生态公益林250元/亩、风景名胜区150元/亩、其他生态农产品100元/亩；水源地村根据所在村岸线长度、土地面积、常住人口数等，分别给予每村120万元、140万元、160万元的补偿，生态湿地村也分别给予每村80万元、100万元、120万元的补偿，补偿范围覆盖了山水林田湖草湿等各类自然资源。近三年，金庭镇获得年均生态补偿资金3000余万元。另一方面，金庭镇通过"生态农文旅"模式，打通了经营性生态产品价值实现的渠道，彰显了物质供给类和文化服务类生态产品的价值。"特色农产品变文化商品"方面，2019年全镇农产品销售收入达到4.85亿元，创历史新高，其中果品收入2.71亿元，水产收入0.21亿元，茶叶收入1.93亿元；"太湖绿"大米及"西山青种"枇杷等已成为网红品牌。"农业劳动变体验活动"方面，2019年全镇旅游人数421.06万人次，农家乐、民宿营业收入达到2亿元，近三年营业收入年平均增长35%，新增民宿104家，改造民宿103家，精品民宿增加至37家，直接带动了1600余人就业。"绿色平台变生态品牌"，随着"生态农文旅"模式的建立，港中旅、亚视、南峰等投资集团纷至沓来，2017年"阿里巴巴太极禅苑文化驿站"正式落户金庭镇，2020年美国汉舍集团投资的"汉舍"项目全面启动，"自然、绿色、生态"成为金庭镇最响亮的名片。

三是经济社会发展和民生福祉"双推进"。2019年，金庭镇国内生产总值达到24.93亿元，同比增长6.10%。其中，服务业占比近80%，服务业增加值达到19.75亿元，同比增长7%。全镇2019年新增就业岗位647个，同比增长39.7%；农民人均年纯收入达到26573元，同比增长6.2%。依托"生态农文旅"模式，生态产品价值融入一、二、三产业发展中，让农民、政府、投资商三方共赢，实现了经济社会发展和民生福祉的"双推进"。

5.3.4.2 常熟市生态系统生产总值（GEP）核算案例

2022年8月，《常熟市生态系统生产总值（GEP）核算研究报告》顺利通过专家评审，标志着苏州范围内首份生态价值报告成绩单正式出炉。作为国家生态文明建设示范区，常熟于2021年10月在全省范围率先启动生态系统生产总值（GEP）核算工作。通过编制《常熟市生态系统生产总值（GEP）核算工作方案》，对常熟范围内的森林、湿地、农田等生态系统类型分布与面积进行详细调查分析，成功构建苏州地区首套GEP核算指标体系，并在此基础上全面开展生态产品功能量和价值量核算。期间，围绕核算工作多次召开部门讨论及意见征求会议，最终完成《常熟市生态系统生产总值（GEP）核算研究报告》编制。经核算，2020年常熟市GEP总值为1 722.75亿元，较2015年（1522.49亿元）增长13.2%，2020年常熟市GDP总值为2 365.43亿元，GEP转化率为72.8%，"两山"通道转换工作初显成效。

近年来，常熟市牢固树立"绿水青山就是金山银山"理念，将"美丽常熟"建设作为高质量发展主轴、主线，通过打造由三大生态圈和三条绿色廊道组成的"三横三纵"大生态格局，擦亮"碧水如镜、蓝天常在"的城市底色，绘制"山清水秀、和谐优美"的人居美图，营造"底蕴浓厚，全民参与"的生态文化氛围。同时，以"354"产业格局为主攻方向，打造"生态优先，绿色发展"的常熟样板，先后被授予"首批国家级生态市""首批国家生态文明建设试点城市""第五批国家生态文明示范区"等称号。

5.3.4.3 苏州产业生态化发展实践案例

苏州作为全国第二批低碳建设试点城市，早在2014年年初，就发布了《苏州市低碳发展规划》，并在"十二五"和"十三五"期间煤炭削减工作中取得了明显成效，单位GDP能耗下降超额完成，相关指标分别下降超过19%和18%。此外，苏州获批首批国家智慧城市试点、首批国家低碳工业园区试点等低碳相关试点已近二十项，具有丰富的试点示范经验。苏州经济发展底气足，高效的政府、灵活的市场和雄厚的产业基础，都为苏州率先实现"双碳"目标创造了有利条件。以"十三五"期间为例,苏州依法依规淘汰落后产能,全市共淘汰整治低端低效产能企业(作坊)7 344家;以年均约1.8%的能源消费增长支撑了年均6.1%的经济增长,单位GDP能耗2021年较2015年累计下降超过18%,完成了预定目标。

目前,苏州市出台了《关于加快转变发展方式做好碳达峰碳中和工作的实施意见》(以下简称《双碳实施意见》),全面贯彻落实碳达峰、碳中和工作决策部署,更好地推动经济社会高质量发展。《双碳实施意见》从产业创新集群发展的战略角度,细致解析了苏州市产业绿色低碳转型新路径,严把碳排放关,充分评估论证项目对能耗双控、减煤、环境质量、碳达峰目标和产业高质量发展的影响,大力推进工业节能降碳,加快传统重点高耗能行业绿色改造升级,大力发展电子信息、装备制造、先进材料和生物医药四大产业集群,持续壮大航空航天、集成电路等新兴产业。全力打造高水平创新集群,加快创新驱动发展。加速布局数字经济"新赛道""主赛道",促进工业互联网、大数据、人工智能、第五代移动通信(5G)等新兴技术与绿色低碳产业深度融合。

《双碳实施意见》的实施路径和主要任务一共包括九个方面:一是加快构建绿色低碳全面发展新机制。强化各类规划低碳发展导向,建立健全城乡空间低碳格局,主动融入区域低碳发展布局,大力推进全民低碳社会建设。二是着力践行产业绿色低碳转型新路径。坚决遏制高耗能、高排放、低水平项目的盲目发展,大力推进工业节能降碳,建立健全绿色低碳产业体系,促进资源节约、集约和循环利用。三是积极构建能源结构清洁低碳新格局。加强能耗和碳排放控制,坚决控制化石能源消费,积极发展非化石能源消费,加快推动能源互联网建设,持续提升能源利用效率。四是全面展现城乡建设低碳转型新面貌。推动构建绿色低碳建设体系,加快构建全过程低碳建造体系,持续优化绿色低碳运营管理体系。五是加快构建现代低碳交通运输新体系。形成绿色高效交通运输结构,推动运输工具装备低碳转型,提升交通基础设施绿色发展水平。六是切实增强低碳技术创新应用新支撑。强化绿色低碳技术攻关应用,打造技术创新平台载体,集聚绿色低碳创新人才。七是不断开创绿色低碳开放合作新局面。建立绿色低碳贸易体系,开展低碳领域国际合作。八是着力实现生态系统碳汇能力新提升。优化生态空间格局,增强林田湿地固碳能力。九是持续增强绿色低碳转型配套新动力。加强投融资和价格政策支持。发展绿色金融,鼓励社会资本设立绿色低碳产业投资基金,支持绿色低碳领域的企业上市融资。

同时,为加快建立统一的绿色标准、认证、标识体系,充分发挥绿色认证促进绿色低碳循环发展的重要作用,促进经济社会发展全面绿色转型,苏州市政府办公室印发了《苏州市深入推进绿色认证促进绿色低碳循环发展的实施意见》(以下简称《实施意见》)。

聚焦"推进绿色认证、推动绿色产业、服务绿色发展",《实施意见》明确了推进绿色认证工作的主要目标、重点任务及保障措施。预计到2025年,苏州市绿色认证体系制度会更加完备,标准体系、认证体系、监管体系、公共服务体系和区域合作互认体系基本完善;绿色认证覆盖面进一步拓展,各类绿色产业组织(企业)的质量管理能力显著增强,绿色产品和服务将更好地满足消费需求,市场份额和质量效益持续提高;生产生活方式绿色转型成效显著,不断提升"生态优先,绿色发展"的"美丽苏州"新形象。《实施意见》还明确,到2025年,将完成推进传统产业绿色升级认证、开展绿色新兴产业认证、加快绿色农业认证、提高绿色服务业认证水平等12项具体任务。

《实施意见》坚持突出重点,密切结合实际,服务绿色发展。发挥认证"传递信任,服务发展"的本质属性和质量管理"体检证"、市场经济"信用证"、国际贸易"通行证"基本功能,把绿色认证作为推进全市绿色产业发展和产业绿色化转型升级的重要抓手,坚持以改革创新为动力,完善质量认证体系,破解绿色发展体制障碍,提升绿色产品认证供给水平和创新能力。结合苏州产业优势,着力在传统产业、绿色农业、绿色服务业、绿色认证信用体系建设等重点领域,创新绿色发展机制,激发质量提升动能。

苏州各板块也围绕"双碳"目标,加快推进产业绿色化、智能化转型。2021年,苏州高新区国家绿色产业示范基地实施方案发布暨苏州高新绿色低碳科技产业发展有限公司(以下简称:苏高新绿碳)成立仪式成功举办。作为全国首批国家高新区,建区30多年以来,苏州高新区始终坚持集聚绿色产业集群,已汇聚了阿特斯、协鑫、固德威等绿色产业头部企业。绿色低碳公司的成立将把这些头部企业的资源进行整合,加快"走出去"步伐,做好示范和应用,不断提升企业的发展速度。此外,依托绿色低碳公司,可以着眼于产业链的强链补链,促进绿色产业大踏步发展。苏州高新绿色低碳科技产业发展有限公司、苏州高新投资管理有限公司、苏州高新绿色光伏新能源有限公司分别与合作单位签署供应链合作协议,从低碳技术、企业融资等方面提供支持。

苏州工业园区积极推广新能源和清洁能源使用,构建多能协同的智慧能源体系。园区大力支持光伏、储能、分布式燃机、智慧平台能源互联网项目落地,形成了"光伏—储能—充电桩—天然气分布式"区域能源互联网络。"十三五"时期,园区单位生产总值能耗下降 16.8%,能源消费总量年均增长仅 0.74%,全社会二氧化碳排放总量年均增长率较"十二五"时期下降 3.5 个百分点,单位 GDP 二氧化碳排放量总体呈稳步下降态势。而且,园区同样重视生活的低碳化,出台了全国首个园区层面的《低碳社区试点建设工作实施方案》,以独墅湖科教创新区、中新生态科技城等区域为重点,积极推广以节能环保、自然采光、雨水收集为特色的绿色建筑,获评"省级建筑节能与绿色建筑示范区"。多年来,园区还注重完善公共交通网络,推广普及电动汽车,通过"以桩促车、以车引桩",建设电动汽车充电桩,投放清洁能源和新能源汽车。

此外,苏州低碳化转型服务体系不断优化,并印发了《关于苏州市绿色低碳金融改革创新工作的意见》,鼓励金融机构设立"苏州市绿色低碳转型金融服务中心"专门部门或者机构,并建立健全绿色金融专门机构的组织架构、绩效考核、激励约束和内控制度,以解决金融机构缺少专业团队、授信评审体系不灵活、缺乏差异化考核制度等问题,推动金融机构管理和运营模式的创新,提高金融服务精准度;在优化金融资源配置方面,将依托苏州综合金融服务平台,建立"苏州绿色低碳综合金融服务平台",为金融支持绿色低碳发展,搭建内涵丰富的金融产品和增值服务一体化的"互联网+绿色低碳"综合金融服务平台,并在平台建立"金融库+目标库"的绿色低碳项目库,支持重点项目。

5.3.4.4 苏州市太湖生态岛生态环境损害赔偿示范基地案例

2022 年 5 月 31 日,苏州市太湖生态岛生态环境损害赔偿示范基地揭牌,这也是全省首个综合性生态环境损害赔偿示范基地。

吴中区拥有太湖五分之四的峰峦、五分之三的水域、五分之二的岸线,被誉为"太湖最美的地方",同时也是苏州的"生态屏障",生态红线保护区域占全市的 82.14%。近年来，吴中区坚持"生态优先、绿色发展"，投入生态保护资金累计超百亿元，2021 年位列全国市辖区 GEP 百强区首位。太湖生态岛是太湖健康生态系统维护的关键节点和生态屏障。2020 年，苏州市提出把西山岛打造成太湖生态岛。2020 年 3 月 1 日，"支持苏州建设太湖生态岛"被纳入省"十四五"规划《纲要》。去年 8 月 1 日，《苏州市太湖生态岛条例》正式实施，成为江苏首个以立法形式保护的太湖岛屿，其最大的亮点和特色在于"生态"，在太湖生态岛上建设生态环境损害赔偿示范基地不仅是异地生态修复、集中生态修复制度上的创新，更是融入生态岛生态建设的具体实践，二者相得益彰、相辅相成。

2022 年 5 月初，市生态环境局、市人民检察院和吴中区政府联合发布《苏州市太湖生态岛生态环境损害赔偿示范基地建设方案》，开启了高标准打造全省首个集修复示范、法制警示、科普交流和监测监控等功能于一体的综合性生态环境损害赔偿示范基地的序幕，对苏州市域内客观上无法原位修复的生态环境损害赔偿案件因地制宜，灵活采用"补种复绿""增殖放流""护林护鸟"及"劳务代偿"等方式开展替代性修复，为赔偿义务人提供了多种替代修复场景。2022 年 5 月 25 日，在太湖生态岛金庭镇居山湾碳汇林片区正式签订了生态环境损害赔偿协议。苏州宏盛商品混凝土有限公司在此种植 117 棵水杉，完成了生态环境损害赔偿替代性修复，这标志着基地进入了实质化的运作阶段，具有样本意义。

生态环境损害赔偿制度是生态文明制度体系的重要组成部分。近年来，苏州生态环境部门扎实推进生态环境损害赔偿制度改革，初步形成了责任明确、途径通畅、程序规范、保障有力、赔偿到位、修复有效的制度体系和常态化工作机制。2019 年以来，苏州已开展索赔案例 360 余件，签订赔偿协议 292 件，涉及赔偿金额 8540 万元，多个案件入选全国和全省典型案例。

5.4 苏州生态产品价值实现路径

5.4.1 绘制全市生态资源供需平衡"云地图"

一是建立全市生态资源清单。依托卫星遥感、大数据、区块链等先进技术，探索建立市、县（区）、乡镇、村四级重点生态资源管控清单，以推进环太湖典型区域统一确权登记为试点,对具有整合价值的各类碎片化生态资源及可供开发的生态资源进行规范编码,实行统一备案管理,由自然资源部门统一流转或授权流转。二是制成全市生态资源供给版图。依照生态资源清单,利用地理信息、物联网等技术对各类生态资源进行空间化整合,借助三维建模(3D)、虚拟现实(VR)等技术推动区域资源平台的智改数转和提速进阶,绘制以水资源、山林资源、碳汇、湿地资源资产为重点的全市生态资源供给可视化"云地图"。三是制成全市生态资源需求版图。依照生态资源清单,基于扎根理论、数据挖掘、问卷调查及专家访谈等手段采集生态资源需求信息,利用土地利用、人口分布或兴趣点数据(point of interest,POI)进行空间展布,绘制全市生态资源需求可视化"云地图"。四是制成全市生态资源供需平衡版图。栅格化匹配全市生态资源供需状态,进行热点分析、聚类分析、空间关联性等空间计量分析,绘制交互式全市生态资源实时动态供需平衡"云地图"。

5.4.2 构建"生态系统生产总值(GEP)+国内生产总值(GDP)"双核算与发布机制

一是构建实施符合苏州特色的、全市统一规范的 GEP 核算体系。立足实际,加快出台苏州 GEP 评价技术标准指南,明确 GEP 核算对象,明确 GEP 核算指标体系,规范生态产品物质量与价值量核算模型方法,为 GEP 纳入国民经济统计核算体系奠定基础。二是探索构建 GEP 与 GDP 双考核机制。面向高质量绿色发展,研究《苏州 GEP 考核应用管理办法》。推动生态环保与统计部门联合构建 GEP 与 GDP 双考核机制,设计 GEP 与 GDP 双考核实施流程,引入 GEP 增长率、GEP 转化率等重要考核指标,融合国民经济发展指标,发挥 GEP 与 GDP 双考核机制在构造新发展格局中"指挥棒"的作用。三是建立双考核常态化发布制度。明确双考核结果公开机制和发布程序,编制年度《地区生产总值(GDP)和生态系统生产总值(GEP)统计年鉴》。四是强化 GEP 核算配套能力建设。健全支撑 GEP 应用的监测机制和统计数据的质量控制机制,加强资金、人力、技术等对生态监测体系建设的保障,建立健全生态产品调查监测、生态产品普查、生态产品动态监测机制,统一生态环境监测规范标准,积极鼓励第三方监测机构参与到生态环境监测工作中。完善生态监测网络,加强生态监测数据质量控制、卫星和无人机遥感监测等能力建设，实现生态状况监测数据有效集成、互联共享，为GEP核算提供数据支撑。

5.4.3 构建市域一体化生态产品数字化交易中心

在市域一体化视角下，构建苏州生态产品数字化交易中心，作为全市生态产品流通中的枢纽节点，力争相关省级试点平台落户。依托"生态+互联网+金融"模式，重点集聚林业碳汇、用能权、水权、矿业权、文旅项目等生态产品交易，打造全市互联互通、标准统一、信息共享的交易平台中心，消除信息不对称、资源浪费大、交易成本高等障碍。主要发挥以下核心职能：①价值评估。对生态产品供给、需求、消费及盈余赤字进行通盘核算。②资源收储。将碎片化生态产品进行收储整合、确权登记，将生态资源转化为可交易的生态资产。③产品交易。制定生态产品价格评估规范，促进生态资源所有权、使用权及收益权分离和流转，培育构建子区域间、企业间用能权、用水权、碳排放权、排污权、林权等市场交易体系。④金融服务。形成物质资本、金融资本、社会资本及人力资本等多元融合的资本新格局。⑤产品运营。创新丰富生态产品业态，鼓励培育生态产品经营主体，监控维护生态产品交易流程。⑥利益协调。利用沟通协商机制解决区域间生态利益冲突问题。

5.4.4 构建"产业生态化"与"生态产业化"融合发展新集群

苏州应建立健全绿色低碳循环发展经济体系，走产业生态化、生态产业化协同的绿色发展之路。以产业生态化奠定共同富裕的"绿色底蕴"。遵循自然生态有机循环机理，以生态承载能力为准绳，通过改进生产方式、优化产业结构、转变消费方式、招引发展生态友好型企业等途径，全面提高资源利用效率，协同推进降碳减污，打造高质量韧性供应链、价值链，加快推动绿色低碳发展。以生态产业化创造共同富裕的"绿色源泉"。立足"生态+"理念，实施"数商兴农"、生态文旅、绿色金融等工程，培育优势特色生态产业，提升苏州山水资源和古城历史的"附加值"，落实生态产品价值多元实现路径。坚持系统思维，创立并完善产业生态化与生态产业化融合发展及统筹协调机制，打造发展新集群。

5.4.5 构建生态产品"市场决定性—政府调控性—主体协同性"三次分配机制

区域生态产品及其价值收益的优化配置是在"做大蛋糕"的基础上"分好蛋糕",切实平衡主体利益、实现共同富裕的关键环节。由初次分配、再分配及第三次分配组成的三次分配机制可作为共同富裕的基础性制度安排。在初次分配阶段,发挥生态环境市场配置生态资源的决定性作用,通过直接市场交易或多元化生态补偿方式实现"生态溢价";在再分配阶段,发挥政府的生态资源配置的宏观调控职责,设计正向奖励激励和负向赔偿惩罚机制,通过转移支付、政府购买服务等方式实现"生态增收";在第三次分配阶段,充分调动企业、非政府组织、个人等社会力量的认知与能动属性,通过 EOD(ecology-oriented Development)、BOT(build-operate-transter)、PPP(Public-Private-Partnership)等融资模式引导社会资金及资源流向生态经济领域,推动企业投资环境基础设施建设,成立环境公益基金,开展生态环保捐赠,实现"生态共富"。

参考文献

[1] Millennium Ecosystem Assessment. Ecosystem and human well-being: Synthesis [M]. Washing DC: Island Press, 2005.

[2] 黄娟，李敏伦. 中美生态博弈的政治经济学分析 [J]. 马克思主义研究，2013，（12）：71-79.

[3] 陈晓红，周宏浩. 城市化与生态环境关系研究热点与前沿的图谱分析 [J]. 地理科学进展，2018，37（9）：15-29.

[4] 孙伟，陈雯. 市域空间开发适宜性分区与布局引导研究—以宁波市为例 [J]. 自然资源学报，2009，24（3）：402-413.

[5] 胡锦涛：坚定不移沿着中国特色社会主义道路前进 为全面建成小康社会而奋斗—在中国共产党第十八次全国代表大会上的报告，http://www.xinhuanet.com/2017-10/27/c_1121867529.htm [R], 2012.

[6] 习近平：决胜全面建成小康社会 夺取新时代中国特色社会主义伟大胜利—在中国共产党第十九次全国代表大会上的报告，http://www.xinhuanet.com/2017-10/27/c_1121867529.htm [R], 2017.

[7] 刘世庆，巨栋. 我国流域经济与政区经济协同发展的战略构想 [J]. 工程研究-跨学科视野中的工程，2018，10（2）：107-116.

[8] 曹洪华. 生态文明视角下流域生态—经济系统耦合模式研究 [D]；东北师范大学，2014.

[9] CRUTZEN P J. Geology of Mankind [J]. Nature, 2002, 415(6867): 23.

[10] 王毅鑫，王慧敏，刘钢等. 生态优先视域下资源诅咒空间分异分析—以黄河流域为例 [J]. 软科学，2019，33（1）：50-55.

[11] 王慧敏. 落实最严格水资源管理的适应性政策选择研究 [J]. 河海大学学报（哲学社会科学版），2016，18（3）：38-43+90-1.

[12] 联合国可持续发展世界首脑会议. 约翰内斯堡可持续发展宣言 [J]. 环境保护, 2002, (10): 3-4.

[13] 刘涛. 干旱半干旱地区农田灌溉节水治理模式及其绩效研究 [D]; 南京农业大学, 2009.

[14] 中华人民共和国生态环境部. 2022中国生态环境状况公报 [J/OL]. 2023, https://www.mee.gov.cn/hjzl/sthjzk/zghjzkgb/202305/P020230529570623593284.pdf

[15] 孙殿臣, 王慧敏, 黄晶等. 鄱阳湖流域城市洪涝灾害风险及土地类型调整策略研究—以景德镇市为例 [J]. 长江流域资源与环境, 2018, 27 (12): 2856-2866.

[16] 刘钢, 袁晓梅, 黄晶等. 基于PSR框架的城市洪涝弹性评估—以苏锡常地区为例 [J]. 资源开发与市场, 2018, 34 (5): 593-598.

[17] 张乐, 王慧敏, 佟金萍. 云南极端旱灾应急管理模式构建研究 [J]. 中国人口、资源与环境, 2014, 24 (2): 161-168.

[18] 欧阳志云. 我国生态系统面临的问题与对策 [J]. 中国国情国力, 2017, (3): 6-10.

[19] 鲁达非, 江曼琦. "三生空间"特征、逻辑关系与优化策略 [J]. 河北学刊, 2019, 39 (2): 149-159.

[20] 邱衍庆, 罗勇, 汪志雄. 供给侧结构性改革视角下流域空间治理的路径创新—以粤东练江流域为例 [J]. 城市发展研究, 2018, 25 (10): 112-117.

[21] 刘卫东. 经济地理学与空间治理 [J]. 地理学报, 2014, 69 (8): 1109-1116.

[22] 胡鞍钢, 周绍杰, 任皓. 供给侧结构性改革—适应和引领中国经济新常态 [J]. 清华大学学报（哲学社会科学版, 2016, 31 (2): 17-22+195.

[23] 王海芹, 高世楫. 我国绿色发展萌芽, 起步与政策演进: 若干阶段性特征观察 [J]. 2021, (2016-3): 6-26.

[24] 李顺毅. 绿色发展与居民幸福感—基于中国综合社会调查数据的实证分析 [J]. 财贸研究, 2017, 28 (1): 1-12.

[25] 廖小平, 董成. 论新时代中国生态文明国际话语权的提升 [J]. 湖南大学学报：社会科学版, 2020, 34 (3): 9-17.

[26] 方世南. 绿色发展：迈向人与自然和谐共生的绿色经济社会 [J]. 苏州大学学报：哲学社会科学版，2021，42（1）：15-22.

[27] 胡鞍钢，周绍杰. 绿色发展：功能界定、机制分析与发展战略 [J]. 中国人口·资源与环境，2014，24（1）：14-20.

[28] 邬晓霞，张双悦. "绿色发展"理念的形成及未来走势 [J]. 经济问题，2017，（2）：30-34.

[29] 张哲强. 绿色经济与绿色发展 [J]. 金融管理与研究，2012，11（504）：84.

[30] OLANDER L P, JOHNSTON R J, TALLIS H, et al. Benefit relevant indicators: Ecosystem services measures that link ecological and social outcomes [J]. Ecological indicators: Integrating, monitoring, assessment and management, 2018, 85: 1262-1272.

[31] 罗宣，金瑶瑶，王翠翠. 转型升级下资源型城市绿色发展效率研究—以中部地区为例 [J]. 西南交通大学学报：社会科学版，2017，18（6）：77-83.

[32] 蔺鹏，孟娜娜. 绿色全要素生产率增长的时空分异与动态收敛 [J]. 数量经济技术经济研究，2021，38（8）：104-124.

[33] 陈诗一. 中国各地区低碳经济转型进程评估 [J]. 经济研究，2012，（8）：32-44.

[34] 向书坚，郑瑞坤. 中国绿色经济发展指数研究 [J]. 统计研究，2013，（3）：72-77.

[35] 叶超. 空间正义与新型城镇化研究的方法论 [J]. 地理研究，2019，38（1）：148-156.

[36] 何宁. 淮南子集释 [M]. 北京：中华书局，1998.

[37] 陈丹青. 空间正义观下西安市公租房居住空间优化研究 [D]. 西安外国语大学，2018.

[38] 程岩. 空间正义视角下新型城镇化的制度安排 [D]. 苏州大学，2014.

[39] 列斐伏尔. 空间与政治 [M]. 上海：上海人民出版社，2008.

[40] 卡斯特. 网络社会的崛起 [M]. 北京：社会科学出版社，2003.

[41] 哈维，黄晓武. 列菲弗尔与《空间的生产》[J]. 国外理论动态，2006，（1）：53-56.

[42] 徐震. 关于当代空间正义理论的几点思考 [J]. 山西师大学报（社会科学版），2007，(5)：6-9.

[43] 曹现强，张福磊. 空间正义：形成、内涵及意义 [J]. 城市发展研究，2011，18（4）：125-129.

[44] 钟顺昌. 空间正义—城市化的伦理选择 [J]. 当代经济，2013，(9)：28-31.

[45] DAVIES B. Social Needs and Resources in Local Services [M]. London: Michael Joseph, 1968.

[46] 曹现强，朱明艺. 城市化进程中的城乡空间正义思考 [J]. 理论探讨，2014, (1): 139-144.

[47] PIRIE G H. On Spatial Justice [J]. Environment & Planning A, 1983, 15 (4): 465-473.

[48] DIKEç M. Justice and the Spatial Imagination [J]. Environment & Planning A, 2001, 33(10): 1785-1805.

[49] SOJA E W. 高春花、强乃社译. 寻求空间正义 [M]. 北京：社会科学文献出版社，2016.

[50] 孙斌栋，魏旭红，王婷. 洛杉矶学派及其对人文地理学的影响 [J]. 地理科学，2015，35（4）：402-409.

[51] 周蜀秦. 西方城市社会学研究的范式演进 [J]. 南京师大学报（社会科学版），2010，5（6）：38-44.

[52] DABINETT G. Spatial justice and the translation of European strategic planning ideas in the urban sub-region of south Yorkshire [J]. Urban Studies, 2010, 47(11): 2389.

[53] WU X. Urban Spatial Justice in Australian Low-Carbon City: Perth as a Case Study [J]. Advanced Materials Research, 2014, (1020): 827-833.

[54] 钱玉英，钱振明. 走向空间正义：中国城镇化的价值取向及其实现机制 [J]. 自然辩证法研究，2012，28（2）：61-64.

[55] 任平. 空间的正义—当代中国可持续城市化的基本走向 [J]. 城市发展研究，2006，(5)：1-4.

[56] 王志刚. 论社会主义空间正义的基本架构—基于主体性视角 [J]. 江西社会科

学, 2012, (5): 36-40.

[57] 冯鹏志. 时间正义与空间正义: 一种新型的可持续发展伦理观——从约翰内斯堡可持续发展世界首脑会议看可持续发展伦理层面的重建 [J]. 自然辩证法研究, 2004, (1): 73-5+89.

[58] 高晓溪, 董慧. 城市空间正义——以城市空间活力的建构为线索 [J]. 前沿, 2012, (19): 12-16.

[59] 王志刚. 论空间正义的核心价值理念 [J]. 求实, 2016, (6): 25-32.

[60] 钱振明. 走向空间正义: 让城市化的增益惠及所有人 [J]. 江海学刊, 2007, (2): 40-43.

[61] 陆小成. 新型城镇化的空间生产与治理机制——基于空间正义的视角 [J]. 城市发展研究, 2016, 23 (9): 94-100.

[62] 陆小成. 空间正义视域下新型城镇化的资源配置研究 [J]. 社会主义研究, 2017, (1): 120-128.

[63] 黎智洪. 迈向空间正义: 城乡发展一体化的价值取向及其实现机制 [J]. 中南大学学报 (社会科学版), 2016, 22 (5): 118-122.

[64] 史云波, 刘广跃. 基于空间正义原则的我国乡镇空间重构 [J]. 江苏师范大学学报 (哲学社会科学版), 2015, (4): 116-120.

[65] 茹婧, 杨发祥. 迈向空间正义的国家治理: 基于福柯治理理论的谱系学分析 [J]. 探索, 2015, (5): 61-65.

[66] 张晒. "绿色发展"的深层次逻辑与可行性路径——基于空间正义视角的探讨 [J]. 北京理工大学学报, 2017, (1): 28-34.

[67] 梁佳卉, 严瑶婷. 空间正义视阈下城市绿色发展思考 [J]. 合作经济与科技, 2017, (16): 32-33.

[68] 乔洪武. 新型城镇化建设必须重视空间正义 [N]. 光明日报, 2014-6-18.

[69] 钟明华, 邓欣欣. 现代化进程中我国城市发展的空间正义原则 [J]. 广州大学学报 (社会科学版), 2016, 15 (4): 36-41.

[70] 孙全胜. 合理分配空间资源 实现空间正义价值诉求 [N]. 中国社会科学报, 2017-8-1.

[71] 庄立峰, 江德兴. 城市治理的空间正义维度探究 [J]. 东南大学学报 (哲学社

会科学版），2015，17（4）：45-9+146.

[72] 尹才祥. 空间正义：新型城镇化协调发展的重要衡量指标 [J]. 阅江学刊，2016，8（2）：89-93.

[73] 张宝义. 中国城镇化过程中的空间正义探寻 [J]. 城市，2014，（2）：8-11.

[74] 冯鹏志. 时间正义与空间正义：一种新型的可持续发展伦理观——从约翰内斯堡可持续发展世界首脑会议看可持续发展伦理层面的重建 [J]. 自然辩证法研究，2004，1：73-5+89.

[75] 范丽媛. 山东省生态红线划分及生态空间管控研究 [D]. 济南；山东师范大学，2015.

[76] 阿尔弗雷德·韦伯，李刚剑等译. 工业区位论 [M]. 北京：商务印书馆，1997.

[77] 郭腾云，徐勇，马国霞等. 区域经济空间结构理论与方法的回顾 [J]. 地理科学进展，2009，28（1）：111-118.

[78] 陆大道. 区域发展及其空间结构 [M]. 北京：科学出版社，1995.

[79] ISARD W. Location and Space Economy [M]. Cambridge: MIT Press, 1956.

[80] PERROUX F. Economic space: theory and application [J]. Quarterly Journal of Economics, 1950, 64(1): 89-104.

[81] 陈爽，刘云霞，彭立华. 城市生态空间演变规律及调控机制——以南京市为例 [J]. 生态学报，2008，28（5）：2270-2278.

[82] BAILEY R G. Identifying ecoregion boundaries [J]. Environ Manage, 2004, 34: S14-S26.

[83] 傅伯杰，刘国华，陈利顶等. 中国生态区划方案 [J]. 生态学报，2001，1：1-6.

[84] 李干杰. "生态保护红线"——确保国家生态安全的生命线 [J]. 求是，2014，（2）：44-46.

[85] 郭怀成，张振兴，于湧. 流域土地可持续利用规划方法及应用研究 [J]. 地理研究，2003，（6）：671-679.

[86] 钱敏，濮励杰，朱明等. 土地利用结构优化研究综述 [J]. 长江流域资源与环境，2010，19（12）：1410-1415.

[87] 何英彬，陈佑启. 土地利用/覆盖变化研究综述 [J]. 中国农业资源与区划，2004，（2）：61-65.

[88] 徐昔保，杨桂山，张建明. 兰州市城市土地利用优化研究 [J]. 武汉大学学报：信息科学版，2009，34（7）：878-881.

[89] 孔祥斌，张凤荣，李玉兰等. 区域土地利用与产业结构变化互动关系研究 [J]. 资源科学，2005，27（2）：59-64.

[90] 贾丹丹. 土地集约利用与产业结构优化协调性研究 [D]. 石家庄；河北师范大学，2018.

[91] 朱东国，熊鹏，方世敏. 旅游生态安全约束下张家界市土地利用优化 [J]. 生态学报，2018，38（16）：5904-5913.

[92] 冯宇. 矿业地区流域土地利用空间冲突及优化配置研究 [D]. 晋中；山西农业大学，2016.

[93] 方淑波，肖笃宁，安树青. 基于土地利用分析的兰州市城市区域生态安全格局研究 [J]. 应用生态学报，2005，16（12）：2284-2290.

[94] 魏伟，颉耀文，魏晓旭等. 基于CLUE-S模型和生态安全格局的石羊河流域土地利用优化配置 [J]. 武汉大学学报（信息科学版），2017，42（9）：1306-1315.

[95] 申曙光. 生态文明及其理论与现实基础 [J]. 北京大学学报（哲学社会科学版），1994，（3）：31-7+127.

[96] 吕晓晓. 基于土地生态服务价值的微山县土地利用结构优化研究 [D]；山东农业大学，2012.

[97] TANSLEY A G. The Use and Abuse of Vegetational Concepts and Terms [J]. Ecology, 1935, 16(3): 284-307.

[98] LINDEMAN R L. The Trophic-Dynamic Aspect of Ecology [J]. Bulletin of Mathematical Biology, 1942, 23(4): 399-417.

[99] WHITTAKER R H. Vegetation of the Siskiyou Mountains, Oregon and California [J]. Ecological Monographs, 1960, 30(4): 279-338.

[100] ODUM E P. The strategy of ecosystem development [J]. Science, 1969, 164(3877): 262-70.

[101] 刘增文，李雅素，李文华. 关于生态系统概念的讨论 [J]. 西北农林科技大

学学报（自然科学版），2003，（6）：204-208.

[102] CARSON R. The silent spring [M]. USA: Houghton Mifflin Company, 1962.

[103] WILSON C L, MATTHEWS W H. Mans impact on the global environment: assessment and recommendations for action [J]. Report of the Study of Critical Environment Problems Cambridge Massachusetts MIT Press, 1970, 16(1).

[104] EHRLICH P R, EHRLICH A H. The causes of consequences of the disappearance of species [J]. Quarterly Review of Biology, 1982, (1): 82.

[105] AGENCY U S E P. Valuing the Protection of Ecological Systems and Services: A Report of the EPA Science Advisory Board. EPA-SAB-09-012 [M]. Washington DC: United States Enironmental Protection Agency, 2009.

[106] T.E.E.B. The Economics of Ecosystems and Biodiversity Ecological and Economic Foundations [M]. London and Washington: Earthscan, 2010.

[107] 杨朝晖，马静，陈根发. 浅析水资源生态服务价值 [J]. 水利水电技术，2012，43（4）：19-22.

[108] DAILY G C. Nature's Services: Societal Dependence on Natural Ecosystems [M]. Washington D. C.: Island Press, 1997.

[109] COSTANZA R, D'ARGE R, DEGROOT R, et al. The value of the world's ecosystem services and natural capital [J]. World Environment, 1997, 25(1): 3-15.

[110] MARGARET P, EMILY B, ELIZABETH C, et al. Ecology for a Crowded Planet [J]. Science, 2004, 304(5675): 1251-1252.

[111] MAES J, TELLER A, ERHARD M. Mapping and assessment of ecosystems and their services: an analytical framework for ecosystem assessments under action 5 of the EU biodiversity strategy to 2020 [M]. Luxembourg: Publications Office of the European Union., 2013.

[112] SUTHERLAND W J, ARMSTRONG B S, ARMSWORTH P R. The identification of 100 ecological questions of high policy relevance in the UK [J]. Journal of Applied Ecology, 2006, 43(4): 617-627.

[113] 傅伯杰，于丹丹. 生态系统服务权衡与集成方法 [J]. 资源科学，2016，38（1）：1-9.

[114] WALLACE K J. Classification of ecosystem services: Problems and solutions [J]. Biological Conservation, 2007, 139(3): 235-246.

[115] COSTANZA R. Ecosystem services: Multiple classification systems are needed [J]. Biological Conservation, 2008, 141(2): 350-352.

[116] BOYD J, BANZHAF S. What are ecosystem services? The need for standardized environmental accounting units [J]. Ecological Economics, 2007, 63(2): 616-626.

[117] HAINES-YOUNG R, POTSCHIN M, GROOT R S, et al. Towards a Common International Classification of Ecosystem services (CICES)) for Integrated Environmental Common International Classification of Ecosystem services (CICES)) for Integrated Environmental and Economic Accounting; proceedings of the INTERSPEECH 2010, Conference of the International Speech Communication Association, Makuhari, Chiba, Japan, September, F, 2009 [C].

[118] DEGROOT R S. Functions of Nature: Evaluation of Nature in Environmental Planning Management and Decision Making [M]. Groningen: Wolters-Noordhoff, 1992.

[119] 谢高地，鲁春霞，成升魁. 全球生态系统服务价值评估研究进展 [J]. 资源科学，2001，（6）：5-9.

[120] 欧阳志云，王效科，苗鸿. 中国陆地生态系统服务功能及其生态经济价值的初步研究 [J]. 生态学报，1999，（5）：19-25.

[121] EHRLICHP R, EHRLICHA H, HOLDREN J. Ecoscience: Population, resource, environment [M]. San Francisco: WHFreeman, 1977.

[122] ELISA M, FABIO P, ROCCO S, et al. A forest ecosystem services evaluation at the river basin scale: Supply and demand between coastal areas and upstream lands (Italy) [J]. Ecological Indicators, 2014, 37(2): 210-219.

[123] 郭中伟，甘雅玲. 关于生态系统服务功能的几个科学问题 [J]. 生物多样性，2003，（1）：63-69.

[124] CROSSMAN N D, BURKHARD B, NEDKOV S, et al. A blueprint for mapping and modelling ecosystem services [J]. Ecosystem Services, 2013, 4: 4-14.

[125] BURKHARD B, KROLL F, NEDKOV S, et al. Mapping ecosystem service

supply, demand and budgets [J]. Ecological Indicators, 2012, 21(3): 17-29.

[126] 张立伟, 傅伯杰. 生态系统服务制图研究进展 [J]. 生态学报, 2014, 34（2）: 316-325.

[127] SHERROUSE B C, SEMMENS D J. Social values for ecosystem services (SolVES): Documentation and user manual, version 2.0 [J]. Center for Integrated Data Analytics Wisconsin Science Center, 2012.

[128] ROELOF B, JOE R, IRIT A, et al. The Multiscale Integrated Model of Ecosystem Services (MIMES): Simulating the interactions of coupled human and natural systems [J]. Ecosystem Services, 2015, 12: 30-41.

[129] 马世骏, 王如松. 社会 - 经济 - 自然复合生态系统 [J]. 生态学报, 1984, （1）: 1-9.

[130] 欧阳志云, 王如松, 赵景柱. 生态系统服务功能及其生态经济价值评价 [J]. 应用生态学报, 1999, （5）: 635-640.

[131] 李文华. 生态系统服务功能价值评估的理论、方法与应用 [M]. 北京: 人民大学出版社, 2008.

[132] 陈仲新, 张新时. 中国生态系统效益的价值 [J]. 科学通报, 2000, （1）: 17-22+113.

[133] 谢高地, 甄霖, 鲁春霞等. 一个基于专家知识的生态系统服务价值化方法 [J]. 自然资源学报, 2008, （5）: 911-919.

[134] 谢高地, 张彩霞, 张雷明等. 基于单位面积价值当量因子的生态系统服务价值化方法改进 [J]. 自然资源学报, 2015, 30（8）: 1243-1254.

[135] 白杨, 欧阳志云, 郑华等. 海河流域森林生态系统服务功能评估 [J]. 生态学报, 2011, 31（7）: 2029-2039.

[136] 白杨, 郑华, 庄长伟等. 白洋淀流域生态系统服务评估及其调控 [J]. 生态学报, 2013, 33（3）: 711-717.

[137] 陈骏宇, 王慧敏, 刘钢等. "水 - 能 - 粮"视角下杭嘉湖区域生态系统服务供需测度及政策研究 [J]. 长江流域资源与环境, 2019, 28（3）: 542-553.

[138] 张彪, 史芸婷, 李庆旭等. 北京湿地生态系统重要服务功能及其价值评估 [J]. 自然资源学报, 2017, 32（8）: 1311-1324.

[139] 江波，张路，欧阳志云. 青海湖湿地生态系统服务价值评估 [J]. 应用生态学报，2015，26（10）：3137-3144.

[140] 欧阳志云，朱春全，杨广斌等. 生态系统生产总值核算：概念、核算方法与案例研究 [J]. 生态学报，2013，33（21）：6747-6761.

[141] 朱春全. "以自然为本"推进生态文明，中国（聊城）生态文明建设国际论坛主旨演讲 // 赵庆忠. 生态文明看聊城，北京：中国社会科学出版社 [R]，2012：68-70.

[142] DAILY G C, POLASKY S, GOLDSTEIN J, et al. Ecosystem services in decision making: time to deliver [J]. Frontiers in Ecology & the Environment, 2009, 7(1): 21-28.

[143] 税伟，付银，林咏园等. 基于生态系统服务的城市生态安全评估、制图与模拟 [J]. 福州大学学报（自然科学版），2019，47（2）：143-152.

[144] 景永才，陈利顶，孙然好. 基于生态系统服务供需的城市群生态安全格局构建框架 [J]. 生态学报，2018，38（12）：4121-4131.

[145] 陈峰，李红波，张安录. 基于生态系统服务的中国陆地生态风险评价 [J]. 地理学报，2019，74（3）：432-445.

[146] 康鹏，陈卫平，王美娥. 基于生态系统服务的生态风险评价研究进展 [J]. 生态学报，2016，36（5）：1192-1203.

[147] 王女杰，刘建，吴大千等. 基于生态系统服务价值的区域生态补偿——以山东省为例 [J]. 生态学报，2010，30（23）：6646-6653.

[148] 曾贤刚，刘纪新，段存儒等. 基于生态系统服务的市场化生态补偿机制研究——以五马河流域为例 [J]. 中国环境科学，2018，38（12）：357-365.

[149] 张雪琪，满苏尔·沙比提，马国飞. 基于生态系统服务的叶尔羌河平原绿洲生态经济协调发展分析 [J]. 环境科学研究，2018，31（6）：146-154.

[150] 苏飞，张平宇. 基于生态系统服务价值变化的环境与经济协调发展评价——以大庆市为例 [J]. 地理科学进展，2009，28（3）：471-477.

[151] 郑德凤，臧正，孙才志等. 基于生态系统服务理论的中国绿色经济转型预测分析 [J]. 生态学报，2014，34（23）：7137-7147.

[152] 吴建寨，李波，张新时. 生态系统服务价值变化在生态经济协调发展评价

中的应用 [J]. 应用生态学报，2007，18（11）：2554-2558.

[153] 傅伯杰，张立伟. 土地利用变化与生态系统服务：概念、方法与进展 [J]. 地理科学进展，2014，33（4）：441-446.

[154] 李屹峰，罗跃初，刘纲等. 土地利用变化对生态系统服务功能的影响——以密云水库流域为例 [J]. 生态学报，2013，3（3）：726-736.

[155] 徐忆楠，李志军，王东等. 灵丘县土地利用变化对生态系统服务价值的影响 [J]. 中国农业大学学报，2019，24（6）：175-183.

[156] 吴克宁，赵珂，赵举水等. 基于生态系统服务功能价值理论的土地利用规划环境影响评价——以安阳市为例 [J]. 中国土地科学，2008，22（2）：23-28.

[157] 刘耀林，郝弘睿，谢婉婷等. 基于生态系统服务价值的土地利用空间优化 [J]. 地理与地理信息科学，2019，35（1）：69-74+1.

[158] 张晶. 基于生态系统服务价值的土地利用结构优化研究 [D]. 西安；西北大学，2008.

[159] 马淑花. 基于生态系统服务价值评估的土地利用规划研究 [D]. 武汉；华中科技大学，2018.

[160] 刘兆顺，李淑杰. 基于生态系统服务价值的土地利用结构优化——以重庆万州为例 [J]. 长江流域资源与环境，2009，18（7）：646-651.

[161] 王娟，崔保山，卢远. 基于生态系统服务价值核算的土地利用规划战略环境评价 [J]. 地理科学，2007，27（4）：549-554.

[162] 唐弢，朱坦，徐鹤等. 基于生态系统服务功能价值评估的土地利用总体规划环境影响评价研究 [J]. 中国人口、资源与环境，2007，97（3）：45-49.

[163] COSTANZA R, KUBISZEWSKI I, STOECKL N, et al. Pluralistic discounting recognizing different capital contributions: An example estimating the net present value of global ecosystem services [J]. Ecological economics, 2021, (May): 183.

[164] 欧阳志云，林亦晴，宋昌素. 生态系统生产总值（GEP）核算研究——以浙江省丽水市为例 [J]. 环境与可持续发展，2020，45（6）：80-85.

[165] 傅伯杰，田汉勤，陶福禄等. 全球变化对生态系统服务的影响研究进展 [J]. 中国基础科学，2020，（3）：25-30.

[166] 任耀武，袁国宝. 初论"生态产品" [J]. 生态学杂志，1992，11（6）:48-50.

[167] 张瑶. 生态产品概念、功能和意义及其生产能力增强途径 [J]. 沈阳农业大学学报：社会科学版，2013，15（6）：741-744.

[168] 陈辞. 生态产品的供给机制与制度创新研究 [J]. 生态经济，2014，30（8）：76-79.

[169] 孙庆刚，郭菊娥，安尼瓦尔·阿木提. 生态产品供求机理一般性分析—兼论生态涵养"富绿"同步的路径 [J]. 中国人口·资源与环境，2015，25（3）：19-25.

[170] 高吉喜，鞠昌华. 构建空间治理体系 提供优质生态产品 [J]. 环境保护，2017，45（1）：20-24.

[171] 李佐军，俞敏. 如何建立健全生态产品价值实现机制 [J]. 中国党政干部论坛，2021，4：63-67.

[172] 潘家华. 生态产品的属性及其价值溯源 [J]. 环境与可持续发展，2020，45(6)：72-74.

[173] 曾贤刚，虞慧怡，谢芳. 生态产品的概念，分类及其市场化供给机制 [J]. 中国人口·资源与环境，2014，24（7）：12-17.

[174] 张林波，虞慧怡，李岱青等. 生态产品内涵与其价值实现途径 [J]. 农业机械学报，2019，50（6）：173-183.

[175] 杨庆育. 论生态产品 [J]. 探索，2014，（3）：54-60.

[176] 王永海. 生态产品的基本内涵和特性探析—基于林业视角 [J]. 行政管理改革，2014，（2）：65-69.

[177] 李繁荣，戎爱萍. 生态产品供给的 PPP 模式研究 [J]. 经济问题，2016，（12）：11-16.

[178] 廖茂林，潘家华，孙博文. 生态产品的内涵辨析及价值实现路径 [J]. 经济体制改革，2021，（1）：12-18.

[179] 张林波，虞慧怡，郝超志等. 国内外生态产品价值实现的实践模式与路径 [J]. 环境科学研究，2021，34（6）：1407-1416.

[180] 黄如良. 生态产品价值评估问题探讨 [J]. 中国人口·资源与环境，2015，25（3）：26-33.

[181] COSTANZA R, ARGE, GROOT R D, et al. The value of the world's ecosystem

services and natural capital [J]. Nature, 1997, 387(15): 253-260.

[182] DAILY G C. Nature's services: societal dependence on natural ecosystems natures services societal dependence on natural ecosystems [J]. 1997.

[183] 傅伯杰, 于丹丹, 吕楠. 中国生物多样性与生态系统服务评估指标体系 [J]. 生态学报, 2017, 37（2）: 341-348.

[184] BROWN G, PULLAR D, HAUSNER V H. An empirical evaluation of spatial value transfer methods for identifying cultural ecosystem services [J]. Ecological Indicators, 2016, 69: 1-11.

[185] 陈炜, 张雨珂, 炊雯, 李红兵. 黄土高原湿地生态系统服务功能价值评估——以陕西省千湖国家湿地公园为例 [J]. 水土保持通报, 2019, 39（4）: 270-274.

[186] 王兵, 牛香, 宋庆丰. 中国森林生态系统服务评估及其价值化实现路径设计 [J]. 环境保护, 2020, 48（14）: 28-36.

[187] 郝林华, 何帅, 陈尚等. 海洋生态系统调节服务价值评估方法及应用——以温州市为例 [J]. 生态学报, 2020, 40（13）: 4264-4278.

[188] 江波, 张路, 欧阳志云. 青海湖湿地生态系统服务价值评估 [J]. 应用生态学报, 2015, 26（10）: 3137-3144.

[189] 李丽, 王心源, 骆磊等. 生态系统服务价值评估方法综述 [J]. 生态学杂志, 2018, 37（4）: 1233-1245.

[190] 周晨, 李国平. 生态系统服务价值评估方法研究综述——兼论条件价值法理论进展 [J]. 生态经济, 2018, 34（12）: 207-214.

[191] 白杨, 王敏, 李晖等. 生态系统服务供给与需求的理论与管理方法 [J]. 生态学报, 2017, 37（17）: 5846-5852.

[192] 高艳丽, 李红波, 侯蕊. 汉江流域生态系统服务权衡与协同关系演变 [J]. 长江流域资源与环境, 2020, 29（7）: 1619-1630.

[193] BURKHARD B, KROLL F, NEDKOV S, et al. Mapping ecosystem service supply, demand and budgets [J]. Ecological Indicators, 2012, 21(none): 17-29.

[194] 张立伟, 傅伯杰. 生态系统服务制图研究进展 [J]. 生态学报, 2014, 34（2）: 316-325.

[195] BAGSTAD K J, VILLA F, BATKER D, et al. From theoretical to actual ecosystem services: Mapping beneficiaries and spatial flows in ecosystem service assessments [J]. Ecology & Society, 2014, 19(2): 743-756.

[196] BAGSTAD K J, SEMMENS D J, WINTHROP R. Comparing approaches to spatially explicit ecosystem service modeling: A case study from the San Pedro River, Arizona [J]. Ecosyst Serv, 2013, 5: 40–50.

[197] SHERROUSE B C, SEMMENS D J, ANCONA Z H. Social Values for Ecosystem Services (SolVES): Open-source spatial modeling of cultural services [J]. Environmental Modelling & Software, 2022, 148: 105259.

[198] SHERROUSE B C, SEMMENS D J, CLEMENT J M. An application of Social Values for Ecosystem Services (SolVES) to three national forests in Colorado and Wyoming [J]. Ecological Indicators, 2014.

[199] LABIOSA W B, FORNEY W M, ESNARD A M, et al. An integrated multi-criteria scenario evaluation web tool for participatory land-use planning in urbanized areas: The Ecosystem Portfolio Model - ScienceDirect [J]. Environmental Modelling & Software, 2013, 41(1): 210-22.

[200] 杨世忠, 谭振华, 王世杰. 论我国自然资源资产负债核算的方法逻辑及系统框架构建 [J]. 2021,（2020-11）: 132-142.

[201] 刘利. 自然资源资产价值确定与方法探讨 [J]. 统计与决策, 2021,（1）: 41-44.

[202] 牛文元. "绿色GDP"与中国环境会计制度 [J]. 会计研究, 2002,（1）: 9-13.

[203] 胡鞍钢. 中国: 绿色发展与绿色GDP（1970-2001年度）[J]. 中国科学基金, 2005, 19（2）: 6.

[204] 王红兵, 刘怡君, 宋大伟. 运用智库双螺旋法构建绿色GDP评价体系 [J]. 中国科学院院刊.

[205] 宋昌素, 欧阳志云. 面向生态效益评估的生态系统生产总值GEP核算研究——以青海省为例 [J]. 生态学报, 2020, 40（10）: 3207-3217.

[206] 于淼, 金海珍, 李强等. 呈贡区生态系统生产总值（GEP）核算研究 [J].

西部林业科学，2020，49（3）：41-48+55.

[207] 谢高地. 生态资产评价：存量，质量与价值 [J]. 环境保护，2017，45（11）：18-22.

[208] 张捷，谌莹，石柳. 基于生态元核算的长江流域横向生态补偿机制及实施方案研究 [J]. 2021，（2020-6）：110-119.

[209] 石敏俊. 生态产品价值的实现路径与机制设计 [J]. 环境经济研究，2021，6（2）：1-6.

[210] 高晓龙，郑华，欧阳志云. 生态产品价值实现愿景、目标及路径研究 [J]. 中国国土资源经济，2023，36（5）：50-55.

[211] 陈雅如，刘阳，张多等. 国家公园特许经营制度在生态产品价值 实现路径中的探索与实践 [J]. 环境保护，2019，47（21）：57-60.

[212] 牛玲. 碳汇生态产品价值的市场化实现路径 [J]. 宏观经济管理，2020，12：37-42+62.

[213] 靳乐山，朱凯宁. 从生态环境损害赔偿到生态补偿再到生态产品价值实现 [J]. 环境保护，2020，48（17）：15-18.

[214] 单云慧. 新时代生态补偿横向转移支付制度化发展研究——以卡尔多—希克斯改进理论为分析进路 [J]. 经济问题，2021，（2）：107-116.

[215] BANERJEE S, SECCHI S, FARGIONE J, et al. How to sell ecosystem services: a guide for designing new markets [J]. Front Ecol Environ, 2013, 11(6): 297-304.

[216] 张文明. 完善生态产品价值实现机制—基于福建森林生态银行的调研 [J]. 宏观经济管理，2020，3：73-79.

[217] 洪睿晨，崔莹. 碳交易市场促进生态产品价值实现的路径及建议 [J]. 可持续发展经济导刊，2021，5：34-36.

[218] 杜金鸿，刘方正，周越. 自然保护地生态系统服务价值评估研究进展 [J]. 环境科学研究，2019，32（9）：1475-1482.

[219] 王琰，杨帆，曹艳等. 以生态产业化模式实现海洋生态产品价值的探索与研究 [J]. 海洋开发与管理，2020，37（6）：20-24.

[220] 黎元生. 生态产业化经营与生态产品价值实现 [J]. 中国特色社会主义研究，2018，4：84-90.

[221] 方敏. 生态产品价值实现的浙江模式和经验 [J]. 环境保护, 2020, 48（14）: 25-27.

[222] 张英, 成杰民, 王晓凤等. 生态产品市场化实现路径及二元价格体系 [J]. 中国人口·资源与环境, 2016, 26（3）: 171-176.

[223] 丁宪浩. 论生态生产的效益和组织及其生态产品的价值和交换 [J]. 农业现代化研究, 2010, 31（6）: 692-696.

[224] 王夏晖, 朱媛媛, 文一惠等. 生态产品价值实现的基本模式与创新路径 [J]. 环境保护, 2020, 48（14）: 14-17.

[225] 张俊宗. 人性假设的方法论意义 [J]. 天水师范学院学报, 2009, 29（6）: 41-45.

[226] 哈罗德·孔茨, 西西尔·奥唐奈. 管理学 [M]. 上海: 上海人民出版社, 1990.

[227] 李晖, 李科峰. 中外人性假设综述 [J]. 上海理工大学学报, 2004, 26（1）: 74-76.

[228] 聂文军. 亚当·斯密经济伦理思想研究 [D]. 长沙; 湖南师范大学, 2003.

[229] 段万春, 毛莹, 李杏. 浅析非薪酬激励——从麦克利兰需要理论的角度出发 [J]. 中国集体经济, 2008,（7）: 100-101.

[230] 刘丝筠. 基于马斯洛需求层次理论的适老性移动终端社交平台研究 [D]; 南京理工大学, 2017.

[231] 李陈. 基于社会人假设的土地资源综合承载力模型及其应用 [D]. 杭州; 浙江大学, 2016.

[232] 张讯. 罗马俱乐部带来的文明观念的转变 [D]. 济南; 山东大学, 2009.

[233] HARVEY D. Social justice and the city [M]. London: Edward Arnold 1973.

[234] 王慧敏, 徐立中. 流域系统可持续发展分析 [J]. 水科学进展, 2000, 11（2）: 165-172.

[235] 史建玲. 系统联系及其哲学意义 [J]. 哲学动态, 1991,（8）: 28-30.

[236] 程晓民, 叶正波. 区域可持续发展指标体系的构建 [J]. 统计与决策, 2003,（12）: 14-15.

[237] 樊杰, 郭锐. "十四五"时期国土空间治理的科学基础与战略举措 [J]. 城市

规划学刊，2021，3：15-20.

[238] 张红旗，许尔琪，朱会义. 中国"三生用地"分类及其空间格局 [J]. 资源科学，2015，37（7）：1332-1338.

[239] 李广东，方创琳. 城市生态—生产—生活空间功能定量识别与分析 [J]. 地理学报，2016，71（1）：49-65.

[240] 任勇. 循环经济在城市可持续发展中的定位、模式与方法探讨 [J]. 国际城市规划，2005，20（6）：5-9.

[241] 沈潇. 山地乡村"三生空间"发展水平及优化策略研究 [D]. 武汉：华中科技大学，2017.

[242] 刘继来，刘彦随，李裕瑞. 中国"三生空间"分类评价与时空格局分析 [J]. 地理学报，2017，72（7）：1290-304.

[243] 朱媛媛，余斌，曾菊新等. 国家限制开发区"生产—生活—生态"空间的优化—以湖北省五峰县为例 [J]. 经济地理，2015，35（4）：26-32.

[244] 赵中华. 基于主体功能区战略的勐海县国土空间三生功能分区及管治研究 [D]. 昆明：云南大学，2016.

[245] ROBERT K W, WILLIAM C C, ROBERT C, et al. Sustainability Science [J]. Science, 2001, 292(5517): 641-642.

[246] 李婷婷，龙花楼. 基于"人口—土地—产业"视角的乡村转型发展研究——以山东省为例 [J]. 经济地理，2015，35（10）：149-155.

[247] 敬东. 城市经济增长与土地利用控制的相关性研究 [J]. 城市规划，2004，28（11）：60-70.

[248] 曲福田，冯淑怡，诸培新等. 制度安排、价格机制与农地非农化研究 [J]. 经济学，2004，4（4）：229-248.

[249] 谭荣，曲福田. 中国农地非农化与农地资源保护：从两难到双赢 [J]. 管理世界，2006，（12）：75-86.

[250] 配第. 财税论 [M]. 上海：商务印书馆，1978.

[251] 王万茂. 规划的本质与土地利用规划多维思考 [J]. 中国土地科学，2002，16（1）：4-6.

[252] 倪绍祥，刘彦随. 区域土地资源优化配置及其可持续利用 [J]. 农村生态环境，

1999,（2）：9-13+22.

[253] 李秋颖，方创琳，王少剑. 中国省级国土空间利用质量评价：基于"三生"空间视角 [J]. 地域研究与开发，2016，35（5）：163-169.

[254] 徐建华. 现代地理学中的数学方法（第二版）[M]. 北京：高等教育出版社，2004.

[255] CUI C Q, WANG B, ZHAO Y X, et al. China's regional sustainability assessment on mineral resources: results from an improved analytic hierarchy process-based normal cloud model [J]. Journal of Cleaner Production, 2018.

[256] LAI Y J, LIU T Y, HWANG C L. Topsis for modm [J]. European Journal of Operational Research, 1994, 76（3）: 486-500.

[257] 宋燕玲. 基于层次分析法和熵值法的绿色债券绿色等级评估研究 [D]. 北京：北京化工大学，2018.

[258] KAHN H, WIENER A. The Year 2000: A Framework for Speculation on the Next Thirty Three Years [M]. New York: MacMillan, 1967.

[259] 国务院. 全国主体功能区规划 [M]. 北京：人民出版社，2015.

[260] 马建堂. 生态产品价值实现路径、机制与模式 [M]. 北京：中国发展出版社，2019.

[261] 曾贤刚，虞慧怡，谢芳. 生态产品的概念、分类及其市场化供给机制 [J]. 中国人口·资源与环境，2014，24（7）：12-17.

[262] 张林波，虞慧怡，李岱青等. 生态产品内涵与其价值实现途径 [J]. 农业机械学报，2019，50（6）：173-183.

[263] 沈茂英，许金华. 生态产品概念，内涵与生态扶贫理论探究 [J]. 四川林勘设计，2017，（1）：1-8.

[264] 刘伯恩. 生态产品价值实现机制的内涵，分类与制度框架 [J]. 环境保护，2020，48（13）：49-52.

[265] 丘水林，靳乐山. 生态产品价值实现：理论基础、基本逻辑与主要模式 [J]. 农业经济，2021，4：106-108.

[266] 李宏伟，薄凡，崔莉. 生态产品价值实现机制的理论创新与实践探索 [J]. 治理研究，2020，36（4）：34-42.

[267] 张林波，虞慧怡，郝超志等. 生态产品概念再定义及其内涵辨析 [J]. 环境科学研究，2021，34（3）：655-660.

[268] 张林波，陈鑫，梁田等. 我国生态产品价值核算的研究进展、问题与展望 [J]. 环境科学研究，2023，36（4）：743-756.

[269] SERGIO, ULGIATI, AND, et al. Shared wealth or nobody's land? The worth of natural capital and ecosystem services [J]. Ecological Economics, 2011.

[270] SINGH R J, GHOSH B N, SHARMA N K, et al. Energy budgeting and emergy synthesis of rainfed maize–wheat rotation system with different soil amendment applications [J]. Ecological Indicators, 2016, 61(FEB.PT.2): 753-765.

[271] SHERROUSE B C, CLEMENT J M, SEMMENS D J. A GIS application for assessing, mapping, and quantifying the social values of ecosystem services [J]. Applied Geography, 2011, 31(2): 748-760.

[272] SHARPS K, MASANTE D, THOMAS A R C, et al. Comparing strengths and weaknesses of three ecosystem services modelling tools in a diverse UK river catchment [J]. Science of the Total Environment, 2017, s 584–585: 118-130.

[273] ROELOF, BOUMANS, JOE, et al. The Multiscale Integrated Model of Ecosystem Services (MIMES): Simulating the interactions of coupled human and natural systems [J]. Ecosyst Serv, 2015.

[274] 王金南，王夏晖. 推动生态产品价值实现是践行"两山"理念的时代任务与优先行动 [J]. 环境保护，2020，48（14）：9-13.

[275] 王兴中. 城市生活空间质量观下的城市规划理念 [J]. 现代城市研究，2011，（8）：40-48.

[276] 陈骏宇，刘钢，白杨. 基于InVEST模型的太湖流域水源涵养服务价值评估 [J]. 水利经济，2016，34（2）：25-9+84.

[277] GHILE Y, DAILY G C. Decision-Support Tools that Harmonize People and Nature: Using InVEST Water Models in Innovative Policies in China and Latin America [J]. American Geophysical Union, 2011, 12(12): 1-8.

[278] CHEN J Y, CUI T, WANG H M, et al. Spatio-temporal evolution of water-related ecosystem services Taihu basin, China [J]. Peer J, 2018, 6: e5041.

[279] REDHEAD J W, STRATFORD C, SHARPS K, et al. Empirical validation of the InVEST water yield ecosystem service model at a national scale [J]. Science of the Total Environment, 2016, (569-570): 1418-1426.

[280] ZHOU W Z, LIU G H, PAN J J, et al. Distribution of available soil water capacity in China [J]. Journal of Geographical Sciences, 2005, 15(1): 3-12.

[281] 赖敏，吴绍洪，戴尔阜等. 三江源区生态系统服务间接使用价值评估 [J]. 自然资源学报，2013，28（1）：38-50.

[282] 张彪. 基于功能分区的森林生态系统服务评估及其在生态补偿中的应用 - 以北京市为例 [D]. 北京；中国科学院，2009.

[283] REDHEAD J W, MAY L, OLIVER T H, et al. National scale evaluation of the InVEST nutrient retention model in the United Kingdom [J]. science of the Total Environment, 2017, (610-611): 666-677.

[284] 国家环境保护总局，国家质量监督检验检疫总局. 城镇污水处理厂污染物排放标准》（GB 18918-2002）[R]，2002.

[285] LARONDELLE N, FRANTZESKAKI N, HAASE D. Mapping transition potential with stakeholder- and policy-driven scenarios in Rotterdam City [J]. Ecological Indicators, 2016, 70: 630-643.

[286] HAMEL P, CHAPLIN-KRAMER R, SIM S, et al. A new approach to modeling the sediment retention service (InVEST 3.0): Case study of the Cape Fear catchment, North Carolina, USA [J]. Science of the Total Environment, 2015, (524-525): 166-177.

[287] 章文波，付金生. 不同类型雨量资料估算降雨侵蚀力 [J]. 资源科学，2003，（1）：35-41.

[288] 沈照伟，田刚，李钢等. 浙江省降雨侵蚀力变化特征分析 [J]. 水土保持通报，2013，33（4）：119-124.

[289] 何锡君，吕振平，杨轩等. 浙江省降雨侵蚀力时空分布规律分析 [J]. 水土保持研究，2010，17（6）：31-34.

[290] 张信宝，焦菊英，贺秀斌等. 允许土壤流失量与合理土壤流失量 [J]. 中国水土保持科学，2007，（2）：114-6+21.

[291] 鲍文, 陈国阶. 基于水资源的四川生态安全基尼系数分析[J]. 中国人口·资源与环境, 2008, (4): 35-37.

[292] 徐道炜, 刘金福, 洪伟. 中国城市资源环境基尼系数研究[J]. 统计与决策, 2013, (9): 27-30.

[293] 裴亮, 陈晨, 戴激光等. 基于马尔科夫模型的大凌河流域土地利用/覆被变化趋势研究[J]. 土壤通报, 2017, 48(3): 525-531.

[294] 朱萌, 马孝义, 刘雪娇. 基于马尔科夫模型的武功县土地利用/覆被动态变化研究[J]. 水土保持研究, 2013, 20(5): 64-68.

[295] 国土资源部.《土地利用现状分类》(GB/T 21010-2017)[S]. 2017:

[296] HOLLAND J H. Adaptation in Natural and Artificial System [M]. MIT Press, 1992.

[297] ROSENBERG R S. Simulation of genetic Populations with biochemical Properties [D]. Michigan; University of Michigan, 1967.

[298] SRINIVAS N, DEB K. Multi-Objective function optimization using non-dominated sorting genetic algorithms [J]. Evolutionary Computation, 1995, 2(3): 221-248.

[299] DEB K, PRATAP A, AGARWAL S, et al. A fast and elitist multiobjective genetic algorithm: NSGA-II [J]. IEEE Transactions on Evolutionary Computation, 2002, 6(2): 182-197.

[300] FELIPE-LUCIA M R, SOLIVERES S, PENONE C, et al. Land-use intensity alters networks between biodiversity, ecosystem functions, and services [J]. Proc Natl Acad Sci U S A, 2020, 117(45): 28140-28149.

[301] VERBURG P H, DEKONING G H J, KOK K, et al. A spatial explicit allocation procedure for modelling the pattern of land use change based upon actual land use [J]. Ecological Modelling, 1999, 116(1): 45-61.

[302] VERBURG P H, SOEPBOER W, VELDKAMP A, et al. Modeling the spatial dynamics of regional land use: the CLUE-S model [J]. Environmental Management, 2002, 30(3): 391-405.

[303] 魏伟, 石培基, 周俊菊等. 基于生态安全格局的干旱内陆河流域土地利用

优化配置分区 [J]. 农业工程学报，2016，32（18）：9-18.

[304] PONTIUS R G, SCHNEIDER L C. Land-cover change model validation by an ROC method for the Ipswich watershed, Massachusetts, USA [J]. Agriculture Ecosystems & Environment, 2001, 85(1): 239-248.

[305] 杭州市统计局. 杭州统计年鉴 [M]. 2016.

[306] 湖州市统计局. 湖州统计年鉴 [M]. 2016.

[307] 嘉兴市统计局. 嘉兴统计年鉴 [M]. 2016.

[308] 浙江省统计局. 浙江统计年鉴 [M]. 2016.

[309] 水利部太湖流域管理局. 太湖流域综合规划（2012-2030年），http://www.tba.gov.cn/ [R], 2014.

[310] 李全喜. 习近平生态文明建设思想的内涵体系、理论创新与现实践履 [J]. 河海大学学报（哲学社会科学版），2015，17（03）：9-13+89.